Volker Wagener / Werner Lantermann
Die afrikanischen Großpapageien

Volker Wagener / Werner Lantermann

Die afrikanischen Großpapageien

Biologie und Haltung

NATUR
VERLAG

Bildnachweis:

Fischer-Nagel:	S. 107 u.r.
Haupt:	S. 144 o. + u.
Lantermann:	S. 35 u.l. + r., S. 54 u.r., S. 71 o.l., S. 89 o.r. + l., S. 92 o.r., S. 125, S. 143 o. + u.l. + r.
Low:	S. 36 o. + u., S. 53, S. 71 u., S. 92 o.l. + u., S. 108 o., S. 126 o.l. + r., m.l. + r.
NHPA/E.A. Janes:	S. 54 o.
P. Johnes:	S. 72
St. Dalton:	S. 107 o. + u.l.
OSF/M. Pidgeon:	S. 126 u.
Schurer:	S. 35 o., S. 89 u.
Wagener:	S. 54 u.l., S. 108 u.

Farbzeichnungen: S. Tißler
Strichzeichnungen: U. Wagener

Lektorat: Dipl.-Biologe Andreas Fischer-Nagel

CIP-Titelaufnahme der Deutschen Bibliothek

Wagener, Volker:
Die afrikanischen Großpapageien: Biologie und Haltung/
Volker Wagener; Werner Lantermann. - Augsburg:
Natur-Verl., 1990
ISBN 3-89440-552-X
NE: Lantermann, Werner

Natur-Verlag, Augsburg

Umschlagentwurf Peter Engel, Grünwald
unter Verwendung von zwei Photos der Bildagentur NHPA Ardingly, Sussex und eines Photos von Volker Wagener

Gesamtherstellung: Druckerei Oelkers, Quakenbrück

ISBN: 3-89440-552-X

Preface

Africa is comparatively poorly endowed with parrot species but the lack of numbers is compensated for by the diversity of the species found there. The three genera of large parrots are totally distinct (unlike many netropical parrots, for example) and the members of one are varied in their appearance.

Indeed, few genera of parrots possess such a wide range of basic colours as the *Poicephalus*. They are an ideal group for the aviculturist who wishes to specialise. He or she should commence with the inexpensive and easily bred *meyeri* or *senegalus* and eventually progress to the endangered *robustus* whose nervous temperament makes it a difficult subject. The latter is my own favourite *Poicephalus* which I first reared in my private collection then at Loro Parque, of whose unrivalled parrot collection I am the curator.* There I fell in love with the subtle colours of *P. rufiventris* and the enchanting hand-reared young of *gulielmi* and *cryptoxanthus*.

I am also able to indulge my interest in observing the Vasa Parrots *(Coracopsis)*, the least colourful and, to me, among the most fascinating behaviorally, of all the parrots, being reminiscent of the pigeons in some respect. Their melodious whistling calls, gentle temperament which makes it possible to keep more than one pair together and cheerful and active manner commend them to the aviculturist who prefers personality to colour. Much remains to be learned about these intriguing bird whose incubation and fledging periods are much shorter than in any other large parrot.

Finally, there is the Grey *(Psittacus erithacus)*, arguably the best known parrot in the world, famed for its mimicry and intelligence.

All these parrots are fascinating subjects for ornithologists, aviculturists and for those who study behaviour, such as the authors of this book. Their studies make absorbing reading and greatly enhance what is known about African large parrots.

Rosemary Low, Curator of Parrots
Loro ParquePuerto de la Cruz, Tenerife

* Mrs. Low left Loro Parque in Summer 1989 and now is Curator of Parrots at Palmitos Park, Gran Canaria, Spain.

Vorwort

Afrika beherbergt verhältnismäßig wenig Papageienarten, aber die niedrige Artenzahl wird ausgeglichen durch die Unterschiedlichkeit der dort vorkommenden Formen. Die drei afrikanischen Großpapageiengattungen sind - im Gegensatz etwa zu vielen Neuweltpapageien - sehr verschieden voneinander und besonders die Arten einer Gattung differieren stark.

So besitzen nur wenige Papageiengattungen so unterschiedliche Grundgefiederfärbungen wie die Langflügelpapageien *(Poicephalus)*. Sie eignen sich gut für den spezialisierten Papageienhalter, der am besten mit den relativ leicht züchtbaren Goldbug- *(P. meyeri)* oder Mohrenkopfpapageien *(P. senegalus)* beginnen sollte. Später kann er sich dann u. U. dem bedrohten Kappapagei *(P. robustus)* zuwenden, dessen unstetes Temperament ihn zu einem schwierigen Volierenvogel macht. Der Kappapagei ist für mich persönlich die bevorzugte Art unter den Langflügelpapageien. Seine Erstzucht gelang mir in meiner Privatsammlung und später im Loro Parque, Teneriffa, in dessen weltgrößter Papageiensammlung ich Kurator bin.* Dort konnte ich mich auch an der feinsinnig abgestimmten Färbung des Rotbauchpapageien *(P. rufiventris)* sowie an den handaufgezogenen Jungvögeln des Kongo- *(P. Gulielmi)* und des Braunkopfpapageien *(P. cryptoxanthus)* erfreuen.

Weiterhin gilt mein Interesse dem Studium der Vasapapageien *(Coracopsis)*, die zwar farblich zu den eintönigsten Papageien, aber zu den faszinierendsten Arten in Bezug auf ihr Verhalten gehören, das in mancher Hinsicht dem der Tauben gleicht. Ihre melodiösen Lautäußerungen, ihr sanftes Temperament, das die Gemeinschaftshaltung mehrerer Paare ermöglicht, und ihr munteres, aktives Wesen macht sie zu idealen Volierenvögeln für die Liebhaber, denen die Individualität ihrer Vögel wichtiger ist, als die farbliche Schönheit. Es bleibt noch viel zu lernen über die beiden Vasapapageienarten *(C. nigra und C. vasa)*, die eine wesentlich kürzere Brut- und Nestlingszeit haben als alle anderen Großpapageienarten.

Schließlich darf an dieser Stelle der Graupapagei *(Psittacus erithacus)* nicht unerwähnt bleiben, der aufgrund seiner Intelligenz und Nachahmungsbegabung zu den bestbekannten Großpapageien der Erde gehört.

Alle genannten afrikanischen Großpapageien sind faszinierende Vögel und unerschöpfliche Studienobjekte für Ornithologen, Vogelliebhaber und für jene, die sich - wie die Autoren dieses Buches - mit dem Verhalten von Papageien befassen. Ihre Ausführungen in diesem Buch sind lohnenswert zu lesen und referieren beinahe alle Kenntnisse, die zur Zeit über die Großpapageien Afrikas vorliegen.

Rosemary Low, Kurator für Papageien im Loro Parque, Teneriffa

* R. Low hat den Loro Parque in Teneriffa im Sommer 1989 verlassen und arbeitet nun im Palmitos Park, Gran Canaria, als Kurator für Papageien.

Inhalt

Anhang

Die Verbreitung der Papageien Afrikas und Madagaskars

Einleitung

Von den rund 320* Vogelarten, die die Wissenschaft augenblicklich zur Ordnung der Papageienvögel *(Psittaciformes)* rechnet, leben nur 19 auf dem afrikanischen Kontinent und den umliegenden Inseln. 6 dieser Arten gehören zur Gattung *Agapornis*, einer Kleinpapageiengattung, deren Vertreter im deutschen Sprachgebrauch auch Unzertrennliche bzw. in Anlehnung an den wissenschaftlichen Gattungsnamen Agaporniden genannt werden. Die meisten Arten und Unterarten dieser Papageiengruppe sind seit Jahren - manche schon seit Jahrzehnten - in Liebhaberhand vertreten, zum Teil problemlos züchtbar und daher den meisten Vogelliebhabern gut bekannt. Aber nicht nur Liebhaber, sondern auch wissenschaftlich interessierte Laien, Zoologen, Ornithologen und Ethologen** fanden Interesse an dieser Papageiengruppe und produzierten in den vergangenen Jahren weltweit eine derartige Flut von Veröffentlichungen (als Beispiele sollen nur die zusammenfassenden Übersichtswerke von HAMPE, 1957; VRIENDS, 1978; SMITH, 1979; BIELFELD, 1981; SCHWICHTENBERG, 1982; BROCKMANN u. LANTERMANN, 1985 genannt werden), daß es sich an dieser Stelle erübrigt, näher auf diese Arten einzugehen. Wir wollen uns deshalb mit der Aufzählung der einzelnen Formen begnügen (nach VON BOETTICHER, 1964):

Gebirgspapagei (*Agapornis taranta*)
A. t. taranta (Stanley)
A.t. nana Neumann

Orangeköpfchen (*Agapornis pullaria*)
A. p. pullaria (Linné)
A. p. ugandae Neumann

Rosenköpfchen (*Agapornis roseicollis*)
A. r. roseicollis (Vieillot)
A. r. catumbella Hall

Unzertrennliche mit weißen Augenringen (*Agapornis personata*)
A. p. personata Reichenow/Schwarzköpfchen
A. p. fischeri Reichenow/Pfirsichköpfchen
A. p. nigrigensis Sclater/Rußköpfchen

* Eine exakte Bestimmung der Artenzahl wird u. a. durch die im Bereich der Genera Aratinga und Trichoglossus z. T. noch ungeklärten Fragen nach der Wertigkeit gewisser Formen als Arten bzw. Unterarten erschwert.

** Von allen Papageienarten sind die Agaporniden neben dem Wellensittich (Melopsittacusundulatus) am intensivsten ethologisch, in Ansätzen bereits auf experimenteller Grundlage bearbeitet worden. Stellvertretend für alle anderen seien hier nur die Arbeiten von Dilger (1960), Stamm (1960, 1962) und Mebes (1980) genannt.

A. p. lilianae (Shelley)/Erdbeerköpfchen

Grünköpfchen (*Agapornis swinderniana*)
A.s. swinderniana (Kuhl)
A. s. zenkeri Reichenow
A. s. emini Neumann

Grauköpfchen (*Agapornis cana*)
A. c. cana (Gmelin)
A. c. ablectanea Bangs

Ein weiterer Vertreter der afrikanischen Papageienfauna, der nach unserer Meinung ebenfalls nicht in die Konzeption dieses Buches hineingehört, ist der Halsbandsittich (*Psittacula krameri*), der mit zwei Unterarten, *krameri* und *parvirostris*, über ganz Äquatorialafrika verbreitet ist. 2 weitere Unterarten leben in mehreren kleineren Gebieten des Vorderen Orients (*borealis*) sowie in Indien und auf Sri Lanka, früher Ceylon *(manillensis)*. Der interessierte Leser findet eine ausführliche Würdigung dieser Form bei FORSHAW (1973); Hinweise zur Haltung und Zucht liefern KOLAR u. SPITZER (1982). Eine ausführliche Publikation über die gesamte Gruppe der Edelsittiche (*Psittacula*) bereitet HOPPE vor.

Das vorliegende Buch befaßt sich somit mit den noch verbleibenden Vertretern, den sog. Großpapageien Afrikas, die mit insgesamt 12 Arten in den Gattungen
Langflügelpapageien
(*Poicephalus*), 9 Arten
Graupapagei
(*Psittacus*), 1 Art
Vasapapageien
(*Coracopsis*), 2 Arten
systematisch eingeordnet werden.

Wenn wir bei der Abhandlung dieser Formen den Langflügelpapageien (*Poicephalus*) hinsichtlich des Umfangs und der Ausführlichkeit der Darstellung den Vorzug geben und den Gattungen *Psittacus* und *Coracopsis* vergleichsweise spärlichen Platz einräumen, dann aus folgenden Gründen:

a) Der Graupapagei, für viele Menschen Inbegriff, Stellvertreter, ja Verkörperung der Papageienwelt überhaupt, ist in der Vergangenheit unter mehreren Gesichtspunkten wissenschaftlich erforscht, sowie als Stuben- und Zuchtvogel gehalten und beschrieben worden (z. B. TODT, 1975; DE GRAHL, 1976; PEPPERBERG, 1981; DELPHY, 1983), daß wir auch an diesem Punkt nur auf die vorhandene Literatur verweisen wollen.

b) Die Vasapapageien gehörten lange Zeit zu den seltensten Papageien in Menschenhand überhaupt, demzufolge wir bisher - von wenigen Ausnahmen abgesehen - nur sehr spärliche Kenntnisse über diese kleine Gruppe einheitlich grauschwarz gefärbter Papageien besitzen. Daran wird sich auch in Zukunft vermutlich wenig ändern, wenngleich der Handel in den letzten Monaten gelegentlich Tiere beider Arten anbietet, wie überhaupt im Augenblick ein Importtrend bei Madegassischen Vögeln zu erkennen ist. In der Folge wird es zweifellos nächstens vermehrt zur Nachzucht beider Vasapapageienarten kommen, erste Ansätze und Teilerfolge zeichnen sich bereits ab (WINNEN, in lit.; WILKE, 1984). Grundsätzlich herrscht jedoch bisher weithin eine

völlig unzureichende Kenntnis über Haltung und Pflegevoraussetzungen für diese Arten, ganz zu schweigen von wissenschaftlichen Forschungsergebnissen, so daß wir uns auch in diesem Fall auf Übersichtskapitel beschränkt haben.
c) Was die Importsituation und damit die Häufigkeit in Menschenobhut betrifft, verhält es sich mit einigen Arten der Gattung *Poicephalus* ähnlich. Wir hatten jedoch die Gelegenheit, mit Hilfe zoologischer Gärten, Vogelparks und privater Papageienliebhaber für eine wissenschaftliche Arbeit 6 der 9 Arten in insgesamt 18 Exemplaren für unsere Kollektion erwerben bzw. "ausleihen" zu können.
Mit dem vorliegendem Buch geben wir nun eine zusammenfassende Darstellung unserer nunmehr 4jährigen Haltungserfahrungen mit afrikanischen Langflügelpapageien, denen intensive Studien und mehr als 10jährige Haltungserfahrungen mit neotropischen Großpapageien vorangegangen sind. Zum anderen haben wir einen Großteil der vorliegenden Literatur ausgewertet und zur Vervollständigung mit in unsere Darstellung einbezogen, so daß nun auch die wesentlichen Erkenntnisse zur Biologie der einzelnen Arten aus dem Freiland hier referiert werden, die freilich für manche Arten mehr als spärlich sind. Nichtsdestotrotz liegt der Schwerpunkt unserer Arbeit auf der Darstellung der Haltungs- und Zuchtvoraussetzungen für die in Menschenobhut lebenden Papageien. Insbesondere der zunehmende Import mancher der hier beschriebenen Arten in den letzten Jahren, aber auch die Inkraftsetzung der Neufassung des Bundesnaturschutzgesetzes zum 1. Januar 1987, das künftige Importe hoffentlich unterbinden und zu Zuchtversuchen mit der Vielzahl der in Menschenobhut lebenden Vögel anregen wird, scheinen uns Rechtfertigung dafür zu sein, erstmals in der deutschsprachigen Literatur ein Buch über diese bisher spärlich bearbeiteten Papageiengruppen vorzulegen.
Wir sind uns dabei schmerzlich darüber im Klaren, daß damit keineswegs das letzte Wort über die Gruppe der afrikanischen Großpapageien gesprochen ist, daß viele Kenntnisse lückenhaft sind, manche Fragen gar vorläufig offen bleiben müssen.
Für weiterreichende, aber auch anderslautende Hinweise, sei es von wissenschaftlicher Seite oder aus den Reihen der privaten Papageienpfleger, sind wir deshalb stets dankbar.

Danksagung

Die Entstehung dieses Buches war nur möglich durch die freundliche Unterstützung der folgenden Institutionen und Privatleute, die uns durch Leihgaben uneigennützig zu einer 18köpfigen Gruppe afrikanischer Langflügelpapageien verholfen haben, an denen die hier wiedergegebenen Beobachtungen und Haltungserfahrungen gewonnen werden konnten:L. Eden, Duisburg; Dipl. Biol. Lore Köhler, Tierpark Fauna, Solingen; Dipl. Biol. F. Ostenrath, Zoologischer Garten, Duisburg; M. Schröder, Oberhausen; K.-H. Stegeweit, Vogelpark Metelener Heide;

Die Vermessung von *Poicephalus* -Bälgen gestattete uns Priv. Doz. Dr. D. S. Peters in der Sammlung des Naturmuseums Senckenberg in Frankfurt.

Informationen und Berichte über Zuchterfolge überließen uns freundlicherweise H. Feldhaar, Bocholt; A. Fricker, Villmergen, Schweiz; M. Gloor, Muhen, Schweiz; H. Hülso, Bevergern; W. Kiessling, Loro Parque, Teneriffa; Dr. P. Pasett, Zürich, Schweiz; Dipl. Biol. S. Patzwahl, Vogelpark Walsrode; P. Rode, Nordheim; Dr. H. Wackernagel, Zoologischer Garten, Basel, Schweiz; Dr. H. Wilke, Vivarium, Darmstadt; Monika Studer, Kriegstetten, Schweiz; Jutta und Peter Welcke, Glauchau, DDR;

Bei der Beschaffung von Literatur war Dr. U. Schürer, Zoologischer Garten Wuppertal, behilflich.

Die Genehmigung zum Abdruck des Kapitels II, 1. (Geschichtliches) erteilte Dr. H. Strunden, Essen,

Die Durchsicht und Ergänzung des Krankheitskapitels verdanken wir den Fachtierärzten Dr. J. Raddai, Essen, und Angelika Wedel, Berlin: Etwaig verbliebene Fehler im Text gehen selbstverständlich zu Lasten der Verfasser.

Bei der Pflege und Beobachtung der Tiere unterstützten uns stud. rer. nat. Cornelia Ebert, Susanne Lantermann und Sandra Tißler, alle Oberhausen.

Die Herstellung des Manuskriptes, die Text- und Satzkorrekturen und die Anfertigung des Registers übernahmen Petra Feldkamp, Gabi Schröder und Annette Schuster, Oberhausen.

U. Wagener, Oberhausen fertigte die Strichzeichnungen an. Sandra Tißler, Oberhausen, verdanken wir die Farbtafel im ersten Buchteil.

Ihnen allen und den vielen ungenannten, die unsere Arbeit mit den Papageien unterstützt und am Zustandekommen des vorliegenden Buches mitgearbeitet haben, möchten wir unseren herzlichen Dank aussprechen.

Nicht zuletzt gilt dieser Dank Herrn Dipl. Biol. A. Fischer-Nagel, der das Wagnis auf sich genommen hat, in einer Zeit, in der der Büchermarkt von der zunehmend produzierten Papageienliteratur ein wenig übersättigt erscheint, eine spezielle Abhandlung über die Großpapageien Afrikas (mit Schwerpunkt bei den Langflügelpapageien) herauszugeben, die freilich in dieser Ausführlichkeit im Europäischen Raum nicht vorliegt.

Oberhausen, im Herbst 1988
Volker Wagener Werner Lantermann

Technische Hinweise

1. In der Grobsystematik sind wir der Darstellung von WOLTERS (1975-1982) weitgehend gefolgt. Bei der Artenfolge und der Unterartengliederung dagegen halten wir uns an die vollständige Arbeit von FORSHAW (1973), während WOLTERS jeweils nur die bekanntesten Unterarten aufführt. Die deutschen Namen entsprechen der Wolters´schen Liste, allerdings haben wir für *Poicephalus flavifrons* statt "Schoapapagei" (WOLTERS) in Anlehnung an die englische Benennung den unserer Meinung nach treffenderen Namen "Gelbgesichtpapagei" gewählt.

2. Der Text der Artbeschreibungen ist einheitlich aufgebaut (Beschreibung - Unterartengliederung und Verbreitung - Maße - Gewichte - Abbildungen-Lebensraum Lebensweise (Status) - Verhalten und Stimme - Haltung (und Zucht) in Menschenhand). Bei Bedarf wurden aber zusätzliche Anmerkungen oder Abschnitte (Geschlechtsmerkmale - Mischlinge) eingefügt.

3. Die Gefiederbeschreibungen sind im allgemeinen entnommen aus FORSHAW (1973), haben aber dort Korrekturen oder Ergänzungen erfahren, wo neuere Untersuchungen, insbesondere über die Färbung der Jungvögel, vorliegen.

4. Die Maßangaben zur Gesamtlänge entstammen der Arbeit von VON BOETTICHER (1964), Flügel-, Schwanz-, Tarsus- und Schnabellängenmaße sind von FORSHAW (1973) übernommen worden. Die verschiedenen übrigen Schnabelmaße haben Susanne und Werner LANTERMANN in der Sammlung des Museums Senkenberg in Frankfurt ermittelt.

5. Die Abbildungshinweise erheben keinen Anspruch auf Vollständigkeit.

6. Das Verhalten der afrikanischen Langflügelpapageien gleicht weitgehend dem der Unzertrennlichen (*Agapornis spec.*), die insbesondere DILGER (1960) vergleichend ethologisch bearbeitet hat. Von Dilgers Beobachtungen abweichende bzw. darüber hinausgehende Feststellungen sind im jeweiligen Arteil aufgeführt (Ausnahme I, 3.5, Mohrenkopfpapagei, wo zur Ergänzung eine Liste der bislang beobachteten Verhaltensweisen abgedruckt ist, die aber aus verschiedenen Gründen nicht vollständig sein kann). Die Beschreibung des Verhaltens stützt sich auf Gefangenschaftsbeobachtungen (Käfig- und Volierenhaltung), was bei der Bewertung und eventuellen Weiterverwendung durch nachfolgende Bearbeiter unbedingt berücksichtigt werden muß.

7. Die Wiedergabe der Lautäußerungen im Abschnitt "Verhalten und Stimme" entbehrt naturgemäß nicht einer gewissen Subjektivität, wie sie immer dann zum Tragen kommt, wenn versucht wird, tierische Laute aufgrund der individuellen Hörweise des jeweiligen Bearbeiters und mit den dazu unzureichenden Mitteln des menschlichen Stimmapparates wiederzugeben. Wir haben dennoch - zumal sich unser Buch primär an den Papageienhalter richtet - auf die Anfertigung von Sonagrammen verzichtet.

8. Die benutzte Literatur für beide Buchteile ist am Ende des Buches im Anhang aufgeführt. Sie umfaßt sowohl die avifaunistische und sonstige wissenschaftliche Literatur als auch die populären Veröffentlichungen (vor allem in Form von Zeitschriftenartikeln), die insbesondere Haltungserfahrungen mit den betreffenden Papageienarten wiederspiegeln. Die Verwendung und Nennung der Literatur wird folgendermaßen ausgewiesen: Im systematischen Teil (I) wird bei jedem Artkapitel (3.1. bis 3.9.; 4.1. bis 4.2.) der Verfasser einer herangezogenen Arbeit bei der ersten Nennung mit Jahreszahl der Veröffentlichung, ab der zweiten ohne Jahr aufgeführt. Mehrfach benutzte Werke werden bei der ersten Erwähnung innerhalb eines neuen Kapitels wiederum mit Erscheinungsjahr erwähnt. Im Haltungsteil (II) erscheint hinter jeder Nennung eines Verfassernamens die Jahreszahl des Erscheinens der herangezogenen Publikation.

---

o.l.: Kongopapagei (Poicephalus gulielmi)
o.r: Kappapagei (Poicephalus robustus)
M.: Niam-Niam-Papagei (Poicephalus crassus). Er unterscheidet sich vom Braunkopfpapagei (Abb. 4) vor allem durch eine rote Iris und fehlende gelbe Unterflügeldecken.
u.l.: Braunkopfpapagei (Poicephalus cryptoxanthus)
u.r.: Mohrenkopfpapagei (Poicephalus senegalus)

I. Systematischer Teil

1. Die Stellung im System *

Die Papageien bilden eine einheitliche, gegen andere Formen scharf abgegrenzte Vogelgruppe, die den Rang einer eigenen Ordnung (= Psittaciformes) beansprucht. Allen gemeinsam ist der verhältnismäßig kräftige, gekrümmte Schnabel mit seiner gelenkartigen Verbindung mit dem Schädel, die muskulöse Zunge sowie die zu Greiforganen ausgebildeten Füße mit vier Zehen, deren 1. und 4. nach hinten, deren 2. und 3. nach vorn weist und zusammen mit dem Schnabel einer kletternden Fortbewegungsweise entgegenkommen. Aufgrund dieser und anderer Übereinstimmungen in Anatomie, Morphologie und Ethologie werden die Papageien im System der Vögel meist in die Nähe der übrigen "Paarzeher", etwa der Kuckucksvögel (Cuculiformes), der Spechte (Piciformes) und der Eulen (Strigiformes) gestellt (WETMORE, 1968; WOLTERS, 1975-1982 u. a.).

* Die folgenden Ausführungen sind in Teilen identisch mit dem Systemnatik-Kapitel in Lantermann, W. (1987 c): Die Blaustirnamazone-Biologie, Ethologie und Haltung, Bomlitz

o.l.: Rüppelpapagei (Poicephalus rueppellii) ♂
o.M.: Rüppelpapagei ♀
o.r.: Gelbgesichtpapagei (Poicephalus flavifrons)
u.l.: Rotbauchpapagei (Poicephalus rufiventris) ♀
u.M.: Rotbauchpapagei ♂
u.r.: Goldbugpapagei (Poicephalus meyeri)

VON BOETTICHER (1964) hegt jedoch Zweifel an dieser taxonomischen Einteilung; er glaubt, die Ausbildung des Paarzeherfußes könne durch gleichsinnige Anpassung an gleiche Lebensbedingungen unabhängig voneinander und selbständig von verschiedenen Vogelgruppen erworben worden sein und müsse nicht zwangsläufig auf eine nähere, stammesgeschichtlich begründete Verwandtschaft hinweisen.

Auch die nahe Verwandtschaft zu den Tauben (Columbiformes) wird häufig angeführt, und besonders BURTON (1974) hat sich eingehend mit dieser Frage befaßt. Er sieht in der Zahntaube (*Didunculus strigirostris*), der er eine sehr enge Verwandtschaft mit den Psittaciformes zuschreibt, gewissermaßen das Bindeglied zwischen beiden Ordnungen. Demgegenüber stehen jedoch die eingehenden Untersuchungen der Zahntaube von BEICHLE (1982), der nachweisen konnte, daß Übereinstimmungen, besonders hinsichtlich der Schädelstruktur, eher als Anpassungen an eine hochspezialisierte monophage Lebensweise anzusehen sind, die sich als konvergente Entwicklungen herausgebildet haben.

Die systematische Gliederung der Ordnung der Psittaciformes gestaltet sich recht problematisch; sie hat in der Vergangenheit viele Autoren beschäftigt und zu Systemvorschlägen veranlaßt (SALVADORI, 1891; THOMPSON, 1900; PETERS, 1937; VERHEYEN, 1956; VON BOETTICHER, 1959, 1964; BRERETON u. IMMELMANN, 1962; MAINARDI, 1962; GYSELS, 1964 u. a.).

In neuester Zeit finden vor allem die Untersuchungen von SMITH (1975) und HOMBERGER (1980) besondere Beachtung.

SMITH´s Systemvorschlag beruht auf den Untersuchungen folgender anatomischer, morphologischer und ethologischer Kriterien an 126 Papageienarten aus 51 Gattungen: Zunge, Zungenbein, Schnabel, Darm, Gallenblase, Vergleich der Gefiederfärbung der Jungtiere, Furcula, Schädel, Schwanzfedern, freie Epidermis, Iris, aufrichtbare Nackenfedern, Geschlechtsdimorphismus subadulter Männchen, Kopulationsverhalten, agonistisches Verhalten, Brutverhalten, Baden, Sonnen, Kopfkratzen. Aufgrund seiner Ergebnisse sowie der biochemischen Untersuchungen von MAINARDI (1962) und GYSELS (1964) gelangt er zu folgendem System:

Ordnung:	Psittaciformes			
Familie:	Psittacidae			
Unterfamilie:	Platycercinae	Loriinae	Psittacidae	Arinae
Tribus:	Platycercini Cacatuini Nestorini Strigopini	Loriini Psittrichasini Psittaculini Micropsittini Psittaculirostrini	Psittacini	Arini

Im Tribus Psittacini der Unterfamilie Psittacinae sind die 3 hier besprochenen Großpapageiengattungen *Poicephalus*, *Psittacus* und *Coracopsis* zusammengefasst. Smith hat dieser Kleingruppe afrikanischer Papageien den Rang einer eigenen Unterfamilie zugebilligt, da nähere verwandtschaftliche Beziehungen zu anderen Taxa schwierig zu begründen seien.

HOMBERGERS Untersuchungen beruhen auf einer vergleichenden Bearbeitung der "Morphologie und Funktionsweise des Nahrungsapparates der Psittaci ... um Konvergenzen und Parallelentwicklungen als solche zu erkennen und taxonomisch verwendbare Merkmale herauskristallisieren können. Zu diesem Zweck wurde einerseits der Nahrungsbearbeitungs- und Trink-

vorgang analysiert und andererseits die Oberflächenmorphologie derjenigen Strukturen untersucht, die an diesen Vorgängen maßgeblich beteiligt sind" (HOMBERGER, 1980, S.7).
Den Freßvorgang untersuchte HOMBERGER an 66, den Trinkvorgang an 39 Papageienarten. Für die morphologische Untersuchung von Schnabel und Zunge stand konserviertes Material von 82 Arten und Unterarten zur Verfügung.

HOMBERGERS Systemvorschlag hat eine gewisse Ähnlichkeit mit den Vorschlägen von SALVADORI (1891), PETERS (1937) und VON BOETTICHER (1959), weicht aber erheblich von jenen ab, die VERHEYEN (1956) und SMITH (1975) vorgelegt haben. Die von ihr untersuchten Formen (Neuweltpapageien sind nicht einbezogen, so daß keine vollständige Systemübersicht vorliegt) sind in einer einzigen Familie (=Psittacidae) zusammengefaßt, die in die Unterfamilien Cacatuinae, Loriinae, Psittacinae, Psittrichadinae und Loriculinae zerfällt. In der Unterfamilie Psittacinae finden wir neben Platycercini und Psittaculini als 3. Tribus Psittacini, in dem die Genera Psittacus und Poicephalus aufgehen. Über Coracopsis liegen keine näheren Untersuchungen vor.

Im Lichte der Untersuchungen von SMITH und HOMBERGER revidiert WOLTERS (1975-1982) seinen eigenen Ansatz von 1975 und gelangt schließlich in den Ergänzungen, Korrekturen und Nachträgen seiner Systematischen Liste der Vögel der Erde zu folgendem Systemvorschlag, der heute zu den meistzitierten gehört und dem auch wir uns anschließen:

Ordnung:
Psittaciformes

Familien:	Unterfamilien:
Aratingidae	- Forpinae
	- Aratinginae
	- Brotogeryiniae
	- Amazoninae
	- Triclarinae
Psittacidae	- Psittacinae
	- Coracopinae
Psittaculidae	
Loriculidae	
Psittrichidae	
Micropsittidae	
Loriidae	
Platycercidae	- Platycercinae
	- Lathaminae
	- Neopheminae
Familien:	Unterfamilien:
Melopsittacidae	
Pezoporidae	
Strigopidae	
Cacatuidae	- Cacatuinae
	- Nymphicinae
Nestoridae	

WOLTERS ordnet die Gattungen *Psittacus, Poicephalus* und *Coracopsis* der Familie Psittacidae zu, führt aber durch die Einrichtung zweier Unterfamilien (*Psittacinae = Psittacus* und *Poicephalus; Coracopinae = Coracopsis*) eine verwandtschaftliche Trennung beider Gruppen herbei.
Die 3 Beispiele zeigen einmal mehr, wie problematisch sich die Entwirrung der ver-

wandtschaftlichen Beziehungen innerhalb einer Vogelgruppe gestalten kann. Das letzte Wort über die Verwandtschaftsverhältnisse der Papageien ist damit vermutlich noch nicht gesprochen, aber es hat den Anschein, als seien die zitierten Arbeiten als deutlicher Vorwärtsschritt zu bewerten. Zumindest repräsentieren sie aufgrund exakter und weitreichender Untersuchungsmethoden den gegenwärtig fortgeschrittensten Erkenntnisstand, an dem wir uns zu orientieren haben.

2. Die Gattung Poicephalus

9 Arten kleiner bis mittelgroßer Papageien bilden die Gattung *Poicephalus*. 6 Arten (*P. senegalus - meyeri - rufiventris - cryptoxanthus - crassus - rueppellii*) stehen sich verwandtschaftlich sehr nahe und wurden in der Vergangenheit zu einem "Formenkreis" (GROTE, 1926) oder zu einer Untergattung *Poicephalus* (VON BOETTICHER, 1950) zusammengefaßt, während die Kappapageien *(P. robustus)* in eine 2. Untergattung (*Notopsittacus* Roberts), Kongo- (*P. gulielmi*) und Gelbgesichtpapagei (*P. flavifrons*) gar in eine andere Gattung (*Eupsittacus* Roberts) gestellt wurden. Trotz dieser offensichtlichen verwandtschaftlichen Zusammenhänge stellt die neue Systematik alle Formen in eine Gattung: *Poicephalus* Swainson, 1837.

Über die Bedeutung des Gattungsnamens gibt es verschiedene Vermutungen (vgl. ROWAN, 1983). Eindeutig scheint uns die Angabe STRUNDENS (1986), der Poi- für die Kurzform des griechischen polios (=grau) hält und -cephalus mit Kopf (griech. kephalé) übersetzt. Eine solche Umschreibung (Grau- oder Braunkopf) trifft zumindest auf 7 der 9 Arten zu.

Poicephalus-Papageien sind charakterisiert durch einen relativ robusten, klobigen Schnabel, dessen untere Mandibel höher als lang ist. Die Arten zeigen keine unbefiederten Gesichtspartien, allerdings ist allen Formen ein nackter Augenring zu eigen. Der Schwanz ist kurz und abgerundet. Die Flügel sind spitz und reichen bis zum Schwanz. Die 8. und 9. Handschwinge sind am längsten und gleichlang.

Die Schädeluntersuchungen THOMPSONS (1900) haben ergeben, daß verwandtschaftliche Beziehungen zu den südamerikanischen Gattungen *Graydidascalus* (Blaubauchpapagei) und *Pionites* (Weißbauchpapageien) bestehen. Auch BRERETON u. IMMELMANN (1962) halten die Übereinstimmungen dieser 3 Gattungen in Morphologie und Verhalten für so groß, "that it may be justifiable to consider these three geographically distant genera as belonging to a single natural group". Demgegenüber stehen die Untersuchungen von SMITH (1975) und HOMBERGER (1980), die mit ihren Untersuchungsmethoden keine näheren Verwandtschaftsbeziehungen feststellen konnten (vgl. I, 1., Systematik).

Die meisten Arten zeigen keinen Geschlechtsdimorphismus; *P. robustus* weist in 2 Unterarten einen schwachen, in 1 einen ausgeprägten Geschlechtsunterschied in der Gefiederfärbung auf (rotes Stirnband der Weibchen); bei *P. rufiventris* fällt das Männchen durch rote Bauchfärbung (Weibchen: aschgrau), bei *P. rueppellii* das Weibchen durch blaue Bürzelfärbung (Männchen: aschgrau) auf.

Alle *Poicephalus*-Arten sind auf dem afrikanischen Festland (nördliche Begrenzung etwa 15^0 nördlicher Breite) und einigen vorgelagerten Inseln beheimatet.

Angaben zur Systematik und Verbreitung der Gattungen *Psittacus* und *Coracopsis* finden sich in den Abschnitten I, 4.1. und I, 4.2..

3. Die Langflügelpapageien

3.1. Kappapagei

Poicephalus robustus (Gmelin, 1788)

Engl.: Cape Parrot

Beschreibung

Gesamtlänge 33 cm;

Ad. ♂ und ♀: Kopf und Nackenfärbung variabel, von grünlich bis gelblichbraun, mit dunkelbraunen und mattgrünen Federbasen; Zügel , Kinn und untere Wangenpartien schwarzbraun, manchmal durchsetzt mit rosaroten Federchen; Stirnband, beim Männchen nur gelegentlich, beim Weibchen meist ausgeprägt vorhanden, rot; Rückenfedern und Flügeldecken schwarz mit dunkelgrünem Rand; Bürzel und Unterseite grün, gelegentlich durchsetzt mit mattblauer und grauer Färbung; Schenkel und Flügelrand orangerot; Unterflügeldecken grünschwarz; Schwanz schwarzbraun; Schnabel hornfarben; Iris braun; Füße graublau; Krallen graubraun; Juv.: keine orangerote Färbung an Schenkeln und Flügeln; Kopf und Nacken braunoliv, manchmal mit vereinzelten rosa Federchen durchsetzt; Schwanz dunkelgrün (LANG, 1969); die Jungvögel tragen eine ziegelrote Stirn, die mit etwa 5 Monaten verloren geht und bei den Weibchen durch ein leuchtend rotes Stirnband ersetzt wird (LANG, 1968). Auch HOPKINSON (1910, 1916) erwähnt, daß Jungvögel kräftiger gefärbt sind als adulte Kappapageien. Ein Vogel, den er aus dem Nest genommen hatte, war von der Stirn bis zum Nacken kräftig rot gezeichnet, während die übrigen Partien des Kopfes verwaschen rosarot gefärbt waren. Hopkinson fand, daß diese Färbung bei der 1. oder 2. Mauser verschwand.

Verbreitungskarte

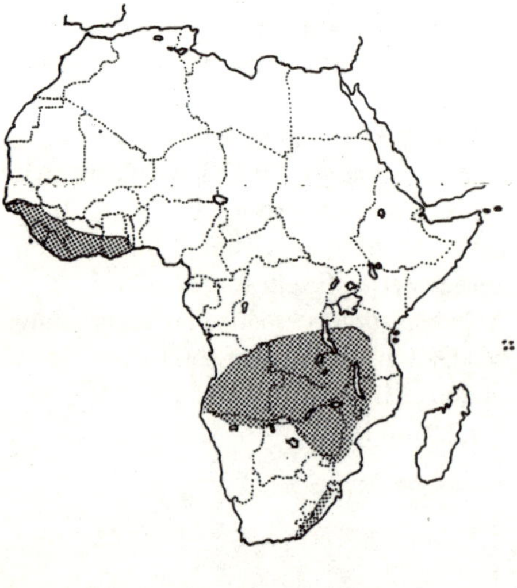

Unterartengliederung und Verbreitung

3 Unterarten

1. *P. r. robustus* (Gmelin)

   Verbreitung: äußerstes SO-Afrika, von Knysna und der östlichen Kapprovinz bis Natal, W-Zululand, W-Swaziland und O-Transvaal;

2. *P. r. suahelicus* Reichenow
♂ Kopf und Nacken silbergrau; weist nur selten ein rotes Stirnband auf; ♀ Stirn und vorderer Scheitel stets rosarot, mit schwach silbrigem Anflug (CHAPIN, 1939; RIPLEY u. HEINRICH, 1966),
Verbreitung: Von Mozambique, Simbabwe, N-Lesotho und den nördlichen Teilen Namibias bis Angola, S-Kongo und Zentral-Tansania;

3. *P. r. fuscicollis* (Kuhl)
gleicht der Unterart *P. r. suahelicus*, aber Gefiederfärbung an Bürzel und Unterrücken mehr bläulichgrün;
Verbreitung: W-Afrika von S-Senegambia bis N-Ghana und Togo

Anmerkung:
Auch unabhängig von Unterart, Alter und Geschlecht können beim Kappapageien offenbar individuelle Färbungsunterschiede vorkommen; besonders auffällig sind diese im Brust-/Bauchbereich, wo manche Vögel gelblichgrün, andere grasgrün oder bläulichgrün gefärbt sind (ROWAN, 1983: vgl. I,3.9. Gelbgesichtpapagei).

Maße

Folgende Maße hat FORSHAW (1973) für den Kappapagei ermittelt (Durchschnittswerte, Angaben in mm):

	Flügel	Schwanz	Schnabel	Tarsus	n
robustus	♂ 213,1	89,3	34,1	22,0	11
	♀ 208,5	88,3	33,5	22,3	6
suahelicus	♂ 221,6	92,8	43,1	23,0	9
	♀ 218,3	89,2	40,3	22,6	9
fuscicollis	♂ 207,0	86,3	43,3	23,3	3
	♀ 207,5	84,5	40,0	22,5	4

Eigene Messungen (Durchschnittswerte, Angaben in mm):

	Oberschnabelbreite	Unterschnabelbreite	Schnabelhöhe	Oberschnabellänge	n
robustus	♂ 19,6	20,7	35,7	33,6	3

Gewichte

robustus	♂ (ad.)	295 g (Jarvis, in Rowan)	
suahelicus	♂ (ad.)	326, 310, 398, 401 g	Verheyen, 1953;
	♀ (ad.)	320,7, 280, 309, 364 g	Ripley & Heinrich
	♀ (juv.)	317, 320 g	Rowan;

Geschlechtsmerkmale

Geschlechtsunterschiede in der Gefiederfärbung existieren bei der Unterart *P. r. suahelicus*, bei der das adulte Weibchen - im Unterschied zum Männchen- stets ein rotes Stirnband aufweist (CHAPIN). Bei *P. r. robustus* ist eine solche Stirnfärbung bei manchen Weibchen vorhanden, bei anderen fehlt sie, so daß eine eindeutige Geschlechtsunterscheidung nicht immer möglich ist (SKEAD, 1971).

Bemerkenswert ist allerdings, daß Jungvögel in beiden Geschlechtern stets eine ziegelrote Stirnfärbung aufweisen, die mit 5 Monaten verschwindet und beim Weibchen durch eine intensive rote Stirnbinde ersetzt wird. Gleichzeitig bekommen die Vögel eine orangerote Schenkel- und Flügelbugfärbung, die den Jungvögeln vollständig fehlt (JARVIS, in ROWAN; LANG 1968, 1969).

Abbildungen

Zeichnungen: FORSHAW, 1973, S. 277; DE GRAHL, 1974, S. 361;
Farbfotos : ANDERSSEN, 1984, S. 2; DE GRAHL, 1982, S. 187; ISERT, 1978, S. 156; LOW, 1980, Foto 55; LOW/KOLAR, 1983, S. 173; REPP, 1985, S. 128 f.

Lebensraum/Lebensweise/Status

Von allen Langflügelpapageienarten ist der Kappapagei (südliche Unterarten) am besten erforscht. Ausführliche Freilandstudien verdanken wir SKEAD (1964, 1971) und ROWAN, auf deren Untersuchungen wir uns im folgenden großenteils stützen.

Der Kappapagei gilt allgemein als Waldbewohner, wenngleich er nicht grundsätzlich an solche Lebensräume gebunden zu sein scheint, sondern gelegentlich auch in offenem Gelände angetroffen wird. Im südlichen Teil seines Verbreitungsgebietes übernachtet und brütet er bevorzugt in *Podocarpus*-Wäldern oberhalb von 1000 m, begibt sich aber zur Nahrungssuche meist in tiefergelegene Küstenregionen oder bewaldete Täler. Nicht selten halten sich die Tiere dort mehrere Tage oder gar Wochen auf, ehe sie in die höheren Lagen zurückkehren. In Natal scheint die Art inzwischen auf *Podocarpus*-Wälder (zwischen 100 und 1700 m Höhe) ausgewichen zu sein, denn Sichtmeldungen aus tieferen Lagen und der Küstenregion liegen nicht mehr vor, wenngleich dort offenbar geeignete Lebensräume vorhanden sind (SKEAD, 1971). In Simbabwe und Sambia sollen Kappapageien jede Art von bewaldeten Gebieten, ebenso wie Uferzonen von Flüssen in mittleren und tieferen Höhenlagen bewohnen (BENSON u. WHITE, SMITHERS, BROOKE, SWYNNERTON, in ROWAN). Im Malawi fand BENSON (1940) die Art in bewaldeten Gebieten zwischen 600 und 1200 m. Nach BAN-

NERMAN (1953) lebt sie im früheren Gambia (heute mit Senegal zu Senegambia vereint) weitgehend standorttreu in der Nähe von Flüssen, deren Ufer und nahegelegene Sumpfzonen mit Mangroven bewachsen sind. Im südlichen Ghana beobachteten HARVEY u. HARRISON (1970) die Art insgesamt 19 mal beim Überfliegen von bewaldeten Flußufern, vermutlich auf dem Weg zu den Übernachtung- und Futterplätzen.

Der Kappapagei kann als nomadische Art angesehen werden. Abhängig vom Futterangebot suchen Gruppen von 2 bis 8 Tieren z. T. weit entfernte Nahrungsplätze auf. SKEAD hat über diese Wanderungen in der östlichen Kapprovinz und in Natal, Südafrika berichtet. Die Kappapageien haben dort "traditionelle" Übernachtungsplätze, die sie in der Regel bereits bei Tagesanbruch in Paaren oder kleineren Gruppen verlassen, um die Nahrungsplätze anzusteuern. Diese können ganz in der Nähe, am Fuß der Berge, aber auch über 50 km entfernt in offenem Buschgelände liegen. Mit kräftigen Flügelschlägen schrauben sich die Tiere spiralförmig in tiefere Regionen herab oder bedienen sich des kräftesparenden Gleitflugs. Die Mehrzahl der Vögel kehrt, oft spät am Abend, nach Einbruch der Dunkelheit, zu den Schlafplätzen zurück; manche Vögel bleiben aber auch tage- oder wochenlang in der Nähe der Nahrungsgründe, ehe sie den Rückweg antreten.

Die Nahrung des Kappapageien besteht aus Sämereien, Nüssen, Beeren, Früchten und Nektar. In der östlichen Kapprovinz und in Natal hat wiederum SKEAD (1964, 1971) sich mit dem Nahrungsspektrum befaßt. Neben den Früchten wilder Feigen (*Ficus* spec.) hat er dort eine Präferenz für *Podocarpus falcatus* und *P. latifolius* festgestellt. Insbesondere die Verfügbarkeit dieser beiden Pflanzen bestimmt großenteils die Wanderungen der Kappapageien. Weitere festgestellte Futterpflanzen im südlichen Afrika sind *Harpephyllum caffrum, Olea capensis* (wilde Olive), *Comniphora caryaofolia* und die eingeführte Akazienart *Acacia mollissima*, die weitverbreitet ist und in manchen Gebieten zu kommerziellen Zwecken kultiviert wird.

Die Brutzeit im südlichen Afrika liegt bevorzugt im Herbst, wenngleich auch im Frühjahr gelegentlich Bruten zu verzeichnen sind (ROWAN). In der Literatur sind für Simbabwe 12 festgestellte Bruten angegeben, von denen 3 in den Monaten Oktober und November, 9 zwischen März und Mai stattfanden. Für Transvaal liegt 1 Bericht für Juni, für die Kapprovinz 1 für Dezember und für Natal 2 für Oktober und 1 für September vor (DAVISON, JAMES, KEMP, PYM, VINCENT, in ROWAN; DEAN, 1971). In Malawi liegt die Brutzeit zwischen Januar und (vermutlich) April oder Mai (MACKWORTH-PREAD u. GRANT, 1952), im früheren Gambia (Senegambia) im März und April (BANNERMAN).

Die Gelegegröße liegt im Durchschnitt bei 3 oder 4 Eiern, aber auch über Zweiergelege ist berichtet worden (z. B. DEAN, 1971). JAMES (1970) hat für 13 Eier der Unterart *robustus* eine durchschnittliche Größe von 34,5 mm x 28,5 mm ermittelt. 11 Eier der Unterart *suahelicus* maßen im Durchschnitt 33 mm x 27 mm. Die Eier werden in 2 bis mehrtägigem Abstand gelegt und - vermutlich nur vom Weibchen - rund 28 Tage lang bebrütet.

Der Status des Kappapageien ist aufgrund seiner z. T. ausgedehnten Wanderungen schwierig einschätzbar. Zumindest in den meisten Teilen seines südlichen Verbreitungsgebietes ist er heute nicht mehr häufig anzutreffen (BROOK, LAWSON, in ROWAN; FORSHAW u. a.), in manchen sogar ausgestorben (CLANCEY, 1965). Selbst im früheren Gambia (heute Senegambia), wo die Art früher häufiger als sonst anzutreffen war, stellten CAWKELL u. MOREAU (1963) und ANDERSSEN (1984) starke Rückgänge fest. Die Ursachen dafür sind zum einen in ausgedehnter Habitatzerstörung zu suchen. Aber nicht zuletzt auch die mit Jungvögeln dieser Art erzielbaren Gewinne auf dem Vogelmarkt haben in den letzten Jahrzehnten für einen deutlichen Bestandsrückgang gesorgt. RANGER (in SKEAD, 1964) berichtet, daß bei dem jährlichen Brüten der Tiere die Jungvögel kurz vor dem Ausfliegen ohne Schwierigkeiten aus der Nisthöhle entnommen und verkauft werden können. Wenngleich seit Jahren der Handel mit Kappapageien illegal ist, unternehmen gewissenlose Vogelfänger weiterhin große Anstrengungen, um in den Besitz von Jungvögeln zu kommen und sie mit hohem Profit außer Landes schaffen zu können. So berichtet SKEAD (1964), daß die Behörden 1962 im südlichen Afrika einen Fänger festnehmen konnten, der allein 23 versandbereite Kappapageien mit sich führte.

Verhalten und Stimme

Das Verhalten der Kappapageien ist nur unzureichend bekannt und bedarf genauerer Erforschung. Es gleicht, nach ersten vorläufigen Untersuchungen von HOLYOAK u. HOLYOAK (1972), dem des Mohrenkopfpapageien (vgl. I,3.5.).
COOPER (in ROWAN) teilt mit, daß soziale Gefiederpflege unter den Tieren betrieben wird, wie er an einer 15köpfigen Gruppe im Freiland feststellen konnte. Weiterhin erwähnt MORZE (in ROWAN) einen Badevorgang in Gefangenschaft. SKEAD (1964) berichtete darüber hinaus, daß er Kappapageien dabei beobachtete, wie sie im schwankenden Geäst umherturnten, in den Ästen schaukelten und sich sogar kopfunter an Zweige hängten, bevor sie sich herabfallen ließen und im Flug wieder fingen.
Die Stimmäußerungen des Kappapageien bestehen im wesentlichen aus quietschenden oder kreischenden Tönen, die im Flug schrill klingen und regelmäßig wiederholt werden, während sie beim Sitzen in einem Baum, während des Kontakts mit Artgenossen, ruhiger und eher "plaudernd" vorgetragen werden (SKEAD, 1964; FORSHAW).

Haltung in Menschenhand

Der Kappapagei zählt seit langem zu den gefährdeten Vogelarten. Demzufolge unterliegt er nach der Gesetzgebung der BRD seit Jahren verschärften Handelsbedingungen und seit dem 1. Januar 1987 einem Handelsverbot.
Dennoch befinden und befanden sich stets Kappapageien in gewissen Stückzahlen in den Händen von Tiergärtnern und Züchtern. Nach DE GRAHL (1974) waren 1853, 1866 und 1868 erstmals Tiere dieser Art im Londoner Zoo, 1874 auf einer Vogelschau und 1883 im Hamburger Zoo vertreten.

In Liebhaberhand (und Einzelhaltung) trifft man den Kappapageien glücklicherweise nur sehr selten an. Die wenigen außerhalb ihrer Heimat gehaltenen Vögel sollten unter allen Umständen einem gut organisierten und betreuten Zuchtprogramm zugeführt werden, statt sie in kleinen Zimmerkäfigen unter meist völlig unzureichenden Bedingungen zu "verbrauchen".

Über eine Nachahmungsgabe der Kappapageien ist gelegentlich berichtet worden. Sie lernen menschliche Worte nachzu-"sprechen" und Melodien zu pfeifen (LOW, 1980; ROWAN).

Kappapageien stellen hinsichtlich der Unterbringung und der Ernährung keine besonderen Ansprüche an den Pfleger. Auffallend ist aber, daß Vögel unter beengten Käfigbedingungen nicht selten dem Federrupfen verfallen, eine Unart, die sie mit Grau- und Kongopapageien teilen, wenn diese unter unzureichenden Haltungsbedingungen leben. Bei ausreichender Volierengröße, die das ausgezeichnete Flugvermögen der Tiere in ausreichendem Maße unterstützt, dürfte eine solche Neurose allerdings in der Regel unterbleiben.

Für die Freivolierenhaltung ist die Art aufgrund ihrer guten Klimaverträglichkeit durchaus geeignet (frostfreie Haltung ist allerdings zu empfehlen), jedoch könnten aufgrund der etwas lauteren Stimmäußerungen der Art nachbarschaftliche Schwierigkeiten entstehen. Dennoch sind die Rufe der Tiere nicht mit dem oft anhaltenden Geschrei von Amazonenpapageien oder gar Aras vergleichbar und mit einigem guten Willen lassen sich durchaus Kompromisse mit allen ungehaltenen Nachbarn oder Hausbewohnern finden.

Die Zucht des Kappapageien ist unseres Wissens bisher nur 4mal geglückt, und zwar erstmals in Europa im Jahre 1964 im Zoo Basel in der Schweiz (Unterart *robustus*). Diesem ersten Erfolg folgten im Laufe der Jahre weitere, so daß man dort 1969 bereits auf 7 Bruten mit insgesamt 15 bis zur Selbständigkeit aufgezogenen Jungvögeln zurückblicken konnte (LANG 1964, 1968, 1969). Auf unsere diesbezügliche Anfrage teilte man uns aus Basel mit, daß seither die Zucht ein wenig ins Stocken geraten sei. Immerhin wurden 1977 1 und 1978 weitere 2 Jungvögel erbrütet (WACKERNAGEL, in lit.). Die Ursprungsvögel waren bereits im Juni 1955 über D. HEY, den damaligen Direktor für südafrikanische Naturschutzangelegenheiten, nach Basel gekommen. Sie bezogen zusammen mit anderen Langflügelpapageien und Graupapageien ein Abteil des damals neuerbauten Papageienhauses. Aber erst als alle anderen Vögel aus der Voliere entfernt worden waren, stellten sich erste Brutversuche ein, die mit dem Schlupf des ersten Jungvogels im April 1964 gekrönt wurden.

Die Eizahl betrug in Basel stets 2 oder 3, die durchschnittliche Nestlingszeit lag in 7 Bruten bei 74 (54 bis 79) Tagen (LANG, 1968). Alle Jungvögel hatten ein stark beschädigtes Kopfgefieder, bei manchen Tieren war ein großer Teil der Kopfplatte völlig kahl. Dies war vermutlich zurückzuführen auf einen hypertrophierten Gefiederpflegetrieb des Weibchens, das sowohl den Jungvögeln als auch dem adulten Männchen die Federkiele am Kopf abbiß. Nach dem Ausfliegen der Jungen wuchsen die Kopffedern fast immer wieder vollständig nach. Bemerkenswert ist weiterhin, daß in einer 1967er Brut 1 Jungvogel aufgrund einer Flügelverletzung aus dem Nest genommen und - von Hand gefüttert - bis zur Selbständigkeit gebracht wurde. Der Umfärbungsprozeß konnte an diesem Tier protokolliert werden:

Es trug zunächst eine ziegelrote Stirn, sonst nirgendwo rot. Kopf und Hals waren schmutzig olivgrün. Im Alter von 17 Wochen begannen die roten Stirnfedern auszufallen, so daß mit 26 Wochen das rote Band verschwunden war. Etwa zur gleichen Zeit zeigten sich die ersten roten Federn über dem Fersengelenk (Schenkelbefiederung). Rote Federn am vorderen Flügelrand tauchten um die 35. Woche auf. Bei dem beschriebenen Tier handelte es sich um ein Männchen, denn bei den gleichaltrigen Geschwistern, die in der Voliere geblieben waren, entwickelte sich etwa gleichzeitig mit dem Auftreten der roten Flügelrandfedern ein leuchtend rotes Stirnband (LANG, 1968, 1969).

Eine weitere Zucht der Nominalform glückte R. LOW (1982), England, im Jahre 1981.

Über die Zucht der Unterart *suahelicus* liegt eine Mitteilung aus dem Vogelpark Walsrode (PATZWAHL, in lit.) und eine kurze Erwähnung bei LOW (1980) vor. Es wurden dort 3 Eier (2. Ei am 9.6.86) gelegt. Das 2. Ei (markiert) war nur befruchtet; daraus schlüpfte nach 28tägiger Brutzeit 1 Jungvogel. Er flog am 2.10., im Alter von rund 12 Wochen aus, und glich in der Gefiederfärbung dem Weibchen. Von Nestkontrollen während der Zeit der Jungenaufzucht wurde weitestgehend abgesehen, da das adulte Paar sehr scheu war. Die beiden unbefruchteten Eier maßen 37,2 mm x 29,5 mm und 38,1 mm x 29,5 mm (PATZWAHL, in lit.).

Die Unterart *fuscicollis* ist 1976 und 1977 bei G. und H. ISERT in Berlin zur Brut geschritten. Die Gelege umfaßten in beiden Fällen 2 Eier, aus denen nach 28 Tagen Brutzeit die Jungen schlüpften. Bei der ersten Brut war nach 11 1/2 Wochen Nestlingszeit der erstgeschlüpfte Jungvogel im Einflugloch des Nistkastens zu sehen, 1 Woche später hatte er den Kasten verlassen und wurde vom Männchen gefüttert. Mit 13 Wochen konnte die 1. selbständige Nahrungsaufnahme beobachtet werden (ISERT, 1977, 1978; REPP u. REPP, 1985).

3.2. Kongopapagei

Poicephalus gulielmi (Jardine, 1849)
Engl.: Jardine's Parrot

Beschreibung

Gesamtlänge 28 cm;
Ad. ♂ und ♀: Grundgefiederfärbung grün; Stirn, Scheitel, Schenkel und Flügelrand orangerot; Zügel schwarz; Rücken und Flügelfedern schwarzbraun mit breiten grünen Rändern; Bürzel gelblichgrün, Unterflügeldecken schwarz mit breiten grünen Säumen; Schwanz braunschwarz; Oberschnabel hornfarben, zur Spitze hin dunkel; Unterschnabel schwarz; Iris rotorange; Füße graubraun;
Juv.: gleichen den adulten Vögeln, jedoch in allen Farben matter; ohne orangerote Kopf-, Schenkel- und Flügelrandfärbung; nach FRIEDMANN (1930) Stirn und Scheitel matt braun; Unterseite mehr bläulich.

Unterartengliederung und Verbreitung

4 Unterarten

1. *P. g. gulielmi* (Jardine), Verbreitung: Von S-Kamerun und der Zentralafrikanischen Republik bis N-Angola;

2. *P. g. fantiensis* Neumann gleicht der Nominatform, aber Stirn und Scheitel orange; Rücken- und Flügelfedern mit breiteren grünen Säumen; kleiner, Verbreitung: Von Kamerun westlich bis Liberia;

3. *P. g. massaicus* (Fischer und Reichenow) gleicht der Nominatform, aber Grundgefiederfarbe blasser, orangerote Färbung an Stirn und Scheitel weniger ausgedehnt, Verbreitung: Hochlandgebirge von S-Kenia und N-Tansania;

4. *P. g. permistus* Neumann ist in der Färbung intermediär zwischen *gulielmi* und *massaicus* (zweifelhafte Unterart); Verbreitung: Hochlandgebirge von Kenia, mit Ausnahme des südlichen Teils.

Für die umstrittene Unterart *permistus* hat FORSHAW keine Maße veröffentlicht.

Verbreitungskarte

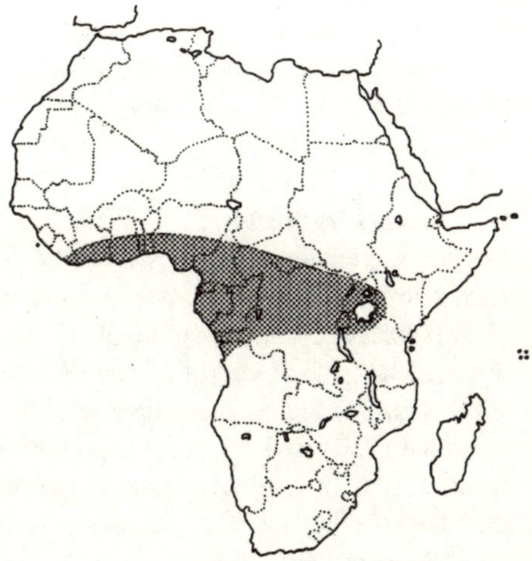

Maße

Folgende Maße hat FORSHAW (1973) für den Kongopapagei ermittelt (Durchschnittswerte, Angaben in mm):

	Flügel	Schwanz	Schnabel	Tarsus	n
gulielmi	♂ 203,3	78,0	34,3	22,0	6
	♀ 200,0	83,5	34,0	22,3	6
fantiensis	♂ 190,0	79,0	31,0	21,0	2
massaicus	♂ 207,8	88,0	29,3	20,6	9
	♀ 202,3	85,1	27,5	20,5	10

Eigene Messungen

Ein einziger vermessener Kongopapagei (♀) wies folgende Maße auf: Oberschnabelbreite 17,7 mm, Unterschnabelbreite 17,7 mm, Schnabelhöhe 29,3 mm, Oberschnabellänge 27,4 mm.

Gewichte

2 geschlechtlich nicht näher bestimmte Kongopapageien (ohne Kenntnis der Unterart) wogen nach eigenen Ermittlungen 200 und 235 g. Letztgenannter Vogel war stark gerupft und somit um einige Gramm leichter als ein vollbefiederter Vogel.

Geschlechtsmerkmale

Der Kongopapagei gilt als geschlechtsmonomorphe Art, allerdings erwähnt LOW (1980) daß bei 3 näher untersuchten Paaren die Männchen eine rötlichbraune, die Weibchen eine braune Iris aufwiesen. Dies bestätigen REPP u. REPP (1986) sogar für Jungvögel. Gleichzeitig weisen sie darauf hin, daß sich die Geschlechter möglicherweise auch in der Gefiederfärbung unterscheiden. Diese war bei 2 von REPP u. REPP untersuchten Paaren bei weiblichen Tieren deutlich heller als bei Männchen.

Abbildungen

Zeichnungen: FORSHAW, 1973, S. 280; DE GRAHL, 1974, S. 361;
Farbfotos: AF ENEHJELM, 1979, S. 68; FRICKER, 1980, S. 286; DE GRAHL, 1985, S. 130; LOW, 1980, Foto 54; LOW/KOLAR, 1983, S. 172; REPP u. REPP, 1986, S. 127, 128; ROSS, 1984, S. 297, 298 (Jungvögel), WESTEN, 1983, S. 210, 241;

Lebensraum/Lebensweise

Tropische Regenwälder in der Höhenlage bis zu 3500 m sind die Heimat des Kongopapageien. Sichtmeldungen liegen u. a. für Kaffeeplantagen und Bergwälder mit *Podocarpus*-Vegetation vor (PITMAN, 1928; HEIRICH, 1958; TRAYLOR, 1963).
Kongopapageien leben gewöhnlich in Paaren oder Kleingruppen von bis zu 10 Tieren zusammen, bilden aber in Zeiten ausreichenden Nahrungsangebotes auch

größere Schwärme. Sie richten ihren Standort nach der zur Verfügung stehenden Nahrung. So beobachtete MEINERTZHAGEN (1937) Kongopapageien am Mt. Kenia, die ihre Schlafplätze in 2500 m Höhe hatten, täglich aber auf 2200 m herabstiegen, um dort der Nahrungsaufnahme nachzugehen. PITMAN erwähnt, daß bei von ihm beobachteten Vögeln in Kenia Übernachtungs- und Schlafplätze 50 bis 60 km auseinanderlagen.

Das Nahrungsspektrum umfaßt Sämereien, Nüsse, Früchte und Beeren. In Ostafrika ernähren sich Kongopapageien hauptsächlich von wilden Oliven und den Früchten der *Podocarpus*- und *Cedrus*-Bäume (FORSHAW). In Kenia nehmen sie Blüten und vermutlich Samen der Eichenart *Grevilla robusta* zu sich (CUNNINGHAM-VAN SOMEREN, 1969). In Kamerun wurden sie beim Verzehr der Früchte der Ölpalme beobachtet (SERLE, 1954).

Kongopapageienbruten wurden in Kenia in Höhen von über 2500 m festgestellt, und zwar in den Monaten Juni sowie September bis November (MACKWORTH-PREAD u. GRANT, 1952). Im Kongo fand CHAPIN (1939) im Oktober ein brutreifes Weibchen, und im gleichen Monat erhielt er 4 noch unselbständige Jungvögel, die man aus dem Nest genommen hatte. Sie waren mit einem grauweißen Dunenpelz bedeckt, und erste Federn waren sichtbar. Am Mt. Meru in Tansania wurden 18 bewohnte Nisthöhlen untersucht. 13 davon waren in Kaso-Bäumen (*Hagenia abyssinica*), 4 in Steineiben (*Podocarpus spec.*) und 1 in einem Wacholderbaum (*Juniperus spec.*), einige davon in ehemaligen Bruthöhlen von Bartvögeln (*Lybius spec.*). Die Einschlupflöcher befanden sich durchschnittlich 9 m über dem Erdboden, die Tiefe der Höhlen variierte zwischen 60 cm und 2,40 m. In 2 Höhlen wurden Eier gefunden (weiß, oval, glänzend; Durchschnittsmaße 34,3 mm x 28,5 mm, n=2). Die erste enthielt am 26.11. 2, die 2. am 26.1. 2 Eier (MORGAN-DAVIES u. PETERSON, 1976; SENFT u. KATSCHNER, 1978).

Verhalten und Stimme

Das Verhalten des Kongopapageien weicht in mancherlei Hinsicht von dem der kleineren *Poicephalus* -Arten ab. Insbesondere gewöhnt er sich schneller an die Gefangenschaftsbedingungen und legt seine Scheu gegenüber dem Menschen nach einer gewissen Zeit ab (ROENSPIES, 1977; WESTEN, 1983; eig. Beob.).

Erwähnenswert ist darüber hinaus das auffällige Spielverhalten der Art. ROENSPIES beobachtete an ihrem Tier, daß es sich mit dem Schnabel an eine im Käfig befindliche Kette hängte und im Käfig umherschaukelte. Außerdem wurden häufig ein Metallspiegel und ein Metallring im Käfig gegeneinandergeschlagen, wobei das dabei entstehende Geräusch dem Vogel offenbar zu gefallen schien. Eine besondere Form des Spielverhaltens, das wir in ähnlicher Form bisher nur vom Kea (*Nestor notabilis*) kennen, bestand bei ROENSPIES darin, daß der Papagei sich im Sand seines Käfigs auf den Rücken legte, ein Holzstöckchen in die Füße nahm und damit - unter lautem Geschrei - balancierte. Als Variante hielt er sich auch mit einem Fuß am Käfiggitter fest, legte sich (mit geschlossenen Flügeln) mit dem Rücken auf die Sitzstange und hatte dann noch einen Fuß frei, mit dem er in ähnlicher Form mit einem Ästchen spielte. Diese Spielform endete jedesmal, indem der Vogel sich von der Stange fallen ließ, sich aber stets in aufrechter Position mit beiden Füßen am Käfigboden abfing. Die an diesem Einzeltier beobachtete Bewegungsfreudigkeit deckt sich mit den Beobachtungen anderer Kongopapageienhalter (z. B. WESTEN, ROSS, eig. Beob.).

ROSS berichtet weiterhin, daß seine Kongopapageien zündholzschachtelgroße Kieselsteine auf dem Volierenboden herumtrugen, gelegentlich mit auf die Sitzstange nahmen oder gar von der Freivoliere ins Schutzhaus beförderten. RODE (lit.) konnte feststellen, daß die von ihm gehaltenen Tiere daneben noch im Sand scharrten und Löcher gruben.

Die Stimme des Kongopapageien ist ganz allgemein melodiös "schwatzend". Daneben äußern die Tiere schrille, spitze Kreischlaute, wenn sie erschreckt oder gestört werden (FORSHAW, WESTEN, eig. Beob.). Weiterhin ist ein gutturales Grollen bekannt, das in Gefangenschaft bei aggressiven Auseinandersetzungen (so z. B. bei der Nistkastenverteidigung, bei Angst, oder wenn die Tiere in die Enge getrieben werden) zu hören ist (WESTEN, eig. Beob.).

Die Nachahmungsbegabung ist bei Kongopapageien verhältnismäßig gut ausgeprägt. Es sind Tiere bekannt, die sowohl Geräusche, Pfiffe als auch menschliche Worte wiedergeben konnten. ROENSPIES berichtet, daß ihr Kongopapagei "Aggi" nach 4 Monaten in ihrem Besitz seinen Namen in verschiedenen Varianten und später das Wort "Kuckuck" wiedergeben und daneben Geräusche wie Radiotöne und das Quaken von Enten nachahmen konnte.

Haltung und Zucht in Menschenhand

Kongopapageien sind nie in dem Maße importiert worden wie etwa Mohrenkopf- oder Graupapageien. Vielen Papageienhaltern ist die Existenz der Art gar völlig unbekannt. Deutlich wird dies u. a. dann, wenn sich hinter den Annoncen: "Kongopapageien, schöne, kräftige Tiere abzugeben" (und Anzeigen mit ähnlicher Diktion) bei Kontrollanrufen stets Kongograupapageien verbergen. Erste größere Einfuhren sind u. W. erst gegen Ende der 70er Jahre erfolgt. Seinerzeit verlangte man für ein Tier rund 130,- DM, also etwa doppelt soviel, wie früher und heute ein Schwarzköpfchen (*Agapornis p. personata*) kostet. In den letzten 10 Jahren war die Art dann stets in kleineren Stückzahlen bei Händlern präsent; die Preise bewegten sich kurz vor dem Inkrafttreten der neuen bundesdeutschen Artenschutzverordnung zwischen 600,- und 900,- DM und werden inzwischen auf dem Schwarzmarkt z. T. die 1000,- DM-Grenze überschritten haben. Dies ist u. E. ein Paradebeispiel für skrupellose public relation mit der "Ware" Tier. Als vor Jahren noch kaum ein Mensch von Natur- und Artenschutz, vom Aussterben der Tiere und von Bestandsbedrohungen mancher Papageien sprach, interessierte sich niemand für den unscheinbar grün gefärbten Kongopapagei, so daß die

o.: Kappapagei (Poicephalus robustus robustus)
u.l.: Kappapagei (Poicephalus robustus suahelicus)
u.r.: Kongopapagei (Poicephalus gulielmi gulielmi) ♂

Händler - der Nachfrage entsprechend - bei der Preisgestaltung so gerade die 100,- DM-Grenze überschreiten konnten. Dieses "Schicksal" teilten die Kongopapageien im übrigen mit anderen, vorwiegend grün gefärbten und somit wenig attraktiven Arten, etwa dem Bergpapagei (*Agapornis taranta*) oder den Weibchen des neotropischen Scharlachkopfpapageis (*Pionopsitta pileata*). Inzwischen hat man auch den uninteressiertesten Laien mit dem Artenschutzgedanken konfrontiert, hat auf die Situation der vom Aussterben bedrohten Papageien aufmerksam gemacht und mit werbewirksamen Slogans ("Die letzten Tiere vor dem Importstop"! "Nur noch wenige Tiere mit Papieren"!) die Käuferschaft inspiriert. Als Folge kosten die Kongopapageien nun das 5- bis 8fache, obwohl sich die Situation im Grunde nicht verändert hat.

Im Wesen sind Kongopapageien nicht mit den übrigen Vertretern der Langflügelpapageiengattung vergleichbar. Sie werden - nach sachgemäßer Eingewöhnung - in Menschenhand schnell ruhig und reagieren auf ungewohnte Ereignisse längst nicht so kopflos wie etwa Mohrenkopf- oder Rotbauchpapageien; ihre Fluchtdistanz ist insgesamt wesentlich geringer. Dennoch werden Kongopapageien nach unseren Erfahrungen keineswegs besonders schnell zahm, lassen sich anfassen oder nehmen Futter aus der Hand. Dazu bedarf es doch intensiverer Zähmungsbemühungen.

Ebenso wie Graupapageien und Kappapageien scheinen Kongopapageien unter beengten Käfigbedingungen zum Federrupfen zu neigen. Von den 15 Kongopapageien, die wir bisher bei Liebhabern oder in Zoologischen Gärten und Vogelparks sahen, waren nicht weniger als 9 in einem mehr oder weniger stark beeinträchtigten Gefiederzustand. Von den in unserer Anlage gehaltenen 4 Vögeln rupfte einer aus Gewohnheit (das Tier war uns in leicht gerupftem Zustand übergeben worden). Mit der Übersiedlung in unsere Anlage verstärkte sich das Rupfen zunächst derart, daß der Vogel sich innerhalb kürzester Zeit einen Großteil des Deckgefieders auszog und sich - abgesehen vom für ihn unerreichbaren Kopfgefieder und den Schwingen - im grauen Untergefieder präsentierte. Die Neigung zum Rupfen war unterschiedlich stark; mehrmals im Jahr wuchsen beinahe alle Federn wieder nach und wurden - unabhängig von für uns ersichtlichen Einflüssen oder Veränderungen - plötzlich von einem Tag auf den anderen wieder ausgezupft. Jegliche Form von Therapie (etwa Partnerwechsel, Knabberäste, Badeschale usw.) hatte keinerlei Wirkung.

Die 3 übrigen Vögel zeigten dagegen stets einen einwandfreien Gefiederzustand. Die Farbintensität, insbesondere die farbliche Ausbildung des rotgefärbten Stirn- und Schenkelbereiches, nahm bei allen 3 Tieren in üblicher Weise zu. Insgesamt gesehen bedarf es offenbar eines sehr feinfühligen Umgangs mit diesen Tieren, wenn es darum geht, die artgemäßen Haltungsbe-

o.: Kongopapagei (Poicephalus gulielmi fantiensis) mit untypischer Ausdehnung der hellen Kopfgefiederfärbung

u.: Kongopapgei, Jungvogel, ca. 6 Wochen alt

dingungen herauszufinden und zu praktizieren. Sie lassen sich - zumindest nach unseren Erfahrungen - nicht auf die vereinfachte Formel: Großräumige Unterbringung + ausgewogene Ernährung + Beschäftigung + Artgenosse reduzieren. Im übrigen gilt auch oder gerade für Kongopapageien, daß eine derartige, gefangenschaftsbedingte Neurose sehr schwierig zu heilen ist. Aber wenn es so einfach wäre, eine solche Erscheinung durch "entsprechende" Haltungsbedingungen zu vermeiden, redete heute niemand mehr von diesem Übel, sondern täte das "Entsprechende". Insbesondere im Hinblick auf den Graupapagei (vgl. I, 4.1.) sind ja in dieser Hinsicht viele Erfahrungen gesammelt und Versuche angestellt worden, die aber bislang nicht die Lösung des Problems gebracht haben.
Von der physischen Kondition her sind Kongopapageien dagegen relativ robuste Vögel, die in Menschenobhut kaum einmal erkranken. Selbst die bei den Großpapageien Mittel- und Südamerikas häufig auftretenden sog. "harmlosen" Erkrankungen treten bei Kongo- und anderen Langflügelpapageien kaum in Erscheinung. Sie sind recht unempfindlich gegenüber kalter und feuchter Witterung, allerdings sollten sie im Winterhalbjahr dennoch einen trockenen, zugluftfreien und leicht beheizten Schutzraum vorfinden.

Entsprechend der geringen Anzahl der importierten Tiere ist die Zucht der Art nur selten und zudem erst in den letzten Jahren geglückt. So finden sich in der Liebhaber- und Züchterliteratur einige (Haltungs- und) Zuchtberichte (Zucht: FRICKER, 1980; ROSS, 1984; Haltung: ROENSPIES, 1977; WESTEN, 1983; REPP u. REPP, 1986). Weitere Zuchten glückten 1978 bei J. und P. STOODLEY, Hampshire, England (LOW) und 1984 bei P. RODE, Nordheim, BRD (in lit.). Die vorerst letzte Nachzuchtmeldung stammt aus der DDR, wo bei S. und W. SEIFERT im Augenblick der Berichterstattung (Okt. 1987) 1 Jungvogel heranwächst (WELKE, in lit.).
Die Brutzeit in Gefangenschaft ist variabel. Ein Teil der Gelege wird offenbar im Winter (Januar/Februar) abgelegt. Die letztlich erfolgreichen Zuchten gelangen jedoch, wenn die Eiablage im Mai/Juni erfolgte (ROSS, RODE, FRICKER). Das Gelege ist mit 4 Eiern vollständig (RODE, STOODLEY, in LOW). Die Brutzeit liegt bei 26 (STOODLEY) bis 28 (ROSS) Tagen, die Nestlingszeit beträgt etwa 8 bis 10 Wochen.

Die Jungenaufzucht verläuft offenbar selten ohne Schwierigkeiten. So berichtet RODE, daß bei seinem Brutpaar mehrfach Jungvögel während der ersten Lebenswochen von den Eltern getötet wurden. Darüber hinaus ist allen vorliegenden Zuchtmitteilungen zu entnehmen, daß die adulten Tiere ihren Jungen regelmäßig die sprießenden Kopffedern oder gar das gesamte Kleingefieder an Rücken und Bauch ausgezupft hatten. Erst nach dem Ausfliegen und der Trennung von den Elterntieren befiederten sich die Jungen vollständig.

Der genaue Verlauf der Jugendentwicklung ist nicht bekannt, allerdings hat ROSS einige Einzelbeobachtungen veröffentlicht, die wir an dieser Stelle in abgewandelter Form wiedergeben wollen (Naturbrut mit Zufütterung durch den Pfleger):

1.	Lebenstag	Haut, Schnabel, Füße fleischfarben; grauweißer Dunenpelz,
7.	Lebenstag	erste Federkiele deuten sich als dunkle Punkte unter der Haut an,
8.	Lebenstag	Federkiele werden sichtbar; Oberschnabel weist seitlich dunkle Flecke auf ;Schnabelspitze weiß,
10.	Lebenstag	Unterschnabel wird dunkler,
11.	Lebenstag	Füße werden grau,
14.	Lebenstag	Augen öffnen sich; Iris ist stahlblau gefärbt,
19.	Lebenstag	am Rücken brechen erste Federkiele durch,
21.	Lebenstag	beim Öffnen der Nistkammer fauchen die Jungvögel und drängen sich an die gegenüberliegende Nistkastenwand,
23.	Lebenstag	Fußfarbe wechselt zu graubraun,
27.	Lebenstag	erste grüne Federspitzen erscheinen auf der Kopfplatte,
28.	Lebenstag	grüne Federspitzen an den Flügeln treten in Erscheinung,
46.	Lebenstag	Flügel und Kopf sind fast vollständig befiedert; an Brust und Bauch treten nun erst die Federn hervor,
52.	Lebenstag	Jungvögel weisen eine kahle Kopfplatte auf (gerupft durch die Elternvögel),
74.	Lebenstag	1. Jungvogel verläßt den Nistkasten, sucht ihn am gleichen Abend aber wieder auf.

3.3. Braunkopfpapagei

Poicephalus cryptoxanthus
(Peters, 1854)
Engl.: Brown-headed Parrot

Beschreibung
Gesamtlänge 22 bis 24 cm;
Ad. ♂ und ♀: Grundgefiederfarbe grün, am Rücken und an den Unterseiten blasser; Bürzel gelblichgrün; Kopf und Hals graubraun, zum Vorderrücken hin grünlich; Unterflügeldecken gelb; Außenfahnen der Handschwingen mit bläulichen Abzeichen; Schwanz braunoliv, mit grünem Rand und grüner Spitze; Oberschnabel blaugrau, zur Spitze hin dunkler; Unterschnabel hell hornfarben; Iris dunkel graugelb; Füße grauschwarz;

Verbreitungskarte

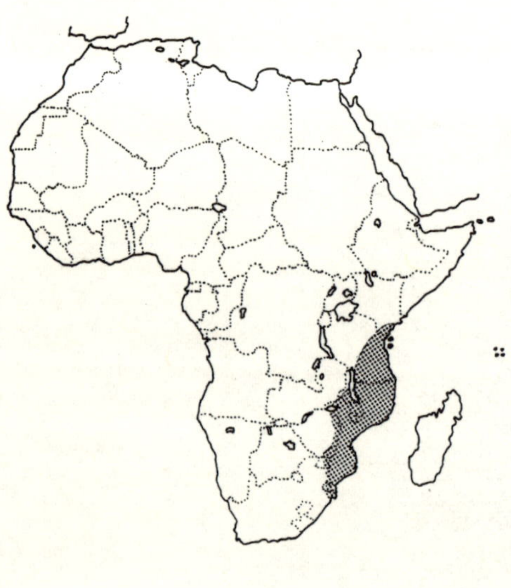

Juv.: ähneln den adulten Tieren, aber insgesamt mattere Färbung.

Unterartengliederung und Verbreitung
3 Unterarten*

1. *P. c. cryptoxanthus* (Peters),
   Verbreitung: von Zululand, O-Swasiland, O-Transvaal, S-Mozambique und SO-Simbabwe nördlich bis Malawi und zum Küstenbreich von Tansania und Kenia;

2. *P. c. tanganyikae* Bowen gleicht der Nominatform, aber Grundgefiederfärbung blasser; Kopf olivbraun; Bürzel und Unterseite mehr gelblich,
   Verbreitung: Inneres von Tansania (zweifelhafte Unterart, vgl. aber CLANCEY, 1964);

3. *P. c. zanzibaricus* Bowen gleicht der Nominatform, aber Braunfärbung des Kopfes dunkler; Bürzel und Unterseite bläulichgrün,
   Verbreitung: auf Sansibar und den Pemba-Inseln (zweifelhafte Unterart).

Anmerkung
Manche Exemplare weisen vereinzelte gelbe Federn auf (ROWAN, 1983). Bei 2 Männchen konnten gelbe Unterwangen- und Kinnfedern festgestellt werden (eig. Beob.).

* Die Frage nach dem Status der umstrittenen Form *P. crassus*, die teils als eigene Art, teils als Unterart des Braunkopfpapageien eingestuft wird, diskutieren wir kurz unter 3.4

Maße

Folgende Maße hat FORSHAW (1973) für den Braunkopfpapagei ermittelt (Durchschnittswerte, Angaben in mm):

	Flügel	Schwanz	Schnabel	Tarsus	n
cryptoxanthus	♂ 154,6	63,3	20,8	17,0	8
	♀ 148,5	61,9	19,6	16,6	8
tanganyikae	♂ 150,4	61,0	21,6	17,2	5
	♀ 149,6	61,0	20,8	16,2	5
zanzibaricus	♂ 159,3	64,0	21,3	18,3	3
	♀ 156,0	68,5	21,5	17,5	2

Eigene Messungen (Durchschnittswerte, Angaben in mm):

	Oberschnabelbreite	Unterschnabelbreite	Schnabelhöhe	Oberschnabellänge	n
cryptoxanthus	♂ 14,8	14,8	23,8	22,2	1
tanganyikae ohne Geschlechtsbest.	14,5	—	22,4	22,4	1

Gewichte

5 Männchen aus Mozambique (Unterart *cryptoxanthus*) wogen im Durchschnitt 149,4 g (135 bis 156 g). 2 Weibchen aus dem gleichen Verbreitungsgebiet wiesen Gewichte von 123,4 und 144,8 g auf (BROOKE, LAWSON, in ROWAN, 1983). 2 Volierenvögel der Nominatform in normalem Gefieder- und Ernährungszustand waren mit 120 g (Männchen) und 110 g (Weibchen) wesentlich leichter (eig. Wägungen).

Geschlechtsmerkmale

Die Art wird als gefiedermonomorph eingestuft. Manche Exemplare weisen allerdings vereinzelte gelbe Federn im Gefieder auf (ROWAN, eig. Beob.). Nach unseren Beobachtungen treten diese bevorzugt im männlichen Geschlecht auf (vor allem im Unterwangen- und Kinnbereich). Auch COLETT (in LOW, 1980) berichtet, daß das Männchen des von ihr gehaltenen Paares eine Gelbfärbung am Scheitel aufwies.

Abbildungen

Zeichnungen: FORSHAW, 1973, S. 297; DE GRAHL, 1974, S.361;
Farbfotos: DE GRAHL, 1982, S. 182; REPP u. REPP, 1984, S. 256

Lebensraum/Lebensweise/Status

Ähnlich dem Goldbugpapageien bewohnt der Braunkopfpapagei unterschiedliche Lebensräume im Südosten Afrikas. Er bevorzugt offenbar tiefgelegene, trockene Waldgebiete (FORSHAW). Für das südliche Afrika weist ROWAN eine Habitatpräferenz für *Adansonia* -Vegetation aus. In Zululand und Mozambique beobachtete CLANCEY die Art darüber hinaus in Akazien-Buschlandschaften und in der unmittelbaren Nähe von Kulturland. WILLIAMS (1963) fand den Braunkopfpapagei in Malawi in Akazienwaldungen unterhalb von 1000 m. Die Art gilt allgemein als standorttreu, abhängig vom Nahrungsangebot werden jedoch lokale Wanderungen unternommen (ROWAN).

Braunkopfpapageien leben gewöhnlich in Kleingruppen von 4 bis 12 Vögeln zusammen (FORSHAW, ROWAN), wenngleich - je nach Motivation, Jahreszyklus und Nahrungsangebot - gelegentlich auch Einzelvögel und Paare oder aber Gruppen von bis zu 40 Tieren zu beobachten sind (HARWIN, SMITH, in ROWAN). Mit der nahe verwandten Art *P. meyeri* bilden sie im Freiland offenbar keine gemischten Gruppen, obgleich die bevorzugten Lebensräume beider Arten sich gleichen und teilweise überlappen (ROWAN). CLANCEY (1977) vermutet aufgrund der Untersuchung von Museumsstücken aber, daß es in der Kontaktzone, der Region wo beide Verbreitungsgebiete aneinanderstoßen und sich z. T. überschneiden, zu ausgeprägter Hybridisation kommt (vgl. I,3.7.).

Der Flug des Braunkopfpapageien ist sehr schnell und direkt. Der Vogel wirkt dabei sehr auffällig, insbesondere durch seine unüberhörbaren Stimmfühlungslaute und durch die gelbgefärbten Unterflügeldekken, die nur bei ausgebreiteten Flügeln sichtbar werden. Während der Nahrungsaufnahme, im Schutz von Ästen und Blattwerk, verhält er sich dagegen sehr ruhig und ist für Feldbeobachter kaum auszumachen (FORSHAW).

Die Nahrung besteht aus Sämereien, Früchten, Nüssen, Beeren und Nektar. Im südlichen Afrika bilden wilde Feigen (*Ficus spec.*), die Samen von *Adansonia digitata* und *Albizzia gummifera*, die Früchte von *Pseudocadia zambesica* und die Fruchtbestände von *Acacia nigrescens* und *Acacia tortilis* bevorzugte Futterbestandteile (FUGGLES-COUCHMAN, 1939; ROBERTS, SMITHERS, VERNON, in ROWAN). Darüber hinaus suchen die Tiere Getreide-, Maisfelder und Kokosnußplantagen zur Nahrungsaufnahme auf (FUGGLES-COUCHMAN; VINCENT, 1934).

Über die Brutgewohnheiten liegen nur wenige Angaben aus dem Freiland vor. Die wenigen festgestellten Bruten fanden zwischen Mai und Juli (Krüger Nationalpark, KEMP,in ROWAN; Mozambique, VINCENT; Malawi, BENSON, 1942; Tansania, LOVERIDGE, 1922), bzw. im September/Oktober statt (Beira-Distrikt, SHEPPARD, in ROWAN; MACKWORTH-PREAD u. GRANT, 1952). Bruthöhlen wurden in *Adansonia* -Bäumen, zwischen 5 und 10 m über dem Erdboden (BENSON), oder in ausgedienten Spechthöhlen (LOVERIDGE) gefun-

den. Eine vermessene Nistkammer hatte einen Innendurchmesser von 12 cm und eine Tiefe von 50 cm, eine andere war 90 cm tief (PAGET-WILKES, in ROWAN). Von 6 untersuchten Nestern enthielten 4 Nester 3 Eier, 2 Nester 2 Eier (PAGET-WILKES). Ein einziges Ei in der Sammlung des British Museum maß 27,2 mm x 22,9 mm (SCHÖNWETTER, 1964).
Der Braunkopfpapagei ist über weite Teile seines Verbreitungsgebietes häufig anzutreffen; im südlichen Afrika ist er vermutlich die häufigste *Poicephalus* -Art überhaupt (FORSHAW; KEMP, POOLEY u. DIXON, in ROWAN).

Verhalten und Stimme

Das Verhalten des Braunkopfpapageien ist nach eigenen Untersuchungen an Volierenvögeln weitgehend identisch mit dem des Mohrenkopfpapageien (vgl. I, 3.5), nur waren die von uns gehaltenen Vögel insgesamt ruhiger und weniger störanfällig. 2 Braunkopfpapageien, die während der Sommermonate in einer 4 m langen Freivoliere gehalten wurden, kletterten mit Einbruch der Dunkelheit regelmäßig zum drahtbespannten Volierendach hinauf, hakten sich dort mit den Füßen ein und schliefen kopfunter hängend, allerdings ohne den Kopf über die Schulter zu drehen und im Gefieder zu verstecken (eig. Beob.).
HOLYOAK u. HOLYOAK (1972) beschreiben verschiedene agonistische Verhaltensweisen bei Braunkopfpapageien im Londoner Zoo, etwa Schnabelöffnen, Schnabelgefecht oder Flügelöffnen. Die genannten Drohverhaltensweisen waren von kreischenden Schreien begleitet. Weiterhin konnten die Verfasser Ansätze von Partnerfüttern mit dem charakteristischen Kopfnicken beobachten, scheinbar wurde aber kein Futter hochgewürgt und weitergegeben.
Über das Badeverhalten der Art im Freiland berichtet VERNON (in ROWAN). Mit abgespreiztem Körpergefieder und geöffneten Flügeln badeten sechs beobachtete Tiere nach einem Regenfall in den nassen Blättern eines Baumes. Sie schlängelten sich dazu durch die Zweige eines Baumes und schüttelten danach das nasse Gefieder.
Die Stimmäußerungen während des Fluges sind laut und kreischend (VINCENT). Sitzen, Klettern und die Nahrungsaufnahme sind oft begleitet von eher melodischen "Schnatter"- oder "Schwatz"tönen (MACKWORTH-PREAD u. GRANT).

Haltung und Zucht in Menschenhand

Die ersten Braunkopfpapageien wurden vermutlich 1870 im Londoner Zoo ausgestellt; in Deutschland zeigte sie der Berliner Zoo im Jahre 1914. Über weitere und meist zufällig importierte Einzelexemplare, die nach der Eingewöhnung meist in Zoologische Gärten gelangten, wird in der Literatur berichtet (DE GRAHL, 1974; LOW, 1980). In die BRD kamen Braunkopfpapageien erst wieder Mitte der 80er Jahre unseres Jahrhunderts in mehrköpfigen Importen. Seither haben einige private *Poicephalus* -Liebhaber diese Vögel erworben und ihre Kollektionen um diese selten eingeführte Art ergänzt. Sie kosteten 1987 um 500,- DM pro Paar, waren damit pro Tier etwa halb so teuer wie ein Graupapagei oder eine Blaustirnamazone (*Amazona aestiva*).
In der Volierenhaltung gleichen sie den Mohrenkopfpapageien; sie werden aller-

dings z. T. als außerordentlich scheu beschrieben, eine Erfahrung, die wir mit den von uns gehaltenen Tieren jedoch nicht machen konnten. Unsere Vögel waren zuvor einzeln in kleinen Papageienkäfigen gehalten und eingewöhnt worden und hatten sich schnell an die Gegenwart des Pflegers gewöhnt. Beim täglichen Füttern und selbst beim Säubern des Käfigs (Entfernen der Schmutzfangschale) blieben sie ruhig auf ihren Sitzstangen hocken, bzw. hängten sich ohne Panik an das hintere Käfiggitter. An Ernährung, Luftfeuchtigkeit und Temperaturen scheinen Braunkopfpapageien keine besonderen Ansprüche zu stellen.

Bemerkenswert ist, daß eines unserer Paare aus Platzgründen vorübergehend (für 3 Wochen) in einer Voliere untergebracht werden mußte, die eigentlich für europäische Eulen vorgesehen war. Sie bestand aus Holz, war mit kunststoffummanteltem Draht bespannt und zudem bepflanzt, also rundum eine für Papageien ungeeignete Unterkunft. Dennoch fügten die Tiere der Voliere keine (Nage)schäden zu, knabberten weder am Holz noch am Draht und ließen auch die kleinen Bäume (Eberesche, Zwetschge, Scheinbuche), in deren Ästen sie umherturnten, unbehelligt.

Die Zucht des Braunkopfpapageien ist - entsprechend der geringen Anzahl der gehaltenen Tiere - u. W. bisher nur 3mal geglückt. Den 1. Bruterfolg überhaupt hatte das Ehepaar COLETT, Hampstead (England) im Jahre 1977, nachdem es 1976 selbst 2 Vögel aus Swaziland mit nach England gebracht hatte (LOW). Die zweite Zucht war gleichzeitig die deutsche Erstzucht und gelang 1985 bei P. RODE in Northeim (REPP u. REPP, 1986; RODE, in lit.), der seither insgesamt 8 Jungvögel aufziehen konnte. Nach einer Kurzmitteilung in der amerikanischen Zeitschrift "Bird-Talk" (11/1987) ist 1987 ebenfalls eine Braunkopfpapageienzucht bei J. und K. GUY in Kanada gelungen.

Bei der Zucht von COLETT in England kam es am 18. Oktober 1977 zur Eiablage, nachdem beide Tiere vorher wiederholt den Nistkasten aufgesucht hatten. Bemerkenswert war, daß während der Kopulationen die Tiere manchmal ihre Positionen vertauschten, so daß längere Zeit Zweifel über die Geschlechter der Vögel bestanden. Das einzige Ei wurde rund 26 Tage vom Weibchen bebrütet. Beim Schlupf war der Jungvogel rosa gefärbt; er trug nur sehr spärlichen weißen Flaum. Im Alter von 1 Monat wurde bei einer weiteren Nestkontrolle festgestellt, daß der Jungvogel nun einen grauen Dunenpelz trug. Mit 10 Wochen war er beinahe vollständig befiedert und glich weitgehend den adulten Vögeln, allerdings hatte er noch einige Gefiederlücken und einen kürzeren Schwanz. Im Alter von 11 Wochen schaute er bereits häufiger aus dem Nistkasten, den er mit 12 Wochen schließlich verließ. Mit 16 Wochen nahm er selbständig ausreichend Nahrung zu sich.

Die adulten Vögel betreuten das Junge einwandfrei. Sie hielten die Nisthöhle völlig sauber und entfernten alle seine Ausscheidungen restlos. Als es im Januar, bevor der Jungvogel den Kasten verlassen hatte, zu einem Kälteeinbruch mit Schneefall kam, verließen beide Elterntiere den Nistkasten nur selten und huderten ihn. Schon im Nest, ab einem Alter von rund 4 Wochen bis zum Selbständigwerden, kümmerte sich bevorzugt das Männchen um das Jungtier (LOW).

Bei P. RODE kam es bereits Anfang 1984 zur Ablage von 2 (unbefruchteten) Eiern, denen ein weiteres Gelege (1 Ei) im Dezember folgte. Eine Nistkastenkontrolle im Februar ergab, daß das Ei befruchtet, der voll entwickelte Embryo aber abgestorben war. Die nächste Eiablage erfolgte im November/Dezember 1985 (26., 29. November; 4. Dezember). Am 25. und 30. Dezember schlüpften 2 Jungvögel, deren Entwicklung in der folgenden Tabelle (lükkenhaft) wiedergegeben werden soll (nach RODE, in lit.):

5.1. (10.Tag)	beim 1. Jungen sind dunkle Federkiele unter dem weißen Dunenkleid zu sehen,
8.1. (13)	beim 1. Jungen öffnen sich die Augen,
14.1. (20)	beim 1. Jungen sind die ersten Federkiele zu sehen,
17.1. (23)	erste grüne Federspitzen treten beim 1. Jungvogel hervor,
19.1. (25)	grüne und graue Kopffedern werden sichtbar,
22.1. (28)	Federkiele platzen auf,
29.1. (35)	gelbe Unterflügeldecken werden beim älteren Jungvogel sichtbar,
17.2. (54)	älterer Jungvogel fliegt aus,
21.2. (59 bzw. 54)	2. Jungvogel fliegt aus,
9.3. (74 bzw. 69)	beide Jungvögel nehmen erstmals selbständig kleine Körnchen zu sich,
16.3. (81 bzw. 76)	beide Jungen fressen erstmals angekeimte Sämereien.

3.4. Niamniam - Papagei

Poicephalus crassus (Sharpe, 1884)
Engl.: Niamniam - Parrot

Beschreibung
Gesamtlänge 25 cm;
Ad. ♂ und ♀ : Der Niamniam-Papagei gleicht farblich weitgehend dem Braunkopfpapagei; Ohrdecken silbergrau; Unterflügeldecken grün; Oberschnabel graubraun, zur Spitze hin schwarz; Unterschnabel gelblichhornfarben; Iris rot;
Juv.: Scheitel und Nacken graubraun, mit olivgelben Abzeichen; Unterseite blasser und mehr gelblich als bei Adulten; Oberschnabel gelblich.

Verbreitungskarte

Unterartengliederung und Verbreitung
Die Art wird von manchen Systematikern als Unterart des zuvor beschriebenen Braunkopfpapageien angesehen (z. B. PETERS, 1937), aber mit FORSHAW (1973), CLANCEY (1977) und WOLTERS (1975 - 1982) sind wir der Meinung, daß *P. crassus* solange als eigene Art angesehen werden sollte, bis feststeht ob sich *P. crassus* und *P. meyeri* vermischen oder nicht. Ungeachtet dessen sind *P. crytoxanthus*, *P. meyeri*, *P. crassus* und vielleicht *P. rueppellii* sehr nahe verwandte Arten (GROTE, 1926) und müssen als Allospezies in der gleichen Superspezies angesehen werden (CLANCEY, 1977).

Verbreitung
Von O-Kamerun durch die Zentralafrikanische Republik bis SW-Sudan.

Gewichte
Unseres Wissens sind bisher keine Gewichtsangaben von Niamniam-Papageien in der Literatur erwähnt worden.

Abbildungen
Zeichnungen: FORSHAW, 1973, S. 297.

Haltung in Menschenhand
Der Niamniam-Papagei ist vermutlich erstmals nach 1978 in einigen Exemplaren nach England eingeführt worden (LOW, 1980). Es ist nicht auszuschließen, daß Tiere dieser Art mehrfach unerkannt als "Braunkopfpapageien" in den Handel gelangt sind.

Maße

Folgende Maße hat FORSHAW (1973) für den Niamniam-Papagei ermittelt (Durchschnittswerte, Angaben in mm):

	Flügel	Schwanz	Schnabel	Tarsus	n
crassus	♂ 166,7	68,0	24,7	19,3	3
ohne Geschlechtsbestimmung	168,0	75,0	24,0	18,0	1

Eigene Messungen (Durchschnittswerte, Angaben in mm):

	Oberschnabelbreite	Unterschnabelbreite	Schnabelhöhe	Oberschnabellänge	n
crassus	♂ 17,2	17,6	29,0	24,0	1
	♀ 16,5	15,1	25,5	19,9	1
ohne Geschlechtsbestimmung	15,5	15,3	27,5	24,7	1

Lebensraum/Lebensweise

Die wenigen Kenntnisse über den Niamniam-Papageien, die wir besitzen, verdanken wir fast ausschließlich BLANCOU (1939). Er beobachtete die Art in der Nähe von Bozoum/Zentralafrikanische Republik. Dort fand er sie paarweise oder in kleinen Gruppen bei der Nahrungssuche. Sie bevorzugten kleine Wälder oder Baumgruppen in den dortigen Bergwäldern, wo sie auch ihre Übernachtungsplätze hatten. In manchen Gebieten scheint die Art nomadisch zu leben.

Dem Menschen gegenüber verhalten sich Niamniam-Papageien sehr scheu und es gelingt nur selten, sich ihnen zu nähern. Wenn sie aufgeschreckt werden, fliegen sie meist auf und lassen dabei ihre gut hörbaren, scharfen Chiep-Laute hören; manchmal verhalten sie sich aber auch ruhig und suchen Deckung im Blattwerk. Sie ernähren sich von Sämereien. Der Kropf mehrerer untersuchter Vögel, die von BLANCOU in der Nähe von Bozoum gesammelt worden waren, enthielt angedaute Hirse und blassgelbe Sämereien.

Über die Nistgewohnheiten liegen keine näheren Angaben vor, aber BLANCOU vermutet, daß die Brut während der Regenzeit im August/September stattfindet.

3.5. Mohrenkopfpapagei

Poicephalus senegalus (Linné, 1766)
Engl.: Senegal Parrot

Beschreibung
Gesamtlänge 23 cm;
Ad. ♂ und ♀ : Grundgefiederfarbe grün, blasser und mehr gelblich am Bürzel; Zügel, Scheitel und Nacken dunkelgrau; übrige Kopffärbung hellgrau, mehr silbrig im Bereich der Ohrdecken; unterer Brustbereich und Bauch gelb bis gelborange; Unterflügeldecken und Unterschwanzdecken hellgelb; Schwanz bräunlichgrün; Schnabel grauschwarz; Iris gelb bis gelborange; Füße bräunlichrosa;
Juv.: in allen Farben matter; Kopf bräunlich mit mattgrauen Ohrdecken; Iris graubraun.

Verbreitungskarte

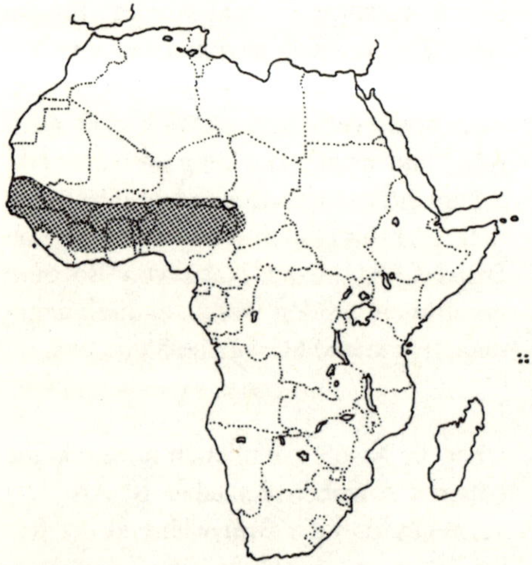

Unterartengliederung und Verbreitung
3 Unterarten

1. *P. s. senegalus* (Linné),
   Verbreitung: von Senegambia bis Guinea, einschließlich der Los-Inseln und S-Mali

2. *P. s. versteri* Finsch gleicht der Nominatform, aber Oberseite dunkler grün; Bauch rotorange;
   Verbreitung von der Elfenbeinküste und Ghana östlich bis W-Nigeria;

3. *P. s. mesotypus* Reichenow gleicht der Nominatform, aber Oberseite und Brust blasser grün und weiter heruntergezogen bis zum Bauch; Bauch orange,
   Verbreitung: O- und NO-Nigeria, N-Kamerun und SW-Tschad.

Gewichte
Nach eigenen Gewichtsermittlungen wogen (im normalen Ernährungs- und Gefiederzustand) 1 Männchen 130 g und 1 Weibchen 125 g (Nominatform).

Abbildungen
Zeichnungen: ASCHENBORN, 1955, Tafel 3; FORSHAW, 1973, S.197; DE GRAHL 1974, S. 361;
Farbfotos: DELPY, 1976, S. 49; AF ENEHJELM, 1979, S. 65; DE GRAHL 1976, S. 159; DE GRAHL, 1982; S. 183, DE GRAHL, 1985, S. 132, LANTERMANN, 1986, S. 101; LOW, 1980, Foto 53; LOW/KOLAR, 1983, S. 168; MÜLLER-BIERL, 1981, Fotos 7-15; OTT, 1985, S. 262; PINTER, 1979, S. 146; RADICKE, 1984, S. 190.

Maße

Folgende Maße hat FORSHAW (1973) für den Mohrenkopfpapagei ermittelt (Durchschnittswerte, Angaben in mm):

	Flügel	Schwanz	Schnabel	Tarsus	n
senegalus	♂ 155,6	66,9	23,3	18,8	8
	♀ 154,5	67,2	22,5	18,3	6
versteri	♂ 154,9	64,0	23,8	17,9	11
	♀ 153,7	65,0	21,7	17,7	3
mesotypus	♂ 155,6	66,4	25,1	18,3	7
	♀ 149,8	64,9	21,8	17,8	5

Eigene Messungen (Durchschnittswerte, Angaben in mm):

	Oberschnabelbreite	Unterschnabelbreite	Schnabelhöhe	Oberschnabellänge	n
senegalus ohne Geschlechtsbestimmung	13,7	13,5	22,5	20,0	1
versteri	♂ 15,2	15,6	28,5	24,2	3
mesotypus ohne Geschlechtsbestimmung	15,5	17,5	26,5	24,5	1

Lebensraum/Lebensweise/Status

Der Mohrenkopfpapagei ist ein Bewohner von Savannengebieten und offenen Wäldern. In Nigeria wurde eine Präferenz für Waldgebiete mit *Adansonia digitata*- und *Parkia filicoidea*-Vegetation festgestellt (HUTSON u. BANNERMAN, 1931).

Mohrenkopfpapageien werden gewöhnlich einzeln, paarweise oder in Kleingruppen von 10-20 Tieren angetroffen. Sie sind sehr scheu und demzufolge schwierig zu beobachten. Bei der Nahrungsaufnahme in den Baumkronen sind sie sehr laut, aber aufgrund ihres vorwiegend grünen "Tarn"gefieders im Blattwerk kaum auszumachen. Ihr Flug ist direkt und wird von kräftigen Flügelschlägen begleitet (FORSHAW).

Die Nahrung besteht aus Sämereien, Getreide, Früchten und Knospen. Neben Feigenfrüchten sind die Früchte und Samen von *Parkia filicoidea*, *Kaya senegalensis*,

Pterocarpus erinaceus, *Vitex cienkowskii*, *Butyrospermum parkii* und *Sclerocarya birroea* als zum Nahrungsspektrum gehörig ermittelt worden (HUTSON u. BANNERMAN; BOUET, 1961). Gelegentliche Einfälle in Getreide- und Maisanbaugebieten werden ebenfalls für die Art gemeldet (FORSHAW).

Die Brutzeit liegt zwischen September und November, gegen Ende der Regenzeit. Das Nest befindet sich in Baumhöhlungen (oft Baobabbaum *Adansonia digitata*), meist in beachtlicher Höhe (FORSHAW). HUTSON u. BANNERMAN fanden 1 Nest im November, das 2 Nestlinge enthielt, von denen 1 die doppelte Größe seines Nestgeschwisters hatte. Während ersterer schon erste Federansätze an Kopf, Brust und Bauch zeigte, trug der jüngere Vogel noch ein graues Dunenkleid.

Der Status des Mohrenkopfpapageien ist nur schwer einschätzbar. Während er in manchen Gebieten als überaus selten gilt (z. B. SW-Tschad, SALVAN, 1968), liegen Berichte aus S-Ghana (HARVEY u. HARRISON, 1970) und der Ferlo-Region in Senegambia vor (DESCARPENTRIES u. VILLIERS, 1969), in denen die Art als häufig vorkommend beschrieben wird. BATES (1934) berichtet, daß in S-Mali saisonale Wanderungen unternommen werden, wenn in der trockenen Jahreszeit die Nahrung knapper wird. Aus anderen Regionen liegen ähnliche Mitteilungen vor. Mancherorts richten die Vögel ihre Standorte nach der Getreidereife (FORSHAW).

Verhalten und Stimme

Unter allen Langflügelpapageien ist das Verhalten des Mohrenkopfpapageien am besten bekannt. Insbesondere MÜLLER-BIERL (1983, 1986) hat verschiedene Verhaltensabläufe zahmer Vögel beschrieben, die wir an dieser Stelle jeoch nicht zur Grundlage nehmen wollen. Über Volierenvögel des Londoner Zoos haben dagegen HOLYOAK u. HOLYOAK (1972) eine kurze vergleichende Verhaltensuntersuchung über 6 *Poicephalus*-Arten vorgelegt. Nach ihren Befunden und unseren eigenen Beobachtungen an einer 5köpfigen Mohrenkopfpapageiengruppe gleicht das Verhalten der Art (und großenteils das der übrigen kleinen Vertreter der *Poicephalus*- Gruppe) weitgehend dem der afrikanischen Unzertrennlichen (*Agapornis spec.*), die insbesondere DILGER (1960) und im deutschsprachigen Raum STAMM (1960, 1962) untersucht haben. Bei Verhaltensübereinstimmungen verweisen wir deshalb lediglich auf die genannten Arbeiten.

Nichtsdestotrotz sind unsere Kenntnisse bislang äußerst lückenhaft, etwa was das Spiel-, Fortpflanzungs- oder agonistische Verhalten sowie die zeitliche Organisation des Verhaltens betrifft. So wollen wir uns im folgenden damit begnügen, die bislang bekannten Verhaltensabläufe rein deskriptiv aufzulisten, ohne darüber hinausgehende Vermutungen oder Vergleiche (Ausnahme: *Agapornis*) anzustellen.

Aus dem Bereich des Komfortverhaltens sei zunächst einmal das Putzen des Gefieders genannt. Die dabei zutage tretenden Verhaltensabläufe gleichen weitgehend denen von *Agapornis*. Ausgehend vom Kleingefieder werden die Federn der einzelnen Körperpartien durch den Schnabel gezogen und mit Hilfe der beweglichen Zunge gereinigt. Mit Ausnahme des Kopfgefieders kann der Vogel jede Gefiederpartie selbst erreichen und säubern. Putzverhalten wirkt stimmungsübertragend auf Artgenossen.

Die Streckbewegungen sind denen anderer bisher untersuchter Papageienarten ähnlich. Der häufigste Ablauf ist das gewöhnliche Strecken durch Ausbreiten eines Flügels nach unten. Das Bein der entsprechenden Körperseite wird dabei gleichzeitig nach hinten gestreckt, die entsprechende Schwanzhälfte gefächert. Streckbewegungen durch gleichzeitiges Anheben beider Flügel über dem Rücken kommen - meist im Anschluß an den zuvor beschriebenen Streckbewegungsablauf - ebenfalls vor (HOLYOAK u. HOLYOAK).

Kratzbewegungen erfolgen in der von BRERETON u. IMMELMANN (1962) beschriebenen Weise, indem ein Fuß direkt zum Kopf geführt und dort - unter Drehen und Wenden des Kopfes in die geeignete Position - mit der längsten Kralle des Fußes Kratzbewegungen ausgeführt werden.

Mohrenkopfpapageien machen in Menschenhand regelmäßig von Badeschalen Gebrauch, wenngleich Badevorgänge aufgrund der Scheu der Tiere nur selten direkt und exakt zu beobachten sind. HOLYOAK u. HOLYOAK berichten, daß ein Mohrenkopfpapagei zu Beginn eines Bades am Rand des Badegefäßes stand und mehrfach Kopf und Vorderkörper ins Wasser tauchte, danach wiederholt mit ausgebreiteten Flügeln und gespreiztem Schwanz ins Wasser hüpfte und jeweils nach wenigen Sekunden wieder hinaussprang. Nach mehreren Wiederholungen flog er auf einen Ast, zeigte leichte Putzbewegungen und begab sich dann in die Ruhestellung.

Das Ruhen erfolgt in der Regel auf einem hochgelegenen Ast in der Voliere, auf einem Bein sitzend, mit leicht abgespreiztem Gefieder, unter zurückgedrehtem Kopf und mit teilweise oder ganz geschlossenen Augen. Ruhephasen dauern in der Regel weniger lange als Schlafphasen und zeigen einen geringeren Intensitätsgrad.

Die Schlafhaltung gleicht weitgehend der Ruhestellung, allerdings wird dabei stets der Kopf zurückgedreht, und die Augen sind vollständig und über längere Zeit geschlossen. Ob Mohrenkopfpapageien auch in der für *Poicephalus meyeri* und *P. cryptoxanthus* beschriebenen Art des Kopfunterhängens an der Volierendecke schlafen, konnte bislang nicht zweifelsfrei nachgewiesen werden.

Die Nahrungs- und Wasseraufnahme erfolgt in der gleichen Weise, wie für *Agapornis* beschrieben. Darüber hinaus sind Mohrenkopfpapageien in der Lage, größere Futterbrocken mit dem Fuß festzuhalten. Sie nehmen zuerst das Futterstück mit dem Schnabel aus der Futterschale, führen dann einen Fuß zum Schnabel, nehmen den Futterbrocken in die Krallen und beißen dann stückweise davon ab. Auf die Bedeutung des Fußgebrauches für die Taxonomie hat bereits SMITH (1971) hingewiesen.

Nach der Nahrungsaufnahme, insbesondere nach der Aufnahme von weichem Obst und Weichfutter, wird der Schnabel von anhaftenden Futterresten durch wechselseitiges Scheuern beider Schnabelseiten an einem Ast gereinigt.

Von den agonistischen Verhaltensweisen des Mohrenkopfpapageien ist zuerst das Abspreizen des Gefieders als schwache Form des Drohens zu erwähnen. Eine verstärkende Variante ist das Abstellen der Flügel, wodurch die auffällige gelbe Flügelbug- und Flügelrandfärbung sichtbar wird. HOLYOAK u. HOLYOAK nennen weiterhin eine aggressive Position höheren Intensitätsgrades, bei der die Flügel über dem Rücken gespreizt werden, ähnlich der zuvor beschriebenen Streckbewegung. In Zusammenhang mit den genannten Drohgesten tritt häufig Schwanzspreizen und eine rhythmische Pupillenverengung auf.

Wenn 2 Papageien aufeinandertreffen und einer den Individualraum des anderen unterschreitet, kommt es zum Schnabelöffnen des bedrohten Individuums, wodurch häufig schon der Eindringling zum Rückzug bewegt werden kann. Gelegentlich kommt es in der Folge bei dem bedrängten Vogel auch zum Senken und Vorstoßen des Kopfes bei leicht geöffnetem Schnabel, allerdings als reine Drohgeste und ohne Kontakt zum anderen Vogel (HOLYOAK u. HOLYOAK).

Genügt diese Drohposition nicht zum Vertreiben des Gegners, kommt es zum Angriff, der durch das sog. aggressive Schreiten eingeleitet werden kann. Mit aufgerichtetem Nackengefieder und gesenktem Kopf läuft der Vogel schnell auf seinen Gegner zu und stößt - in der Regel mit geschlossenem Schnabel - blitzschnell vor, um so den Eindringling zu vertreiben. Zu regelrechten Kämpfen kommt es nach unseren Beobachtungen nur selten, und wenn, dann in hochritualisierter Form, die lediglich auf ein Vertreiben des Gegners, kaum auf das Töten abzielt. HOLYOAK u. HOLYOAK berichten, daß solche Kämpfe meist darin bestehen, den Schabel des Gegners zu ergreifen. Nach unseren Beobachtungen kommen auch kleinere Beißereien mit Zehenverletzungen vor. Zu weiterführenden Beschädigungskämpfen kommt es dagegen vermutlich nur sehr selten. Wir konnten vielfach beobachten, daß sich aggressive Auseinandersetzungen primär auf die Schnabelregion beschränkten, derweil sich offensichtlich bietende Gelegenheiten, an anderen Körperstellen Bisse anzubringen, ignoriert wurden. Auf eine Ausnahme (?) unter Gefangenschaftsbedingungen möchten wir allerdings hinweisen: Bei einer 5köpfigen Gruppe von Mohrenkopfpapageien, die monatelang ohne jegliche Anzeichen von Aggression in einer unserer Volieren zusammengelebt hatten, sahen wir eines Morgens, wie 2 Vögel sich mit kräftigen Bissen und Schnabelhieben den übrigen Volierenbewohnern zuwandten und sie aus ihrem Gesichtsfeld zu treiben suchten. 1 Vogel war dabei bereits getötet, ein 2. ernstlich verletzt worden, ehe wir eingreifen konnten.

Aus dem Bereich des Sexualverhaltens kennen wir u. a. die soziale Gefiederpflege, die primär der Paarbildung und -festigung, darüber hinaus aber auch der gegenseitigen Gefiederreinigung an für den einzelnen Vogel schwererreichbaren Körperstellen dient. Sie tritt vor allem bei adulten Vögeln auf (dort verstärkt in der Fortpflan-

Braunkopfpapagei (Poicephalus cryptoxanthus)

zungszeit). Aber auch bei Jungvögeln tritt die soziale Gefiederpflege in Erscheinung und hat auch dort eine soziale Funktion.

Die Balz des Mohrenkopfpapageien verläuft sehr unauffällig bzw. kann aufgrund ihres scheuen Wesens nur selten detailliert beobachtet werden. Als erstes Element aus der Aktionskette der Balzhandlung ist das Imponieren zu werten. Beide Geschlechter laufen in aufrechter, "stolzer und erhabener" (RADICKE, 1984) Haltung langsam aufeinander zu bzw. umkreisen sich mit hängenden zitternden Flügeln (OTT, 1985). Gelegentlich klappern beide Vögel währenddessen mit den Schnäbeln (OTT) oder reiben die Schnäbel an einer Sitzstange (RADICKE). EBERT (1968) spricht von eigenartigen Imponiertänzen des Männchens, das seine Flügel fächerartig entfaltete, Hals- und Nackenfedern dabei abspreizte. Das Imponieren hat eine 2fache Funktion. Es dient zum einen der Abschreckung rivalisierender Artgenossen, zum anderen der Werbung. Als Elemente kennen wir auffällige Verhaltensweisen (wie beschrieben) und "Vergrößerung" des Körpers durch Abstellen des Gefieders und der Flügel und durch Spreizen des Schwanzes.

Eine weitere Handlung aus der Aktionskette des Balzverhaltens ist das Partnerfüttern, dem ebenfalls eine Doppelbedeutung zukommt. Es dient erstens der Versorgung des Weibchens mit Futter während der Brut, hat darüber hinaus aber wiederum soziale Funktion bei der Paarfestigung. Partnerfüttern kann somit auch - wenn auch weniger häufig - während der neutralen Zeit des Jahres vorkommen. Unter pumpenden, nickenden Kopf/Halsbewegungen würgt das Männchen vorverdautes Futter aus dem Kropf hervor und übergibt es unter rüttelnden Bewegungen an sein Weibchen, das unterdessen eine dem bettelnden Jungvogel ähnliche Demutshaltung einnehmen kann. HOLYOAK u. HOLYOAK fanden, daß diese Verhaltensabfolge oft im Leerlauf ablief, wobei kein Futter übergeben wurde.

Allgemein läßt sich sagen, daß die Bereitschaft zu aggressiven Auseinandersetzungen in der Fortpflanzungszeit sehr hoch ist. Von den Stimmäußerungen des Mohrenkopfpapageien kennen wir hohe Kreisch- und Pfeiftöne als häufigste Laute. Bei agonistischen Verhaltensweisen hörten HOLYOAK u. HOLYOAK scharfe Click-Click-Töne, die anfangs als mechanisch erzeugte Schnabelgeräusche gewertet wurden, sich aber nach genauerer Beobachtung als Lautäußerungen herausstellten.

Freiflughaltung

In der Vergangenheit wurde mehrfach von der erfolgreichen Freiflughaltung von Papageien der verschiedensten Arten berichtet (BEDFORD, 1954; KOLAR, 1962; PÖPPING, 1978; Zusammenfassung bei STRUNDEN, 1984).

Trotz der unterschiedlichsten Bedenken, die immer wieder und z. T. zu Recht gegen diese Haltungsform vorgebracht werden

---

o.l.: Rotbäuchige Unterart des Mohrenkopfpapageien (Poicephalus senegalus versteri)
o.r.: Mohrenkopfpapagei, Nominatform (Poicephalus senegalus senegalus)
u.: Mohrenkopfpapagei (Poicephalus senegalus mesotypus?)

(Zusammenfassung bei LANTERMANN u. LANTERMANN, 1986), entschlossen wir uns, zur Vertiefung unserer Kenntnisse mit einer Langflügelpapageienart Freiflugversuche zu unternehmen. Wir wählten dazu 2 mehrjährige, festverpaarte Mohrenkopfpapageien, die aufgrund eines jahrelangen Stubenvogeldaseins vor der Überführung in unsere Anlage ihre natürliche Scheu vor dem Menschen soweit verloren hatten, daß sie eine relativ kurze Annäherung zuließen, ohne gleich in panikartiges Geschrei und Geflatter zu verfallen. Im folgenden soll kurz über die technische Handhabung dieser Versuche berichtet werden, derweil die genaue Darstellung, Beschreibung und Auswertung der Freiflugversuche einer gesonderten Veröffentlichung vorbehalten bleiben muß.

Zu Beginn des Versuches im Juni 1985 wurden beide Vögel getrennt voneinander in 2 aneinandergrenzenden Freivolieren untergebracht.

Sitzäste installierten wir in beiden Volieren auf gleicher Höhe und in einer Flucht, so daß die Tiere - zwar durch das Drahtgitter getrennt - aber dennoch nebeneinander sitzen und durch das relativ grobmaschige Drahtgeflecht hindurch soziale Kontakte pflegen konnten. Nachdem sich die Vögel an diesen Zustand gewöhnt hatten und dazu übergegangen waren, regelmäßig Kontakt aufzunehmen und zu intensivieren, öffneten wir vorsichtig die Drahttür zur Voliere des Männchens, stets sorgsam darauf bedacht, daß das Tier nicht erschreckt wurde und fluchtartig die Unterkunft verließ. Von einem etwas entfernt gelegenen Beobachtungsplatz konnte schließlich der Ablauf der Aktion mit Hilfe von Ferngläsern beobachtet werden.

Das Tier hüpfte innerhalb weniger Minuten auf die offenstehende Volierentür und verharrte dort eine gute Viertelstunde, ehe es auf das drahtbespannte Volierendach kletterte und dort zuerst mit seinem Weibchen, danach auch mit den übrigen Mohrenkopfpapageien, die in der gleichen Volierenreihe untergebracht waren, Kontakt aufnahm. Plötzlich flog der Vogel in die seiner (durch die Lage der Volieren bedingte) vertrauten Blickrichtung (Osten) entgegengesetzte Richtung ab, beschrieb einen Halbkreis von etwa 200 m Durchmesser und landete in einem Pflaumenbaum auf dem Nachbargrundstück; dabei hielt er ständig Rufkontakt mit den in den Volieren verbliebenen Mohrenkopfpapageien. 5 Minuten später vollendete er den ursprungs eingeleiteten Flughalbkreis und landete von östlicher Richtung her wieder auf dem Volierendach. Solche Rundflüge wiederholten sich im Laufe des Tages noch mehrfach, weiteten sich schließlich unwesentlich aus und endeten bei Anbruch der Dämmerung mit dem Versuch des Tieres, in die Voliere und damit zum Futterplatz zurückzugelangen. Seltsamerweise fand der Papagei den rund 1,5 m^2 großen Zugang zu der Voliere zu Anfang nicht; erst als eine weit herausragende Anflugstange angebracht wurde, flog das Tier zielstrebig hinein, um dort Futter aufzunehmen und die Nacht zu verbringen.

Wir beließen das Männchen 14 Tage im Freiflug, fingen es danach ein, führten es einer tierärztlichen Untersuchung zu und leiteten eine Kotprobenuntersuchung ein. Als uns der Bescheid mit allseits negativem Ergebnis zuging, ließen wir - nun umgekehrt - das etwas scheuere Weibchen nach gleichem Modus frei und erlebten ähnliche Vorgänge wie zuvor für das Männchen beschrieben.

Nach weiteren 14 Tagen entließen wir beide Tiere in die vorübergehende Freiheit. Wiederum orientierten sich die Vögel offenbar an den Kontaktrufen der übrigen Mohrenkopfpapageien in den Volieren. Mit der Zeit besetzten sie ein Revier von rund 70 m Breite und 250 m Länge, indem sie mehrere Anflugpunkte anlegten. Den Reviermittelpunkt bildete nach wie vor die Voliere, in der sich die Tiere mehrfach am Tage, regelmäßig aber am Abend, vor Einbruch der Dämmerung, zur Nahrungsaufnahme einfanden. Die Nacht verbrachten sie nur in der ersten Woche in der Voliere, danach begaben sie sich im Anschluß an die abendliche Futteraufnahme zu einer Reihe hochgewachsener Birken am nördlichen Revierrand, in deren Wipfeln sie fortan nächtigten.

Der zeitliche Ablauf der Tagesaktivitäten war meist gleichbleibend. Die Nacht verbrachten die Tiere stets in den Birken (C), um bei Anbruch des Morgens zum Vogelhaus (A) zurückzufliegen, dort für kurze Zeit Nahrung aufzunehmen und anschließend in den etwa 50 m entfernt gelegenen Wipfeln einer lichten Laubbaumreihe (B) den Morgen und den frühen Nachmittag dösend und schlafend zu verbringen. Mehrere unregelmäßige Kontrollflüge am Tage führten über die Punkte D (Kirschbaum) oder E (Pflaumenbaum) zum Vogelhaus (A). Dort ergaben sich soziale, besonders agonistische Kontakte zu den gekäfigten Artgenossen und Streitereien mit den am Futterplatz immer häufiger auftretenden Haussperlingen (*Passer domesticus*). Auch die Zwischenaufnahme von geringen Futtermengen fand während dieser Besuche häufig statt. Vor Einbruch der Dämmerung flogen die Tiere stets von Punkt B zu D, verharrten dort für wenige Minuten, nahmen meist Rufkontakt mit ihren gekäfigten Artgenossen auf und flogen dann für längere Zeit zur Nahrungsaufnahme das Vogelhaus (A) an. Nach der Futteraufnahme begaben sie sich unverzüglich zu Punkt C (Birken), wo sie mit Einbruch der Nacht aufbaumten und sich zur Ruhe begaben. Seltsamerweise entdeckten die Vögel erst nach Ablauf mehrerer Tage die aus 16 Obstbäumen bestehende Kleinplantage (F) auf unserem Stationsgelände; mit den dort reifenden Äpfeln und Birnen deckten sie fortan einen Teil ihres Nahrungsbedarfes. Ein Meisennistkasten (G) im Wipfel eines Apfelbaumes, etwa 4 m über dem Boden angebracht, erweckte wenige Tage später die Aufmerksamkeit der Tiere, die ihrerseits versuchten, das Einschlupfloch zu erweitern, nach wenigen Tagen aber diese Bemühungen aufgaben. Ein in die unmittelbare Nähe gehängter Nistkasten mit entsprechenden Abmessungen wurde von ihnen allerdings nicht beachtet.

Ende September wurden die Vögel beim allabendlichen Anfliegen des Futterplatzes wieder eingefangen. Die nachfolgende tierärztliche Untersuchung und die Kotprobenuntersuchungen waren ohne Befund, alllerdings wurden die Papageien vorsichtshalber räumlich getrennt von den übrigen Vögeln unserer Station überwintert.

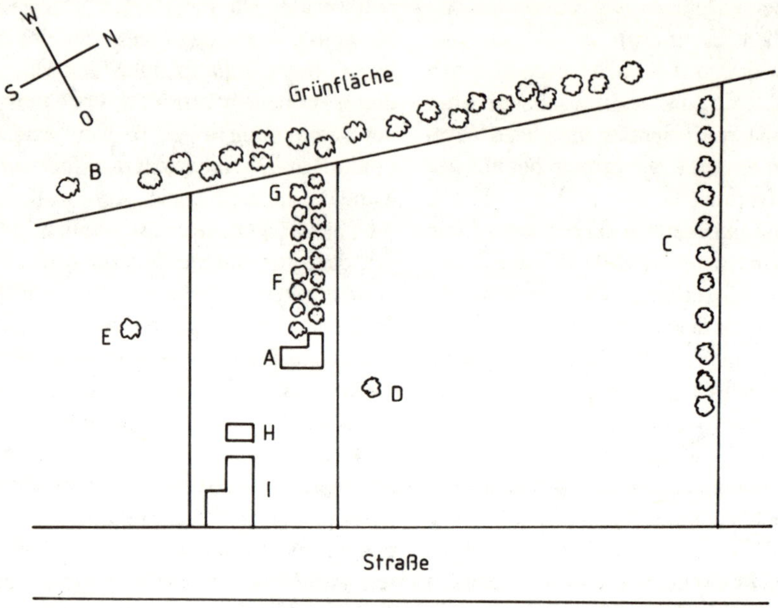

Institutsgelände mit den wichtigsten Anflugpunkten der freifliegenden Mohrenkopfpapageien: A = Vogelhaus/Voliere; B = Baumreihe; C = Birken; D = Kirschbaum; E = Zwetschgenbaum; F = Obstplantage; G = Apfelbaum mit Nistkasten; H = Futterküche; I = Wohnhaus mit Stationsbüro;

Haltung und Zucht in Menschenhand

Von allen kurzschwänzigen Papageien (von Agaporniden einmal abgesehen) ist der Mohrenkopfpapagei mit Abstand am häufigsten bei den Importeuren und somit im Zoofachhandel vertreten. Er wird offenbar seit Jahren und zu allen Jahreszeiten im Handel angeboten. Der Verkaufspreis ist über die letzten 2 Jahrzehnte hinweg relativ konstant geblieben und liegt heute (1987) um 100,- DM pro Tier. Im weiteren Verlauf dieses Buches, insbesondere in Teil II, werden die Gründe dafür, daß der Mohrenkopfpapagei nicht den im Papageienhandel sonst üblichen Verkaufsstrategien unterworfen ist, näher beleuchtet. Primär findet er im Zoohandel wohl einen guten Absatz (er ist vermutlich seit Jahren der meistverkaufte der importierten Papageien), aber dennoch kann man ihn eigentlich kaum zu den besonders bevorzugten Arten in Liebhaberhand rechnen. Dieser zwiespältige Sachverhalt ist u. E. folgendermaßen zu begründen: zum einen werden Mohrenkopfpapageien bevorzugt von "Einsteigern", also Anfängern in der Papageienhaltung, erworben. Ihre ständige Verfügbarkeit im Handel, die - im Vergleich zu den "klassischen" Großpapageien - recht preisgünstige Erwerbsmöglichkeit, ihr großpapageienähnliches Äußeres und Verhalten und - nicht allzu selten - auch die Zusicherungen des Verkäufers, daß sich junge Mohrenkopfpapageien durchaus als zähmbar erweisen und geeignete Stubenvögel abgeben können, sind (vermeintliche) Charakteristika, die ihnen zu Tausenden den Weg in die Volieren und Käfige der Liebhaber ebnen. Insbesondere die letztgenannten Eigenschaften treffen auf alle Papageien - so auch in begrenztem Maße auf Mohrenkopfpapageien - zu, so daß eine solche Verkaufsstrategie der Händler im Prinzip keine Falschaussage bedeutet. Nur kommen in den seltensten Fällen Jungvögel (die u. a. an einer dunklen, schmutziggrauen Irisfärbung erkennbar sind) in den Handel; denn im Gegensatz zu manchen Großpapageien der neuen Welt, etwa Amazonenpapageien oder Aras, werden Mohrenkopfpapageien nicht einzeln aus den Nestern genommen und z. T. von den Eingeborenen aufgezogen, sondern sie werden teilweise vom Hubschrauber aus mit großen Netzen gefangen. So gelangen Vögel jeglichen Alters, darunter viefach auch adulte Tiere, in die Hände der Fänger; gerade bei den Langflügelpapageien sind nun aber Altvögel schwierig zu zähmen. Manche legen ihre Scheu nie ab, flattern auch nach Jahren der Haltung noch ängstlich und ziellos umher, sobald sich ein Mensch ihrer Unterkunft nähert und sind allenfalls in größeren Volieren einigermaßen verantwortlich zu halten. Aber gerade dies wird ja von den wenigsten Anfängern beabsichtigt; sie denken bei der Anschaffung eines Papageien vielmehr an einen potentiell zahmen, vielleicht gar "sprechenden" oder zumindest nachahmenden Stubenvogel, an einen exotischen Hausgenossen mit allen papageienüblichen Attributen. Da die meisten Mohrenkopfpapageien diesen Anspruch aber - wie gesagt - nicht erfüllen können, wird sich der Halter im günstigsten Fall einem Motivwandel unterwerfen (Volierenhaltung; paarweise Haltung; Zuchtversuche), im ungünstigsten wird er sich wieder von seinen Tieren trennen. Letzteres ist offenbar der häufigere Fall, wie die vielen Verkaufs- oder gar Verschenkofferten in den Fachzeitschriften oder in der Tagespresse beweisen. Gerade Mohrenkopfpapageien gehören nach unserer Einschätzung zu den am häufigsten verschobenen, d. h. unablässig von Besitzer zu Besitzer wechselnden Papageien, die fast nirgendwo die Aufnahme bzw. die Haltungsvoraussetzungen finden, die ihnen gebühren. Das ist um so bedauerlicher, als gerade diese Art (für andere Langflügelpapageienarten gilt das weniger) vor allem in der umfangreichen neueren Papageienliteratur relativ ausführlich beschrieben und auf die genannte Problematik hingewiesen wird; vielleicht sind aber diese für die Haltung unangenehmen Eigenschaften dort nicht eindringlich genug erwähnt worden, so daß sich nur sehr ruhige, geduldige und erfahrene Papageienhalter, die über geeignete Haltungsvoraussetzungen verfügen, mit dieser Art (und allen übrigen Langflügelpapageienarten) befassen.

Wir wollen an dieser Stelle allerdings nicht versäumen, darauf hinzuweisen, daß sich manche frisch importierten Jungvögel in der Tat vollständig zähmen lassen, so daß sie mehr oder weniger "geeignete" Stubenvögel abgeben. So berichtete BOOSEY (1956) über seinen Mohrenkopfpapageien: "Polly was one of the tamest and sweetest things I have ever possessed. She would lie motionless on her back in my hand and would even allow me to put her head in my mouth" (? !). Auch LANG (1969) berichtet über ein äußerst zahmes Tier, das 36 Jahre lang als Stubenvogel in seinem Haushalt lebte. Gesehen haben wir einen wirklich zahmen Vogel bisher nur ein einziges Mal, allerdings gibt es nach eigenen Erfahrungen eine ganze Reihe käfigzahmer Individuen, die eine relativ dichte Annäherung an den Käfig gestatten, ohne sich gleich in panischer Angst und mit typischem Angstgeschrei auf den Käfigboden zu werfen.

Die Nachahmungsbegabung des Mohrenkopfpapageien ist relativ gering ausgeprägt. Manche Vögel lernen, undeutlich einige Worte wiederzugeben, kleine Melodien oder Pfiffe nachzuahmen.

Die für Mohrenkopfpapageien vertretbarste Haltungsform in Menschenobhut ist die Unterbringung in einer geräumigen Voliere, in der sowohl Schutz vor Schlechtwetterphasen, Sichtschutz gegenüber dem Pfleger und Versteckmöglichkeiten (Nistkästen, Schlafkästen) gegeben sind. Dort ist die Art relativ robust und gewöhnt sich bei entsprechender Volierenlänge (nicht unter 2 m) schnell an äußere Einflüsse, an größere Haustiere (Hunde und Katzen) und auch an Menschen, die an die Voliere herantreten. Nur in einer vor optischen Einflüssen relativ geschützten Anlage kommen die Mohrenkopfpapageien früher oder später zur Ruhe und irgendwann auch in Brutstimmung. So gelingt die Zucht - wenn überhaupt - nur mit relativ ruhigen, vormals halbzahmen Papageien.

Die Geschlechtsbestimmung ist recht schwierig, allerdings ist es mit einiger Wahrscheinlichkeit möglich, ein verschiedengeschlechtliches Paar zusammenzustellen, wenn man - wie dies häufig bei Großhändlern möglich ist - die Tiere aus einer größeren Zahl von Vögeln heraussuchen kann. Anatomisch-morphologisch unterscheiden sich männliche und weibliche Tiere durch unterschiedliche Kopf/Schnabelproportion. Männliche Vögel haben in der Regel einen breiten, flachen Kopf mit wuchtigem, manchmal klobigem Schnabel. Demgegenüber ist die Kopfform des Weibchens abgerundet, der Kopf insgesamt ist kleiner, der Schnabel meist wesentlich zierlicher. Die Gefiederfärbung kann weitere Hinweise auf das Geschlecht geben: Eine intensive Färbung und eine scharfe Abgrenzung der einzelnen Farbpartien gegeneinander wird in der Literatur vielfach als Merkmal eines männlichen Tieres diskutiert; Weibchen haben insgesamt verwaschenere Farbübergänge und ein weniger farbgesättigtes Gefieder. Die Kopffärbung des Männchens soll zudem wesentlich dunkler sein als die des Weibchens.

Insgesamt haben die Hinweise auf eine unterschiedliche Farbgebung der Geschlechter u. E. nur eine sehr eingeschränkte Verwendbarkeit bei der Geschlechtsbestimmung. Insbesondere Jungvögel im Jugendkleid ähneln in der Färbung und Farbabgrenzung des Federkleides mehr dem weiblichen Geschlecht. Zudem ist zu berücksichtigen, daß die gelegentlich in den Handel gelangende Unterart *Poicephalus s. versteri* eine stärkere Orangefärbung im Brust/Bauchbereich aufweist als die Nominatform, so daß - sofern Unklarheiten bei der Unterartenbestimmung herrschen - das Kriterium der Farbintensität nicht als Geschlechtsmerkmal herangezogen werden kann.

Letztlich erfordern die Versuche, das Geschlecht von Mohrenkopfpapageien zu bestimmen, eine größere Menge an Erfahrung und Vergleichsmöglichkeiten. Für den gewöhnlichen Liebhaber bietet sich somit in jedem Fall eine Geschlechtsbestimmung mittels Endoskopie an, die man inzwischen zu einem erschwinglichen Preis bei vielen spezialisierten Tier-ärzten durchführen lassen kann (vgl. II, 11.5).

Die Brutzeit in Menschenobhut ist nicht einheitlich. Uns sind Bruten oder Brutversuche zu allen Jahreszeiten bekannt. Vielfach kommen Mohrenkopfpapageien in den ersten Jahren nach der Einfuhr im Winter oder im zeitigen Frühjahr in Brutstimmung; sie verlegen erst mit der Zeit die Fortpflanzungsphase immer mehr in den Sommer hinein und passen sich zunehmend den mitteleuropäischen Klimaverhältnissen an (vgl. II, 11.7). Das Gesagte gilt primär für Volierenvögel. Käfigvögel und Bewohner von Zimmervolieren können zu jeder beliebigen Jahreszeit (auch mehrmals hintereinander, ausgenommen die Zeit der Mauser) brutlustig werden und halten diesen Jahresrhythmus später mehr oder weniger konstant ein.

Mohrenkopfpapageien legen in der Regel 3 oder 4 Eier (Größe nach HARRISON u. HOLYOAK : 29,4 mm x 26,4 mm, n=1) meist in 2tägigem Abstand. Bei RODE (in lit.) betrug der Legeabstand zwischen 2. und 3. Ei 6 Tage. Das Gelege wird vermutlich allein vom Weibchen bebrütet. Die von LOW (1980) angegebene Brutzeit von 28 Tagen ist als Durchschnitt vermutlich zu hoch angesetzt, wenngleich ein weiterer Züchter die Brutzeit in einem beobachtetem Fall gar mit 30 Tagen angibt (SCHNEIDER, 1982). Die durchschnittliche Brutzeit liegt bei 25 Tagen (EBERT: 22; RADICKE: 23 und 27; OTT: 25 Tage). Frisch geschlüpfte Jungvögel sind mit einem dichten, grauweißen Flaum bedeckt. Schnabel, Füße und Krallen sind hornfarben, die Augen sind geschlossen. Im Alter von 25 Tagen tragen die Jungen einen dichten grauen Dunenpelz, im Kopfbereich und an den Flügeln werden die ersten Federkiele sichtbar. Das Auge ist vollständig schwarz, die Nasenhaut dunkelbraun. Ober- und Unterschnabelspitze beginnen sich dunkel zu färben. Im Alter von 30 Tagen sind die Arm- und Handschwingen größtenteils ausgebildet und die Kopfbefiederung ist weitgehend vollständig, die ersten Kiele der Schwanzfedern treten hervor; die Krallen sind dunkel. Mit etwa 40 Tagen ist die Kopf- und Flügelbefiederung vollständig, die Schwanzfedern sind wenige Zentimeter lang; erste gelbe Bauchfedern werden sichtbar; der Unterschnabel ist weitgehend dunkelhornfarben, die Dunkelfärbung des Unterschnabels zieht sich fast bis zur Nasenhaut hinauf. Mit 8 Wochen sind die Jungvögel mehr oder weniger vollständig befiedert. Die Farbgebung ist insgesamt matter und blasser als bei adulten Vögeln. Im Alter von 5 Monaten geht die Färbung der Iris von schwarz in hellgrau über. Sie hellt sich nun über die nächsten 15 Monate immer mehr auf, über weißlichgrau bis sie schließlich im Alter von rund 2 Jahren in ein blasses Gelb übergeht. Adulte Vögel weisen orangegelb gefärbte Iriden auf.

Aus den eingangs erwähnten Gründen ist die Zucht des Mohrenkopfpapageien in der Vergangenheit nicht häufig gelungen. Die vermutlich ersten Zuchten in Europa glückten 1956 den Dänen H. PETERSEN und C. MADSEN. Ihnen folgten 1957 E. J.

BOOSEY, England; 1961 T. BROSSET, Schweden; 1967 W. und P. EBERT, DDR und F. OVERGAARD, Dänemark; 1968 J. HÖGBERG, Schweden (DE GRAHL, 1974; LOW). Die deutsche Erstzucht gelang 1970 bei F. J. WEBER, BRD (DE GRAHL, 1974). Über weitere Zuchterfolge berichten NELSON (1972), KRIMMER (1977), SCHNEIDER (1982), RADICKE, MÜLLER-BIERL (1984), OTT (1985 und 1987), BÖHLERT (1985) und RODE (in lit.).

Manche dieser Bruten kamen unter sehr widrigen Bedingungen zustande. Neben Zuchten in vorbildlichen Volierenhaltungen (EBERT, 1968) gab es Erfolge in gewöhnlichen Papageienkäfigen (PETERSEN) oder gar in einem ausgedienten Kühlschrank, dessen Vorderfront mit Draht bespannt war (WEBER). Ein dunkelfarbiger Plastikkanister (!) diente dort als Nistkasten.

Über Zuchten in 2. oder gar oder gar weiteren Generationen liegen uns keine Angaben vor. Auch über Mischlingszuchten mit anderen Langflügelpapageienarten gibt es in der Literatur keine Hinweise.

3.6. Rotbauchpapagei

Poicephalus rufiventris

(Rüppell, 1845)

Engl.: Red-bellied Parrot

Beschreibung

Gesamtlänge 22 cm

Ad. ♂: Kopf, Oberseite und oberer Brustbereich graubraun, durchsetzt mit vereinzelten rötlichen Federn im Wangen- und oberen Brustbereich; Bürzel gelblichgrün mit blauem Anflug; unterer Brustbereich, Bauch und Unterflügeldekken orangerot; Schenkel und Aftergefieder blassgrün, gelegentlich durchsetzt mit gelb und orange; Schnabel grauschwarz; Iris orangerot; Füße grau.

Ad. ♀: Hals und Unterflügeldecken bräunlichgrau, Brust und Bauch graubraun mit breiten grünen Federsäumen, bei manchen Individuen die graubraune Federbasis mit deutlich orangerotem Schimmer (FERGENBAUER-KIMMEL, 1985).

Juv.: in beiden Geschlechtern orangerote Unterbrust und Bauchfärbung, aber blasser als bei adulten Tieren; Stirnband orange; Männchen weisen gegenüber Weibchen eine stärkere Farbintensität und Ausdehnung der orangegefärbten Gefiederpartien auf; Flügeldecken mit grünen Säumen; Iris schwarz.

Verbreitungskarte

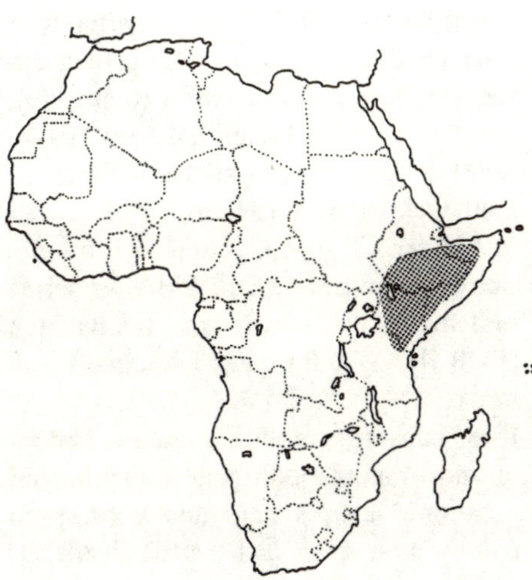

Unterartengliederung und Verbreitung

2 Unterarten

1. *P. r. rufiventris* (Rüppell), Verbreitung: von Zentral-Äthiopien südlich bis NO-Tansania;
2. *P. r. pallidus* van Someren gleicht der Nominatform, aber Kopf und Brust blasser, Verbreitung: Somalia und O-Äthiopien (zweifelhafte Unterart, vgl. BERLIOZ und ROCHE, 1963).

Gewichte

Nach eigenen Gewichtsermittlungen wogen (im normalen Ernährungs- und Gefiederzustand) 1 Männchen 150 g und 1 Weibchen 135 g.

Geschlechtsmerkmale

Rotbauchpapageien zeigen einen ausgeprägten Sexualdimorphismus. Männchen sind im unteren Brustbereich, am Bauch und an den Unterflügeldecken orangerot gefärbt, derweil beim Weibchen Brust, Bauch und Unterflügeldecken bräunlichgrau gezeichnet sind.

Maße

Folgende Maße hat FORSHAW (1973) für den Rotbauchpapagei ermittelt (Durchschnittswerte, Angaben in mm):

		Flügel	Schwanz	Schnabel	Tarsus	n
rufiventris	♂	152,7	71,6	24,5	18,6	11
	♀	152,0	73,4	22,4	18,0	9
pallidus	♂	150,6	71,0	23,0	18,4	5
	♀	148,6	71,6	21,6	18,0	5

Eigene Messungen (Durchschnittswerte, Angaben in mm):

		Oberschnabelbreite	Unterschnabelbreite	Schnabelhöhe	Oberschnabellänge	n
rufiventris	♂	15,4	16,5	25,4	23,2 (n=3)	5
	♀	14,8	14,8	23,7	20,7	5

Abbildungen

Zeichnungen: FORSHAW, 1973, S. 300; DE GRAHL, 1974, S. 361 WILLIAMS, 1969, Tafel 22;
Farbfotos: FERGENBAUER-KIMMEL, 1983, S. 103; FERGENBAUER-KIMMEL, 1985, S. 85, 86; DE GRAHL, 1982, S. 184, DE GRAHL, 1985, S. 134; REPP, 1985, S. 241;

Lebensraum/Lebensweise

Der Rotbauchpapagei ist ein Bewohner der trockenen Dornbuschsavannen im Flachland. Er bevorzugt Gegenden mit Akazien- und Baobab- Baumbewuchs. Sein Lebensrhythmus ist größtenteils abhängig von der Fruchtreife. So berichten ARCHER u. GODMAN (1961), daß er in Somalia gewöhnlich in Höhen zwischen 1000 und 1300 m anzutreffen war, aber während der Monate Juli bis September, wenn die *Ficus*-Früchte reif werden, auch in höheren Lagen bis zu 2000 m der Nahrungssuche nachgeht.
Rotbauchpapageien leben paarweise oder in kleinen Gruppen, selten in größeren Schwärmen zusammen. Sie sind scheu und im Freiland schwierig zu beobachten (FORSHAW). Ihr Flug ist schnell und direkt.
Ihre Nahrung umfaßt Sämereien, Früchte und Mais. Zu den Nahrungspflanzen gehören *Ficus*, *Acacia* und vermutlich *Combretum spec.* (ARCHER u. GODMAN, 1961)

Die Brutzeit scheint nicht jahreszeitlich begrenzt zu sein, denn Nester wurden im Oktober, Januar, März und Mai bis Juli gefunden. Sie waren häufig in einem Baobabbaum in größerer Höhe angelegt worden. Auch in den Termitenbauten baum- oder bodenbewohnender Arten wurden Bruten festgestellt (FORSHAW). Gelegegröße und Brutzeit kennt man nur von Gefangenschaftsbeobachtungen (siehe dort). 2 Eier maßen im Durchschnitt 26,8 mm x 23,1 mm (HARRISON u. HOLYOAK, 1970).

Verhalten und Stimme

Nähere Verhaltensstudien unter Käfig- oder Volierenbedingungen waren, wohl aufgrund der überaus großen Scheu der Rotbauchpapageien, bislang offenbar keinem Bearbeiter oder Liebhaberhalter möglich, so daß außer wenigen allgemeinen Bewegungsformen kaum Kenntnisse über das Verhalten der Art vorliegen. Es dürfte zum größten Teil mit dem des Mohrenkopfpapageien übereinstimmen (siehe I, 3.5.; HOLYOAK u. HOLYOAK, 1972).

Von den Stimmäußerungen ist ein schriller Kreischton bekannt, der bevorzugt im Flug ausgestoßen wird (MACKWORTH-PREAD u. GRANT, 1952).

Haltung und Zucht in Menschenhand

Rotbauchpapageien sind vor 1980 nur sehr vereinzelt in die Obhut des Menschen gelangt. DE GRAHL (1974) berichtet von einem einzigen Exemplar im Tierpark Wassenaar in Holland, das er bis dato lebend zu Gesicht bekam. Und auch LOW schreibt noch 1980: "This parrot is almost unknown in captivity". Die wenigen Exemplare, die zuvor nach Europa gelangt waren, hatte man vermutlich als adulte Tiere gefangen. Sie waren über die Maßen scheu und starben meist innerhalb kurzer Zeit. Von einem einzigen Vogel, den Expeditionsteilnehmer 1901 in Somalia aus dem Nest genommen hatten, wird berichtet, daß er 26 Jahre später in den Londoner Zoo kam, wo er wenigstens bis 1931, vermutlich aber noch länger lebte.

Nach 1980 wurden größere Mengen von Rotbauchpapageien angeboten. Dabei handelte es sich um jung gefangene und gut eingewöhnte Tiere, die sich insgesamt besser den Gefangenschaftsbedingungen anzupassen vermochten. Dennoch muß darauf hingewiesen werden, daß Rotbauchpapageien nach eigenen Erfahrungen zu den nervösesten und störanfälligsten Papageien aus der Langflügelpapageiengruppe zählen, die selbst in großräumigen, geschützten Volieren und auch nach jahrelanger Haltung kaum ihre Scheu, selbst gegenüber einem vertrauten Pfleger, ablegen.

Die Ernährung bereitet im Grunde keine Schwierigkeiten, nur nehmen frisch eingewöhnte Wildfänge oft nur eine kleine Auswahl der angebotenen Sämereien an, und es bedarf oft monatelanger Beharrlichkeit des Pflegers, bis sie endlich ein ausgewogenes und vollwertiges Futter zu sich nehmen (FERGENBAUER-KIMMEL, 1983; DE GRAHL, 1985; eig. Beobachtungen).

Die vermutliche Welterstzucht gelang in den USA O. COCHRAN, bei dem bis 1982 von 1 Paar 10 Junge aufgezogen wurden (DE GRAHL, 1985). Die ersten Zuchten in Europa glückten 1982 und

1983 bei A. FERGENBAUER-KIMMEL, Lohmar (BRD), 1983 bei D. FERRARI, Basel (Schweiz) und 1985 bei Familie FELDHAAR (in lit.), Bocholt (BRD).

Bei FERGENBAUER-KIMMEL brüteten die Rotbauchpapageien in einem Naturstamm mit einer Höhe von 50 cm und einem Innendurchmesser von 20 cm, der durch Benagen und Scharren bearbeitet und für die Brut hergerichtet wurde. Schon Monate vor der Eiablage kopulierten die Tiere morgens, wenn sie den Nistkasten, der ihnen als Schlafplatz diente, verließen. Im August 1982 kam es zur 1. Eiablage. Die genaue Gelegegröße konnte nicht festgestellt werden, aber bei späteren Bruten wurde klar, daß bis zu 3 Eier gelegt und ausschließlich vom Weibchen bebrütet wurden. Die genaue Brutzeit ist nicht bekannt; sie betrug bei FERGENBAUER-KIMMEL etwa 24 bis 26 Tage (bei FELDHAAR ca. 30 Tage; frisch geschlüpfte Jungvögel waren dunkelgrau bedunt). Mit 46 bis 49 Tagen waren die Jungen erstmals im Nisthöhleneingang zu beobachten, im Alter von 59 bis 60 Tagen verließen sie den Nistkasten. Nach dem Ausfliegen wurden sie vor allem vom Weibchen gefüttert und waren mit rund 80 bis 85 Tagen selbständig bei der Futteraufnahme. Schon mit 90 bis 95 Tagen begann der Umfärbungsprozeß der dunklen Iris (1 Jungvogel bei Feldhaar hatte im Alter von 100 Tagen eine wäßrigrötliche Iris). Der bei Jungtieren hellgraue, unbefiederte Augenring wurde bei 1 Männchen im Alter von 2 1/2 Jahren dunkelgrau, möglicherweise gleichzeitig mit Eintreten der Geschlechtsreife (FERGENBAUER-KIMMEL,1983; 1985).

Nach neuesten Erkenntnissen von FERGENBAUER-KIMMEL (1985) verlassen Rotbauchpapageien im Menschenobhut in beiden Geschlechtern (!) mit orangeroter Unterbrust-, Bauch- und Unterflügeldeckenfärbung das Nest. Die Farbgebung ist allerdings wesentlich blasser als beim adulten Männchen; außerdem ist jede Feder an Brust und Bauch blaßgrün gesäumt. Daneben tragen Jungvögel eine orangerote Stirnbinde, die auch DE GRAHL (1982) — allerdings nur für Männchen — erwähnt (bei FELDHAAR trugen 2 von 3 Jungen ein Stirnband). Ausdehnung und Farbintensität der orangeroten Farbpartien sind bei weiblichen Tieren sowohl an der Stirn als auch im Bauch/Brustbereich in der Regel geringer und blasser als beim Männchen. Mit 5 bis 6 Monaten vermausern beide Geschlechter die orangefarbenen Stirnbänder und ersetzen sie durch graubraune. Die Bauch- und Brustgefiedermauser beginnt mit 8 Monaten. Bei den Weibchen erscheinen zunehmend die grüngesäumten, graubraunen Federn des Adultgefieders, die Federn der Männchen werden intensiv orangerot. Mit 12 bis 13 Monaten ist der Umfärbungsprozeß bei den Jungvögeln abgeschlossen, auch die Unterflügeldecken der Weibchen sind dann bräunlichgrau; Rotbauchpapageien sind somit die einzige bislang bekannte geschlechtsdimorphe Papageienart, bei der das Gefieder der Jungvögel weitgehend dem der adulten Männchen gleicht. Fraglich ist allerdings, ob auch bei Freilandbruten die Verhältnisse ähnlich gelagert sind. Zumindest teilt DE GRAHL (1987) mit, daß von 8 nachgezogenen Weibchen, die er untersuchte, 3 sofort an der graugrünen Bauchfärbung als solche zu erkennen waren. Es wäre denkbar, daß — ähnlich wie beim Pennantsittich (*Platycercus elegans*) und beim Grauköpfchen (*Agapornis cana*) — unter Gefangenschaftsbedingungen u. U. eine Mauser übersprungen wird.

Mischlinge mit anderen *Poicephalus*-Arten sind nicht definitiv bekannt; ein Rotbauchpapageienmännchen, das zur Zeit im Loro Parque, Teneriffa, lebt, weist einen ausgeprägten gelben Schulterfleck auf (LOW, in lit.). Es ist möglich, daß es sich dabei um einen Mischling zwischen Rotbauch- und Goldbugpapagei (der nordöstlichen Unterart) handelt, zumal sich die Verbreitungsgebiete überschneiden (DE GRAHL, 1987). Ebenso kann die Farbvariante auch das Ergebnis einer Mutation oder Farbmodifikation sein.

3.7. Goldbugpapagei

Poicephalus meyeri
(Cretzschmar, 1827)
Engl.: Meyer's Parrot

Beschreibung

Gesamtlänge 21-25 cm ;
Ad. ♂ und ♀ : Kopf, Oberseite und obere Brust aschgraubraun; in Form und Ausdehnung variables gelbes Scheitelband; Bürzel und Unterseite blaugrün, manchmal mehr bläulich; Flügelrand, Schenkel und Unterflügeldecken gelb; Schwanz braun; Schnabel dunkelgrau; Iris orangerot; Füße grauschwarz; Krallen schwarz;
Juv.: Gesamtgefieder grünlichbraun; keine gelben Abzeichen an Scheitel und Schenkeln; wenig gelb am Flügelrand; Unterflügeldecken braun und grün mit wenigen oder keinen gelben Abzeichen; Bürzel kräftig blau; Unterseite grün ohne blauen Anflug; Iris dunkelbraun.

Unterartengliederung und Verbreitung

6 Unterarten

1. *P. m. meyeri* (Cretzschmar),
   Verbreitung: S-Tschad, NO-Kamerun, Zentralafrikanische Republik, S-Sudan und W-Äthiopien;
2. *P. m. saturatus* (Sharpe) gleicht der Nominatform, jedoch dunklere Oberseite; Bürzel grün, hellblau durch setzt,
   Verbreitung: Uganda, Ruanda, Burundi, W-Tansania und Inneres von Kenia; vermischt sich mit *P. m. matschiei*;
3. *P. m. matschiei* Neumann gleicht der Nominatform, aber dunklere Oberseite; Bürzel kräftig blau,
   Verbreitung: SO-Kenia, Tansania, N-Malawi, Sambia, SO-Kongo;
4. *P. m. transvaalensis* Neumann gleicht der Nominatform, aber Oberseite heller,
   Verbreitung: NO-Mozambique, Simbabwe, O-Lesotho; ferner eine zweite Kleinpopulation in der östlichen Kapprovinz in Südafrika; CLANCEY (1965) vermutet, daß deren Ursprünge auf entflogene Käfigvögel zurückgehen;
5. *P. m. reichenowi* Neumann gleicht der Nominatform, jedoch Unterseite dunkelbraun; keine Gelbfärbung am Scheitel,
   Verbreitung: N- und Zentral-Angola sowie angrenzende Gebiete der Republik Kongo;

Verbreitungskarte

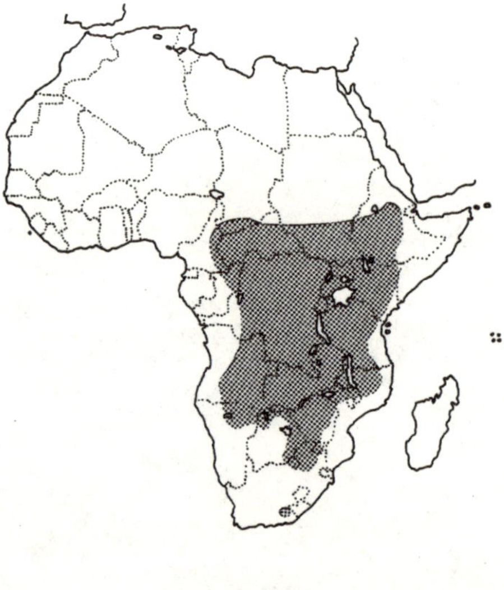

6. *P. m. damarensis* Neumann gleicht der Nominatform, jedoch Oberseite heller; keine Gelbfärbung am Scheitel,
Verbreitung: S-Angola, N- und Zentral-Namibia, NW-Lesotho; Mischformen zwischen dieser und der Unterart *P. m. transvaalensis* beschreibt TRAYLOR (1965) für die Okavango-Region in Lesotho.

Maße

Folgende Maße hat FORSHAW (1973) für den Goldbugpapageien ermittelt (Durchschnittswerte, Angaben in mm):

	Flügel	Schwanz	Schnabel	Tarsus	n
meyeri	♂ 144,5	63,2	23,3	17,2	10
	♀ 145,1	62,5	21,9	16,5	8
saturatus	♂ 149,4	68,6	20,8	16,6	10
	♀ 149,2	68,1	18,7	16,8	10
matschiei	♂ 152,4	67,7	20,7	17,0	10
	♀ 150,5	65,3	18,7	16,8	6
transvaalensis	♂ 151,5	67,7	20,4	17,3	10
	♀ 151,7	66,9	19,4	17,0	10
reichenowi	♂ 160,9	72,6	20,6	17,1	8
	♀ 154,5	69,5	18,7	17,3	10
damarensis	♂ 155,8	69,6	20,5	17,8	11
	♀ 156,0	67,5	18,9	17,5	8

Gewichte
12 Männchen der Unterart *transvaalensis* wogen im Durchschnitt 121,2 g (102 bis 135 g), 12 Weibchen 112,4 g (101 bis 123 g) (COOPER, GINA, KEMP, in ROWAN, 1983). 1 Männchen und 1 Weibchen aus Angola wogen 130 und 98 g; eine Reihe von Exemplaren aus Zaire wog 115 bis 133 g im männlichen und 131 bis 150 g im weiblichen Geschlecht

(BROOKE, in ROWAN; VERHEYEN, 1953). Nach eigenen Untersuchtungen wogen 2 normal genährte, geschlechtlich nicht bestimmte Tiere der Nominatform 100 und 102 g.

Geschlechtsmerkmale

Goldbugpapageien weisen nach bisherigem Kenntnisstand keinen Geschlechtsdimorphismus auf. Unterschiede in der Ausdehnung und Intensität der Gelbfärbung des Scheitels sind aufgrund der individuellen Farbgebung sowie aufgrund der Färbungsunterschiede der einzelnen Unterarten kaum als Geschlechtsmerkmale heranzuziehen, wie dies TRUMP (1978) und GRÜNDIG (1983) versuchen.

Abbildungen

Zeichnungen: WILLIAMS, 1969, S. 239; FORSHAW, 1973, S. 297; DE GRAHL, 1974, S. 361;
Farbfotos: AF ENEHJELM, 1979, S. 66; DE GRAHL, 1982, S. 186; LOW/KOLAR, 1983, S. 169; GRÜNDIG, 1983, S. 91; DE GRAHL, 1985, S. 135; LANTERMANN, 186, S. 101; REPP, 1987, S. 136;

Lebensraum/Lebensweise/Status

In ihrem riesigen Verbreitungsgebiet, das in der Längsausdehnung rund 4000 km umfast, bewohnen Goldbugpapageien die verschiedensten Lebensräume. Sie bevorzugen bewaldete Regionen, werden jedoch auch in Savannengebieten, in vereinzelten Bäumen entlang von Flüssen, im Kulturland sowie Buschland angetroffen. In der Regel leben sie nie weit entfernt von Wasserstellen (FORSHAW; ROWAN).

Sie leben in Paaren oder Kleinverbänden von 3 bis 5 und manchmal (abhängig vom zur Verfügung stehenden Nahrungsangebot) in kleinen Schwärmen von 20 oder 30 Vögeln zusammen (FORSHAW; ROWAN).

Gemeinsam unternehmen sie Flüge zu den Futterstellen bzw. zu den Schlaf- und Übernachtungsplätzen. Nach Angaben von WHITE (1945), der Goldbugpapageien in Sambia beobachtete, legen die Tiere ihre Flüge über festgelegte Routen zurück. Sie übernachten in der Regel in Baumhöhlungen, die selten weit entfernt vom Wasser zu finden sind (PROZESKY, 1970).

Der Goldbugpapagei gilt allgemein als standorttreue Art, die in manchen Gebieten regelmäßig und während des ganzen Jahres anzutreffen ist (z.B. S-Tschad, SALVAN, 1968; Lufira-Ebenen im Kongo, RUWET, 1964), aber von manchen Autoren (z.B. SMITHERS et al. 1957, für Simbabwe; JACKSON, 1938, für Kenia und Uganda) wird berichtet, daß die Tiere - besonders während der trockenen Sommermonate, in Zeiten der Nahrungsknappheit - lokale Wanderungen unternehmen.

Die Nahrung besteht aus Sämereien, Nüssen, Beeren und den verschiedenen Früchten (insbesondere *Ficus spec.*), aber

---

o.l.: Rotbauchpapagei (Poicephalus rufiventris) ♂
o.r.: Rotbauchpapageienpaar
u.: Männlicher Rotbauchpapagei (vermutlich Poicephalus rufiventris pallidus) mit untypischem gelben Schulterfleck

ähnlich dem Kappapageien besteht eine gewisse Präferenz für hartschalige Sämereien und Nüsse. Eine Liste der bevorzugten Nahrungspflanzen findet sich bei ROWAN. Getreide und Mais aus den Anbaugebieten gehören ebenso zum Nahrungsspektrum der Art wie Früchte aus Orangen- und anderen Obstkulturen.

Das Fortpflanzungsgeschehen im Freiland ist teilweise bekannt. Die Brutzeit liegt zwischen Juni und Dezember. Im allgemeinen finden im Süden des Verbreitungsgebietes die Bruten früher statt als im Norden. Die genauesten Angaben liegen aus Simbabwe vor. Von insgesamt 30 Gelegen wurden jeweils 1 im Januar, Juli, August und Oktober, die Mehrzahl jedoch zwischen März und Juli (März 8, April 9, Mai 4, Juni 5) festgestellt (Übersicht bei ROWAN). Die Nester befanden sich stets in Baumhöhlungen; manche davon waren zuvor von Spechten oder Bartvögeln angelegt und benutzt worden. Der Höhleneingang hatte gewöhnlich einen Durchmesser von ca. 5 cm und befand sich in Höhen zwischen 3 und 10 m vom Boden. 4 vermessene Nistkammern waren zwischen 42 und 45 cm tief (ROWAN). Die Gelege umfassen 2, 3 oder 4 Eier (von 22 diesbezüglichen Untersuchungen aus dem südlichen Afrika bestanden 11 aus 2, 6 aus 3 und 5 aus 4 Eiern, Übersicht bei ROWAN). Die Eier sind weiß und rundlich. Die Eigröße haben MC LACHLAN und LIVERSIDGE (1970): 26,0 (23,6 bis 28,5) mm x 20,7 (18,5 bis 23,2) mm (n = 8) ermittelt. Die Eier werden vermutlich in 1- bis 3tägigen Intervallen gelegt. Die genaue Brut- und Nestlingszeit im Freiland ist nicht bekannt.

Der Goldbugpapagei ist gebietsweise häufig, fehlt jedoch stellenweise in scheinbar geeigneten Lebensräumen (WILLLIAMS, 1969). Im südlichen Tschad (SALVAN), im nördlichen Angola (TRAYLOR) sowie in Teilen des Kongo (RUWET) ist die Art beispielsweise sehr häufig, im Sudan ist sie im Süden häufiger als im Norden (CAVE u. MACDONALD, 1955), im südlichen Transvaal ist sie nur in wenigen Gebieten regelmäßig, in anderen nur sporadisch anzutreffen (TARBOTON, 1968). Auch aus Simbabwe und Namibia liegen Rückgangsmeldungen vor (VINCENT, BROOKE u. CACKETT, WINTERBOTTOM, in ROWAN). Insgesamt scheint der Bestand der Art nicht sonderlich gefährdet, wenngleich aufgrund weitreichender Habitatzerstörungen viele Populationen in den vergangenen Jahren dezimiert wurden. Über die genauen Ausmaße dieser Bestandsrückgänge liegen uns keine neueren Veröffentlichungen oder nähere Informationen vor.

Mischlinge

Im Freiland sind Mischlinge zwischen Braunkopf- und Goldbugpapageien aus der Kontaktzone beider Arten, dem Gebiet zwischen dem Motale-Fluß in NO-Trans-

Goldbugpapagei (Poicephalus meyeri)

vaal und dem Sabi-Fluß in SO-Simbabwe gemeldet worden (CLANCEY, 1977), obgleich beide Formen nur selten dieselben Lebensräume bevölkern und gemischte Paare oder Gruppen niemals beobachtet wurden. ROWAN hegt jedoch Zweifel an diesen Hinweisen, zumal *P. meyeri* unter Berücksichtigung von Alter, Geschlecht und Unterartenzugehörigkeit sehr variable Färbung aufweisen und mit der nahe verwandten (und farblich sehr ähnlichen) Art *P. cryptoxanthus* verwechselt werden könne.

Verhalten und Stimme

Das Verhalten gleicht nach den bisherigen Beobachtungen weitgehend dem des Mohrenkopfpapageien (vgl. I, 3.5.).

Im Unterschied zu den Mohrenkopfpapageien fiel uns aber auf, daß einige junge Goldbugpapageien bis zu einem bisher nicht näher bestimmbaren Alter — ähnlich den afro-asiatischen Fledermauspapageien (*Loriculus*) — mit dem Kopf nach unten hängend ruhen, allerdings ohne dabei den Kopf über die Schulter zu drehen. Bisher konnte leider nicht beobachtet werden, wie sie sich in diese Lage brachten. Ähnliche Beobachtungen liegen aus dem Freiland vor. Insbesondere Junge fütternde Altvögel kamen nach einer ersten Futterübergabe aus der Nistkammer, hängten sich kopfunter an den Höhleneingang und würgten unter pumpenden Kopfbewegungen erneut Futter aus dem Kropf hervor, ehe sie sich wieder den Jungvögeln zuwandten (TARBOTON, in ROWAN). Über die Bedeutung bzw. die Ursprünge dieses Verhaltens liegen bisher nur Vermutungen vor (vgl. DILGER, 1960; BUCKLEY, 1968; LANTERMANN u. WOZNIAK, 1987).

Nach Mitteilungen von FELDHAAR (mdl.) zum Balzverhalten hüpfte das Männchen mehrfach über das Weibchen; darauf bestieg oder beflog das Männchen sein Weibchen, umklammerte es mit beidseitig herabhängenden Flügeln und begattete es. Als Höchstdauer einer Kopulation wurden 25 Minuten festgestellt.

Während der Brut- und Nestlingszeit warnte das Männchen sein Weibchen stets durch einen schrillen Warnton, wenn sich im Umkreis der Voliere etwas Ungewöhnliches ereignete, worauf dieses augenblicklich aus dem Nistkasten kam und erst, nachdem die “Gefahr” vorüber war, wieder darin verschwand. Nach dem Ausfliegen bewachten beide adulten Vögel die Jungen; sie blieben stets in deren Nähe, verharrten - gegenüber ihren sonstigen Gewohnheiten — selbst dann bei ihnen, wenn sich jemand der Voliere näherte; während dieser Zeit legten sie zwangsläufig vorübergehend die Scheu vor dem Menschen ab; erst als die Jungen fluggewandter wurden, nahm die elterliche “Fürsorge” zusehends ab.

Die Stimmäußerungen des Goldbugpapageien gleichen denen anderer Langflügelpapageien. Sie bestehen im wesentlichen in schrillen chee-chee-chee (engl.) -Tönen (FORSHAW). Ein zwei-”silbiger” Laut verschiedener Tonhöhe ist ebenfalls beschrieben worden (MC LACHLAN u. LIVERSIDGE), der sich bei näherer Untersuchung als Stimmfühlungslaut (u.a. während des paarweisen Fluges) herausstellte, wobei je 1

Vogel einen dieser Laute ausstößt, allerdings derart synchronisiert, daß man bei oberflächlicher Betrachtung den Eindruck gewinnt, es sei die Stimmäußerung eines einzigen Vogels (TARBOTON, in ROWAN).

Über eine Nachahmungsbegabung in Menschenobhut liegen in der Literatur wenige Hinweise vor. DE GRAHL (1974) berichtet von Goldbugpapageien, die die Lautäußerungen von Alexandersittichen nachahmten. DONELLY (in ROWAN) erwähnt, daß frühzeitig trainierte Jungvögel lernten, kurze Sätze, menschliches Lachen und Lautäußerungen von Sperlingen, Webervögeln und Hühnern nachzuahmen.

Haltung und Zucht in Menschenhand

Goldbugpapageien sind wohl zu keiner Zeit in gleicher Häufigkeit nach Europa importiert worden wie ihre Verwandten, die Mohrenkopfpapageien. Zum Teil liegt dies sicherlich an ihrem unauffälligem graubraunen Äußeren. Seit Anfang der 80er Jahre ist eine gewisse Steigerung der Importzahlen zu bemerken, so daß sie heute ständig zu einem relativ günstigen Preis im Tierhandel angeboten werden und damit den meisten Papageienliebhabern bekannt sein dürften.

Nach dem Kauf vom Händler oder aus einer Quarantänestation empfiehlt es sich, die Neuerwerbungen vorerst in einem gewöhnlichen Papageienkäfig, möglichst im Wohnraum unterzubringen. Im ständigen Kontakt zu ihrem neuen Besitzer legen die Tiere auf diese Weise langsam ihre Scheu ab. Außerdem läßt sich so die Nahrungsaufnahme, die bei Frischimporten oft leider sehr einseitig ist, kontrollieren und mit der Zeit korrigieren. Erst wenn diese selbstauferlegte "Quarantänemaßnahme" abgeschlossen ist, wenn der Kot der Vögel 2fach in 2wöchentlichem Abstand einer Untersuchung unterzogen, das Verhalten der Vögel auf Besonderheiten hin studiert und die Nahrungsaufnahme den Erfordernissen angepaßt worden ist, übersiedelt man die Vögel in eine geschützte Voliere. Dort werden sie sich — sofern sie von Händler oder auch vom Vorbesitzer nicht flugunfähig gemacht wurden — schnell mit den verbesserten Lebensbedingungen vertraut machen und ihr Flugvermögen Stück für Stück zurückerlangen. Allerdings legen sie ihre im Käfig erworbene Vertrautheit in der Voliere schnell wieder ab.

Nach der Eingewöhnung sind Goldbugpapageien relativ robust, wenig anfällig gegenüber Krankheiten oder niedrigen Temperaturen. Wir selbst halten alle unsere (eingewöhnten) afrikanischen Papageien im Winter fast ungeheizt, allerdings in einem trockenen, hellen, zugluftfreien Schutzraum, in dem ein sog. Frostwächter das Absinken der Temperaturen unter den Gefrierpunkt verhindert. Uns bekannte Züchter gehen sogar so weit, daß sie ihre Tiere ganzjährig in Freivolieren mit angrenzendem Schutzhaus halten und erst bei sehr niedrigen Temperaturen den Schutzraum schwach erwärmen. Wenn wir selbst auch diese Haltungsform als nicht besonders geeignet und nachahmenswert empfinden, scheint uns doch bemerkenswert, daß gerade diese Tiere sich bei unseren Besuchen in wirklich hervorragendem Gefiederzustand und in bester Gesundheit präsentierten, ja darüber hinaus sogar

mehrfach erfolgreich zur Brut geschritten waren.
Die Paarzusammenstellung ist längst nicht so problematisch wie etwa bei den Neuweltpapageien, die u. U. äußerst wählerisch bei der Partnersuche sein können. 2 willkürlich zusammengestellte Goldbugpapageien vertragen sich dagegen nach einer gewissen "Probezeit" meist recht gut, selbst dann, wenn es sich nicht um verschiedengeschlechtliche Tiere handelt; dies gilt übrigens auch für kleinere Gruppen dieser Papageien, zumindest solange sich nicht Paare zusammengefunden haben und innerhalb der Voliere ein "Revier" besetzen und gegen andere Artgenossen verteidigen.
In Gefangenschaft können Goldbugpapageien im Spätsommer, Herbst oder sogar im Winter zur Brut schreiten, wie dies — je nach Verbreitungsgebiet und Unterart — ihrem Brutrhythmus in Freiheit entspricht. Die uns bekannten und letztendlich erfolgreichen Zuchten wurden jedoch — mit 2 Ausnahmen — stets im Frühjahr bzw. auch Frühsommer begonnen (GREENWAY, 1967; JONES 1968; FRANKLIN 1972; HÜLSO 1976; TRUMP; LINKE 1982; GRÜNDIG; FELDHAAR mdl.). Die Eizahl betrug meist 3 (GREENWAY; TRUMP; GRÜNDIG; FELDHAAR), gelegentlich auch 4 (JONES; FRANKLIN). Ein einzelnes von uns vermessenes Ei (Leihgabe FELDHAAR) hatte eine Größe von 28,9 mm x 23,2 mm und war damit größer als jedes der bislang vermessenen Eier aus dem Freiland. Die genaue Brutzeit ist bisher nicht bekannt; die Angaben schwanken zwischen 29 bis 30 Tagen (GREENWAY; FELDHAAR) und 21 Tagen (GRÜNDIG). Sehr wahrscheinlich beträgt sie rund 27 Tage, wie uns von einer Züchtergruppe aus der DDR gemeldet wird, die sehr genaue Protokolle über das Brutgeschehen mehrerer Goldbugpapageienbruten angefertigt hat (WELKKE, in lit.). Nach FELDHAAR sind die frischgeschlüpften Jungen etwa hummelgroß(?) und stark grauweiß bedunt (nach TRUMP: graue Bedunung).
Bei den Goldbugpapageien von FELDHAAR kam es im Juli und Dezember 1984 sowie im April 1985 jeweils zur Ablage eines befruchteten Dreiergeleges. Es schlüpften stets 3 Junge, die aber nicht von den Eltern gefüttert wurden. Die Jungvögel des Dezembergeleges wurden bei einer Nistkastenkontrolle tot und mit abgebissenen Extremitäten vorgefunden, während die Jungvögel der anderen Bruten im nachhinein nicht mehr auffindbar waren. Parallelen zur Zucht des neotropischen Schwarzohrpapageien finden sich bei LANTERMANN (1983). Jungvögel der 85er Aprilbrut wurden von FELDHAAR vorsichtshalber brütenden Nymphensittichen untergelegt, die aber — wohl aufgrund unterschiedlicher Fütterungsmethoden — die Jungen ebenfalls nicht fütterten. Ein daraufhin eingeleiteter Handaufzuchtversuch scheiterte nach 1 Woche. Erst nach einem 4. Gelege (Eiablagen am 3., 5., 6. und 9. Juli) schlüpften 3 Junge, die dann erstmals erfolgreich von den Altvögeln aufgezogen wurden. Nach etwa 10 bis 11 Wochen (GRÜNDIG gibt 58 Tage, JONES 6 bis 7 Wochen, GREENWAY 8 Wochen als Nestlingszeit an) verließen die Jungvögel den Nistkasten. 2 von ihnen hatten eine gelbe Scheitel- und Flügel-

bugfärbung, während das 3. Tier durchweg graubraun gefärbt war (auch der Flügelbug? Verf.). Bei TRUMP hatte ein ausgeflogener Jungvogel eine ebenso intensiv orangerot gefärbte Iris, wie das adulte Weibchen, während FORSHAW die Irisfärbung junger Vögel als dunkelbraun beschreibt und GRÜNDIG einen Jungvogel mit ebenfalls dunkelbrauner Iris in seiner Arbeit abbildet.

Einige wenige Details zur Jugendentwicklung eines handaufgezogenen Jungvogels finden sich bei STEYN (in ROWAN). Das frischgeschlüpfte Küken war grau bedunt. Der Schnabel war zu Anfang rosa und dunkelte später von der Spitze her nach und wurde schließlich schwarz. Die Wachshaut, die unbefiederten Augenringe und die Füße waren grau, die Iris dunkelbraun gefärbt. Im Alter von einem Monat zeigten sich die ersten Federn an Kopf, Flügeln, Halsseiten, Brust und Schenkeln. Mit 2 Monaten war das Jungtier vollständig befiedert, mit rund 12 Monaten erschienen die ersten gelben Stirnfedern.

Über eine Zucht in 2. Generation liegen bislang keine Hinweise vor, allerdings teilt WELCKE (in lit.) mit, daß in Gefangenschaft geborene Weibchen bereits mit 21 Monaten die ersten Eier legten.

Interessant erscheint uns noch eine Notiz BROWNS (in lit. an FORSHAW): Ein im Alter von 10 Tagen erworbener Nestling wurde von Hand aufgezogen und flog später frei umher, kam aber an jedem Abend zurück, um im Haus zu übernachten. Dabei wurde er regelmäßig von einem wilden Artgenossen, vermutlich des Gegengeschlechts, begleitet, der allerdings nie mit in das Haus flog.

Eine Mischlingszucht zwischen einem weiblichen Rüppell- und einem männlichen Goldbugpapageien beschreibt WOOLRIDGE (1969). 2 der 3 ausgeflogenen Jungvögel glichen, mit Ausnahme der intermediären Bauchfärbung, dem Goldbug-, einer mehr dem Rüppellpapageien (ROWAN).

3.8. Rüppellpapagei

Poicephalus rueppellii
(Gray, 1849)
Engl.: Rüppell's Parrot

Beschreibung
Gesamtlänge 22 cm;
Ad. ♂: Grundgefiederfärbung dunkelbraun; Ohrdecken silbergrau; Bürzel und Unterschwanzdecken bläulich durchsetzt; Unterflügeldecken und Flügelrand gelb; Schenkel gelb, manchmal orange durchsetzt; Schnabel dunkelgrau; Iris orangerot; Füße graubraun;
Ad. ♀: Unterer Rücken, Bürzel und Oberschwanzdecken hellblau; Unterbauch mattblau;
Juv.: ähneln in beiden Geschlechtern dem Weibchen, aber Blaufärbung am Bürzel heller und am Unterbauch blasser; Flügelrand gelbbraun; Flügeldecken mit gelbweißen Rändern; Unterflügeldecken matter; Schenkelfärbung bräunlich.

Unterartengliederung und Verbreitung
Der Rüppellpapagei bildet nach Auffassung aller Systematiker keine Unterarten. 3 von uns untersuchte Bälge im Senckenberg-Museum, Frankfurt, wiesen jedoch eine unterschiedliche Unterrücken/Bürzelgefiederfärbung auf (türkis, mittelblau, ultramarin), die möglicherweise als Unterartenmerkmale gelten könnte. ROWAN (1983) weist jedoch darauf hin, daß diesbezügliche Färbungsunterschiede sowohl geschlechtsabhängig als auch individuell verschieden sein können.
Verbreitung: Im Südwesten Afrikas, in N-Namibia und SW-Angola;

Gewichte
HOESCH u. NIETHAMMER (1940) haben für 4 Männchen Gewichte von 105, 106, 118 und 132 g (Ø 115,3 g) ermittelt.

Geschlechtsmerkmale
Weibliche Tiere weisen gegenüber den Männchen einen mattblau gefärbten Unterbauch sowie hellblaue Bürzel und Oberschwanzdecken auf.

Abbildungen
Zeichnungen: FORSHAW, 1973, S. 300; DE GRAHL, 1974, S. 361;
Farbfotos: DE GRAHL, 1982, S. 185; DE GRAHL, 1985, S. 136; PINTER, 1979, S. 147; REPP, 1984, S. 256;

Verbreitungskarte

Maße

Folgende Maße hat FORSHAW (1973) für den Rüppellpapagei ermittelt (Durchschnittswerte, Angaben in mm):

	Flügel	Schwanz	Schnabel	Tarsus	n
rueppellii	♂ 147,8	73,3	22,6	18,0	10
	♀ 145,3	69,5	21,1	17,7	10

Eigene Messungen (Durchschnittswerte, Angaben in mm):

	Oberschnabelbreite	Unterschnabelbreite	Schnabelhöhe	Oberschnabellänge	n
rueppellii	♀ 13,9	15,4	23,6	20,4	2
ohne Geschlechtsbestimmung	13,9	14,0	23,6	20,7	1

Lebensraum/Lebensweise/Status

Die Angaben über das Freileben des Rüppellpapageien sind spärlich. Rüppellpapageien bewohnen primär trockene Waldgebiete und scheinen dort insbesondere Bäume, die die Flußufer und die ausgetrockneten Flußbetten säumen (MACDONALD, 1957; TRAYLOR, 1963; ROWAN), oder auch Euphorbien-Wälder (HEINRICH, 1958) zu bevorzugen.

Rüppellpapageien leben gewöhnlich in Paaren oder kleinen Gruppen von bis zu 20 Tieren zusammen, vereinigen sich aber in Zeiten reichlichen Futterangebotes zu größeren Schwärmen (HOESCH u.NIETHAMMER; TARBOTON, 1967).

Im Osten schließt ihr Verbreitungsgebiet an das des Goldbugpapageien an oder überschneidet sich streckenweise mit diesem. Dennoch vermischen sich beide Arten offenbar nicht, denn gemischte Schwärme sind bislang nicht gesichtet worden und intermediäre Museumsbälge liegen nicht vor (ROWAN).

Der Rüppellpapagei ist sehr scheu und deshalb schwierig im Freiland zu beobachten. Meist wird man erst durch seinen Ruf, einen schrillen durchdringenden Pfiff, auf ihn aufmerksam. Der Flug des Rüppellpapageien ist schnell und direkt und wird bei der Flucht von den genannten Rufen, die in Tonhöhe und Intensität variieren können, begleitet.

Die Nahrung besteht aus Insektenlarven, Beeren, jungen Pflanzenschößlingen, Sämereien und Knospen. Zu den bevorzugten Futterpflanzen gehören diverse *Acacia spec.* und *Elephantorisa*, *Prosopis juliflora* und *Combretum imberbe*

(HOESCH u. NIETHAMMER; PROZESKY, 1963; TARBOTON; MCLACHLAN u. LIVERSIDGE, 1970; VERNON, 1971; ROWAN).

Die Brutzeit ist nicht genau bekannt. HOESCH u. NIETHAMMER fanden am 24. Februar 1 Nest mit 3 bebrüteten Eiern in einer ausgedienten Spechthöhle, die sich in einer Akazie 5 m über dem Boden befand. Die Durchschnittsmaße der Eier betragen 27,3 mm x 24,0 mm (SCHÖNWETTER, 1964). ROWAN führt weiterhin an, daß jung ausgeflogene Rüppellpapageien sowohl im Juni als auch im September zu beobachten waren.

Der Status des Rüppellpapageien ist nur unzureichend bekannt, zumal er ein teilnomadisches Leben zu führen scheint. Noch TARBOTOTN, PROZESKY sowie HOESCH u. NIETHAMMER trafen die Art in den von ihnen untersuchten Gebieten häufig an; inwieweit Lebensraumzerstörungen und Vogelfang (vgl. KEMNA, 1983) inzwischen aber zu einer Dezimierung der Populationen beigetragen haben, ist uns nicht bekannt.

Verhalten und Stimme

Das Verhalten des Rüppellpapageien ist weitestgehend unbekannt. Es gleicht vermutlich dem des Mohrenkopfpapageien (vgl. I, 3.5).

JENSEN (ROWAN) beobachtete 1 Tier, das sich kopfunter an ein undichtes Wasserrohr hängte und dort die von Zeit zu Zeit hervortretenden Wassertropfen auffing.

Bei der Balz fütterte das Männchen sein Weibchen. Gleichzeitig zeigte es Kopfnicken und Abstellen der Flügel (DE GRAHL, 1985). Das Abstellen der Flügel als Drohverhaltensweise, verbunden mit einem Abstellen und Aufspreizen des Nackengefieders, beobachteten auch HOLYOAK und HOLYOAK (1972).

Die Stimme des Rüppellpapageien wird als scharfes quaw (engl.) beschrieben; schrille Alarmtöne, die in der Lautstärke und Tonhöhe variieren können, sind ebenfalls bekannt (MACKWORTH-PREAD u. GRANT, 1962).

Haltung und Zucht in Menschenhand

Rüppellpapageien gehörten wohl zu allen Zeiten zu den großen Seltenheiten auf dem Vogelmarkt. Unseres Wissens sind sie in den Fachzeitschriften der BRD, zumindest in den letzten 2 Jahrzehnten, nur 2 mal (1972 Fa. Wöstendieck, Hilden; 1984 privat) angeboten worden. So ist es auch nicht verwunderlich, daß über Verhalten, Brut und Jungenaufzucht in Gefangenschaft kaum Daten vorliegen.

DE GRAHL (1985) erhielt im Jahre 1972 6 Rüppellpapageien, die in einem großen Kistenkäfig untergebracht wurden. Aber auch dort gewöhnten sie sich nur sehr langsam an die Gefangenschaftsverhältnisse und verloren erst allmählich ihre Scheu. 1 Männchen dieser Gruppe übernahm sehr bald die Spitze der Rangordnung und duldete nur 2 Weibchen in seiner unmittelbaren Nähe, während er die übrigen Tiere stets mit dem Schnabel zurückdrängte; zu ernsthaften Beißereien kam es jedoch nie. Von diesen 6 Vögeln stellte DE GRAHL später 1 harmonierendes Paar zusammen und überführte es in ein Volierenabteil seines Vogelhauses mit daran anschließender Freivoliere. Als es dort auch nach 6 Jahren des geduldigen Wartens nur zu zaghaften Balzanzeichen, nicht aber zur Eiablage kam, übergab er das Paar dem Vogelpark Walsrode. Über das weitere Schicksal der Vögel liegen uns keine Informationen vor.

Entsprechend der geringen Zahl der Einfuhren ist die Zucht des Rüppellpapageien bisher nur in seltenen Einzelfällen geglückt. Eine der ersten Zuchten (Welterstzucht?) gelang 1961 im Zoo von Bloemfontein in Südafrika. Weitere Erfolge hatte der Tierpark Busch Gardens in Tampa, Florida (USA) seit 1965 (LOW, 1980). Dort kam es auch zu einer Kreuzung zwischen Goldbug- und Rüppellpapagei. 3 Eier wurden gelegt, die nur vom Weibchen (*P. rueppellii*) bebrütet wurden. Ein einziges Junges wurde aufgezogen und verließ das Nest 4 Monate nach Ablage des 1. Eies. Es war zuvor von beiden Elterntieren gefüttert und aufgezogen worden. Die vermutlich 1. Zucht in England glückte 1981 im Londoner Zoo (laut Int. Zoo Yearb. 1983). Die deutschen Erstzuchten sollen 1978 (2 Junge) und 1979 (4 Junge) bei einem nicht genannten Liebhaber gelungen sein (DE GRAHL; REPP und REPP, 1986).

Die erste und bislang einzige ausführliche Beschreibung einer Rüppellpapageienzucht verdanken wir einem Bericht und einer brieflichen Mitteilung der Schweizer L. und P. PASETT, die 1981 einen Zuchterfolg hatten (PASETT u. PASETT, 1981; in lit., 1986). Die Verfasser konnten 1974 und 1975 nach systematischer Suche 3 Rüppellpapageien (2 Männchen, 1 Weibchen) erwerben, die sie zusammen in einer kleinen Außenvoliere mit angebautem Schutzhaus (winterliche Haltungstemperatur nicht unter +6°C) in einer ruhigen Gartenecke unterbrachten. Die Ausstattung bestand, neben Sitzstangen und Futterbord, aus 3 unterschiedlich großen Nistkästen. Erstmals im Februar 1980 kamen die Papageien in Brutstimmung. Ein Männchen hatte sich mit dem einzigen Weibchen verpaart; es attakkierte den 3. Vogel und verletzte ihn eines Tages so schwer, daß er auch mit tierärztlicher Behandlung nicht mehr zu retten war. Aber dennoch führte die Entfernung des offenbar störenden 3. Vogels nicht unmittelbar zu Eiablage und Brut. Dazu kam es erst Ende April 1981. Nachdem das Männchen tagelang einen Nistkasten inspiziert hatte, bezog endlich auch das Weibchen die Bruthöhle und legte am 28. und 29. April 2 Eier, die es aber nicht bebrütete. Im Mai folgte ein Dreiergelege (Eiablagedaten und genaue Brutzeit unbekannt), aus dem bis zum 7. Juni 2 Jungvögel geschlüpft waren; ein 3. folgte am 11. Juni. Alle 3 Jungen wurden, trotz äußerst nervösen Verhaltens beider Alttiere, einwandfrei betreut und aufgezogen. Eine Nestkontrolle am 30. 6. ergab, daß die Jungvögel ihre anfänglichen Größenunterschiede beinahe vollständig ausgeglichen hatten. Bei allen Jungen waren die Augen geöffnet, die Flügelkiele waren schon deutlich ausgebildet, und die Schwanzfedern begannen unter dem stark fettenden Dunengefieder durchzubrechen. Am 1. August, also rund 55 Tage nach dem Schlupf, flog der 1. Jungvogel aus. Ihm folgten am 2. und 4. August seine beiden Nestgeschwister. Die Jungtiere waren alle noch nicht vollständig befiedert (besonders im Rückenbereich), bewegten sich sehr unbeholfen außerhalb des Kastens und blieben dem Menschen gegenüber recht scheu. Der zuletzt ausgeflogene Jungvogel wies gegenüber den anderen beiden Tieren einen massiveren Kopf und eine weniger intensive Blaufärbung im Bürzelbereich auf, so daß vermutet wurde, daß es sich um ein Männchen handelte (wie sich später herausstellte waren es 2 Männchen und 1 Weibchen, PASETT, in lit.). Mit rund 12 Wochen waren alle 3 Jungvögel mehr oder weniger vollständig befiedert, etwas zierlicher als die Elterntiere und in der Futteraufnahme selbständig (PASETT u. PASETT). Über den Umfärbungsprozeß der Jungen machen PASETT u. PASETT keine Angaben, aber DE GRAHL nimmt an, daß junge Rüppellpapageien mit 1 Jahr in das Alterskleid umfärben.

Die beschriebene Zucht blieb allerdings die einzige bei den Verfassern PASETT. Denn noch im Oktober 1981 wurde das alte Männchen von einem seiner Jungen (Männchen) getötet. Nach diesem Vorfall wurden die Tiere separiert. Ein Männchen blieb mit der Mutter zusammen, die beiden übrigen Jungvögel erhielten eine andere Unterkunft. Merkwürdigerweise fiel 1982 auch das alte Weibchen einer Attacke ihres Sohnes zum Opfer (PASETT, in lit.). Somit verloren die Züchter insgesamt 3 Vögel aufgrund übermäßiger Aggressionen (rivalisierender?) Artgenossen. Unklar bleibt, ob Rüppellpapageien generell außerordentlich unverträglich sind, oder ob andere, nicht bestimmbare Streß- oder sonstige Faktoren dieses Verhalten auslösten. Bezeichnend scheint in diesem Zusammenhang eine Mitteilung PASETTS, derzufolge 1 Junges aus der beschriebenen Brut nach der Eröffnung einer Baustelle (Preßlufthammerbetrieb) in der Nähe der Volieren sein ganzes Gefieder, einschließlich der Schwung- und Schwanzfedern derartig zerstörte und zerbiß, daß es seine Flugfähigkeit einbüßte. Nach dem Abzug der Baumaschinen stellte es dieses abnorme Verhalten wieder ein.

Insgesamt gesehen scheinen diese wenigen Erfahrungen (vergleichbare Informationen liegen über Rotbauchpapageien vor) zu zeigen, daß manche Langflügelpapageien, darunter Rüppellpapageien (weiteres Datenmaterial müßte zur Absicherung herangezogen werden), zu den äußerst nervösen, störanfälligen und scheubleibenden Arten gehören, die für die Volierenhaltung im Grunde ungeeignet sind, wenngleich sie hinsichtlich der Ernährung und Klimaempfindlichkeit offenbar keine besonderen Ansprüche an die Pflege stellen.

3.9 Gelbgesichtpapagei

Poicephalus flavifrons (Rüppell, 1845)

Engl.: Yellow-faced Parrot

Beschreibung

Gesamtlänge 28 cm;

Ad. ♂ und ♀: Grundgefiederfarbe grün, blasser am Bürzel, Rücken und Unterbauch; Stirn, Scheitel und obere Wangen gelb; Schenkel und Flügelränder manchmal gelblich; Oberschnabel bräunlichgrau, Unterschnabel hell hornfarben; Iris orangerot; Füße dunkel graubraun;

Juv.: Scheitel und obere Wangen matt gelboliv (FRIEDMANN, 1930).

Verbreitungskarte

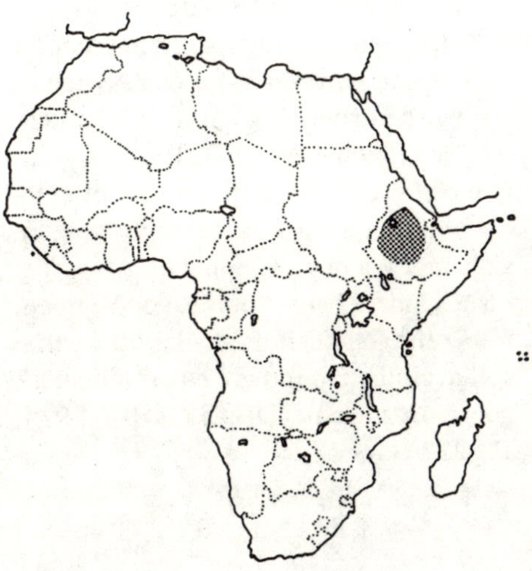

Unterartengliederung und Verbreitung

2 Unterarten

1. *P. f. flavifrons* (Rüppell),
   Verbreitung: N- und Zentral-Äthiopien;
2. *P. f. aurantiiceps* Neumann gleicht der Nominatform, aber Stirn, Schenkel und obere Wangen orange (zweifelhafte Unterart),
   Verbreitung: Masango-Gebiet und Gila-Fluß-Gebiet in SW-Äthiopien (zweifelhafte Unterart).

Gewichte

Unseres Wissens sind bisher keine Gewichtsangaben von Gelbgesichtpapageien in der Literatur erwähnt worden.

Abbildungen

Zeichnungen: FORSHAW, 1973, S. 280; DE GRAHL, 1974, S. 361

Farbfotos: DE GRAHL, 1982, S. 189; REPP u. REPP, 1984, S. 256

Lebensraum/Lebensweise

Über Lebensraum und Lebensweise des Gelbgesichtpapageien ist so gut wie nichts bekannt. Nach URBAN (1966) scheint er bevorzugt an *Hagenia*-Wälder im äthiopischen Hochland in Höhen zwischen 1000 und 3000 m gebunden zu sein.

Gelbgesichtpapageien leben in Gruppen oder kleinen Schwärmen von bis zu 20 Tieren zusammen. Man trifft sie häufig in Gesellschaft von Bergpapageien (*Agapornis taranta*) an. Sie verbringen einen Großteil der Tageszeit mit der Nahrungssuche in den Baumwipfeln. Dabei stoßen sie schrille unmelodiöse Pfiffe aus. Sie

Maße

Folgende Maße hat FORSHAW (1973) für den Gelbgesichtpapagei ermittelt (Durchschnittswerte, Angaben in mm):

	Flügel	Schwanz	Schnabel	Tarsus	n
flavifrons	♂ 173,6	75,2	25,4	18,9	10
	♀ 167,9	76,5	23,5	18,9	8
aurantiiceps	♂ 169,5	78,5	25,5	18,8	4
	♀ 165,0	81,0	23,0	19,5	2

Eigene Messungen (Durchschnittswerte, Angaben in mm):

	Oberschnabelbreite	Unterschnabelbreite	Schnabelhöhe	Oberschnabellänge	n
flavifrons	♂ 16,8	17,5	27,3 (n=3)	24,8	5
	♀ 16,0	16,8	26,8 (n=4)	23,3	5

haben feste Übernachtungsbäume zu denen sie regelmäßig allabendlich zurückkehren. Ihr Flug ist schnell und direkt (MACKWORTH-PREAD u. GRANT, 1952; FORSHAW).

Über Brutgewohnheiten liegen in der Literatur keine Angaben vor, aber ähnlich den Bergpapageien (vgl. BROCKMANN u. LANTERMANN, 1985) und den übrigen Großpapageien Afrikas brütet der Gelbgesichtpapagei vermutlich in Baumhöhlungen.

Haltung in Menschenhand

Nach Angaben von DE GRAHL (1974) soll der Gelbgesichtpapagei in früherer Zeit (wann?) im Frankfurter Zoo gehalten worden sein. RUß (1884) berichtet, daß der Liebhaber FIEDLER in Agram (Jugoslawien) Tiere dieser Art pflegte. Sie wurden schnell zutraulich, zeigten sich aber bei ungewöhnlichen Anlässen, insbesondere beim Anblick von Hunden, stets sehr ängstlich. Ende der 60er Jahre sollen einige Exemplare nach Dänemark gekommen sein (DE GRAHL, 1974, 1982).

4. Weitere Großpapageien Afrikas

4.1 Graupapageien *Psittacus* Linné, 1758

Die Gattung *Psittacus* umfaßt nur 1 Art (2 Unterarten), die verwandtschaftlich den Langflügelpapageien nahesteht. Zusammen mit der Gattung *Poicephalus* bildet *Psittacus* nach Auffasung von WOLTERS (1975-1982) die Unterfamilie *Psittacinae* der Papageienfamilie *Psittacidae*.
Auffällig ist die unbefiederte, weiß behaarte Augenumgebung, die - abgesehen vom Schwanz - eintönig graue Gefiederfärbung und der kurze, stumpfeckige Schwanz. Ein Geschlechtsdimorphismus besteht nach Auffassung der Mehrzahl der Autoren nicht (vgl. Geschlechtsmerkmale).

Verbreitungskarte

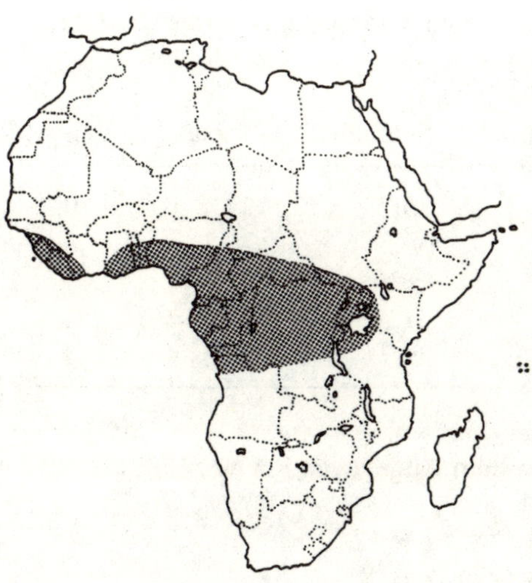

Graupapagei
Psittacus erithacus Linné, 1758
Engl.: Grey Parrot

Beschreibung
Gesamtlänge 33 cm;
Ad. ♂ und ♀: Grundgefiederfärbung hellgrau; Kopf- und Nackenfedern grauweiß gesäumt; Bauchgefieder dunkelgrau gesäumt; Bürzel grauweiß; Handschwingen schwarzgrau; unbefiederte Gesichts-partie weiß; Schwanz und Schwanzdecken rot; Schnabel schwarz; Iris blaßgelb; Füße grau;
Juv.: Schwanzspitze dunkelrot; Unterschwanzdecken rot mit grauem Anflug; Iris grau;

Unterartengliederung und Verbreitung
2 Unterarten

1. *P. e. erithacus* Linné
   Verbreitung: Äquatorialafrika von der südöstlichen Elfenbeinküste östlich bis W-Kenia, südlich bis N-Angola, den südlichen Teilen des Kongo und

NW-Tansania; Inseln Principé und Fernando Poo *;

2. *P. e. timneh* Fraser: Grundgefiederfärbung dunkelgrau, heller im Bürzel- und Bauchbereich; Unterschwanzdecken dunkelgrau, mit rötlichem Anflug; Schwanz kastanienrotbraun mit braunen Rändern; Oberschnabel rötlich/hornfarben mit schwarzer Spitze; Unterschnabel schwarz; wesentlich kleiner als die Nominatform;
Verbreitung: S-Guinea, Sierra Leone, Liberia und westlicher Teil der Elfenbeinküste;

Anmerkung:
Auch unabhängig von Unterart, Alter und Geschlecht können beim Graupapageien offenbar individuelle Färbungsunterschiede auftreten. So berichtet DE GRAHL (1976) von Tieren, die oberseits hellgrau, fast weißlich wirkten und von solchen, die - obwohl zur gleichen Unterart gehörig - dort schwarzgrau gefärbt waren.

* Die auf den Inseln Principé und Fernando Poo verbreitete Graupapageienform wird von manchen Autoren als eigene Unterart P.e. princeps aufgeführt. Die morphologischen Unterschiede zur Nominatform sind aber wohl zu gering, um diese Auffassung zu rechtfertigen (vgl. AMADON, 1953).

Maße

Folgende Maße hat FORSHAW (1973) für den Graupapagei ermittelt (Durchschnittswerte, Angaben in mm):

	Flügel	Schwanz	Schnabel	Tarsus	n
erithacus	♂ 242,5	86,8	35,7	27,4	10
	♀ 241,6	85,6	34,5	26,8	8
timneh	♂ 216,5	80,3	31,3	22,8	4
	♀ 208,3	80,7	29,7	24,3	3

Messungen der Schädelbreite (direkt hinter dem Auge, nach KAAL, 1982)

erithacus	♂ 35,0-39,0	Ø 36,6	n = 12
	♀ 33,0-35,5	Ø 34,3	n = 8

Gewichte
KAAL ermittelte bei 70 Graupapageien der Nominatform ein Durchschnittsgewicht von 450 g. Nähere Angaben (Variationsbreite) fehlen.

Geschlechtsmerkmale
Der Graupapagei weist in beiden Unterarten nach Auffassung vieler Autoren keine äußerlich erkennbaren Geschlechtsmerkmale auf. SCHMIDT (1983) stellt zwar aus der Literatur eine Übersicht sekundärer Geschlechtsmerkmale zusammen, die aber nicht über das Bekannte (geringe Färbungsunterschiede, biometrische Unterschiede) hinausgeht.

Abbildungen
Zeichnungen: FORSHAW, 1973, S. 276, DE GRAHL, 1974, S. 351
Farbfotos: DEIMER, 1978, S. 45, 46 (Jungvögel); DE GRAHL, 1976, diverse; DE GRAHL, 1985, S. 138, HOPPE, 1987, S. 92; LANTERMANN, 1986, S. 20, 66 (Jungvögel); PINTER, 1978, S. 145; PINTER, 1985, diverse; WOLTER, 1985, diverse; u.v.a.m.

Lebensraum/Lebensweise/Status
Waldgebiete im Flachland sind die bevorzugten Lebensräume des Graupapageien, wenngleich er während der Nahrungsaufnahme auch gelegentlich in Savannengebiete oder offenes Gelände vordringt (FORSHAW). In Nigeria und Kamerun bewohnt er zudem Mangrovensümpfe in Küstennähe (MACLAREN, 1952; SERLE, 1965).

Graupapageien leben meist in großen Schwärmen von 100 oder mehr Tieren zusammen. Tagsüber sondern sich Paare oder Kleingruppen ab und gehen der Nahrungssuche nach, vor Sonnenuntergang versammeln sie sich aber wieder - häufig am Waldrand, auf Lichtungen oder auf kleinen Inseln in Flüssen oder Seen - an ihren Schlafplätzen (CHAPIN, 1939; CURRY-LINDAHL, 1960; SERLE).

Der Flug des Graupapageien ist geradlinig und direkt, mit schnellen Flügelschlägen. Die Tiere fliegen oberhalb der Baumkronen und äußern laute Stimmfühlungslaute im Flug (FORSHAW).

Die Nahrung umfaßt Sämereien, Nüsse, Früchte und Beeren, die die Vögel bevorzugt in den Baumkronen zu sich nehmen. Mancherorts bilden die Früchte der Ölpalme (*Elaeis guinensis*) ihre bevorzugte, wenn nicht ausschließliche Nahrung. Auch über Einfälle von Graupapageiengruppen in Maisfelder ist berichtet worden (FORSHAW).

Die Brutzeit der Art ist nicht einheitlich. Sie liegt in Uganda in den Monaten Juli bis September (MACKWORTH-PREAD u. GRANT, 1952) und im Kongo im Juli und August (CHAPIN). Weitere Angaben fehlen. In Nigeria fand SERLE Anfang Januar ein Gelege, in Liberia beobachtete RAND (1951) Jungvögel im April. Ein von SERLE beschriebenes Nest befand sich in 30 m Höhe in einem *Terminalia*-Baum; es enthielt 3 hochbebrütete Eier, die auf feinem Holzmulm gelagert waren. Der Nisthöhlenboden befand sich 60 cm unterhalb des Einschlupfloches. Die 3 Eier maßen 39,4 mm (38,7-39,7) x 31,0 (30,7-31,5) mm (SERLE).

Der Status des Graupapageien ist nur ungenau bekannt. Im allgemeinen ist die Art recht häufig, fehlt dagegen in der Umgebung der Städte und Dörfer (FOR-

SHAW). Sie scheint ihr Verbreitungsgebiet nach Osten auszudehnen (MACKWORTH-PREAD u. GRANT).

Verhalten und Stimme

Das Verhalten des Graupapageien ist - trotz seiner Beliebtheit als Käfigvogel - nur unzureichend bekannt bzw. nie ausführlich beschrieben worden. In der Literatur vorhandene Berichte beschränken sich in der Regel auf Angaben zur Zähmung und Nachahmungsleistung (sowohl optischer als auch akustischer Vorlagen). Die Verhaltensgrundlagen werden vermutlich aber in großen Teilen mit denen des Mohrenkopfpapageien (vgl. I, 3.5) übereinstimmen.

In einigen Veröffentlichungen finden sich Hinweise zum Balzverhalten. SOMMER u. SOMMER (1985) berichten beispielsweise, daß ihre beiden (Stuben)vögel in schneller Runde im Wohnzimmer hintereinanderher flogen, danach auf dem Käfig landeten, wo das Männchen in aufrechter Haltung (Imponiergehabe) umherstolzierte. Dort kam es auch zum "Schnabelhakeln", das nach Ansicht der Verfasser eine Vorstufe des Partnerfütterns darstellt. Im weiteren Verlauf wurde dann Partnerfüttern beobachtet, meist indem das Männchen das Weibchen fütterte, gelegentlich aber auch umgekehrt. Der Kopulation gingen ebenfalls Impulse des Weibchens voraus, das sich mehrfach bemühte, auf den Rücken des Männchens zu steigen, ehe es - umgekehrt - zu einer natürlichen Kopulation kam. DE GRAHL (1974) berichtet darüber hinaus, daß während der Brutzeit selbst vormals zahme Graupapageien sehr aggressiv gegenüber ihren Pflegern werden können. Sie plustern dabei ihr Gefieder so stark auf, daß sie wie eine große (Feder)kugel wirken.

Die Nachahmungsleistungen umfassen nicht nur - wie weiter unten beschrieben - die stimmliche Wiedergabe von menschlichen Worten und Geräuschen, sondern auch die Nachahmung menschlicher Bewegungen. So erwähnt DE GRAHL (1976) mehrere Tiere, die - wie sie es bei ihren Pflegern gesehen hatten - ein Wippen des Oberkörpers mit dem Takt der Musik in Verbindung brachten. Auch das Verneigen bei gleichzeitiger Äußerung von "Guten Morgen" oder "Adieu" sowie ein Graupapagei, der nach Art eines grüßenden Soldaten den Fuß zum Kopf hob, wird dort erwähnt.

Die Stimmäußerungen im Freiland umfassen hohe Schreitöne und Pfiffe, im Alarmzustand auch durchdringende Kreischtöne (FORSHAW). In Gefangenschaft ist darüber hinaus ein tiefes gutturales Brummen oder Grollen zu vernehmen, wenn die Tiere in die Enge getrieben werden (eig. Beob.).

Über die Nachahmungsbegabung in Menschenobhut ist schon viel Wahres und Unwahres geschrieben worden. Eine ausführliche Auflistung der beachtlichsten Sprechleistungen aufgrund vieler Liebhaberberichte hat DE GRAHL

---

o.l.,

u.r.: Goldbugpapageien (Poicephalus meyeri), Jungvögel, 27 Tage alt

u.: Goldbugpapageien im Zoo von Johannisburg, Südafrika

(1976) vorgelegt. Insgesamt haben neuere Untersuchungen von TODT (1975) und insbesondere von PEPPERBERG (1978, 1981, 1983, 1987) gezeigt, daß Graupapageien über verbale und kognitive Fähigkeiten verfügen, die weit über gewöhnliche Nachahmungsleistung hinaus gehen (vgl. II, 10.). PEPPERBERG (1981) konnte beispielsweise zeigen, daß einem Graupapageien eine elementare Form von Sprache beigebracht werden konnte, mit der er in zwischenartlicher Kommunikation (mit dem Menschen) eine beschränkte Anzahl von Gegenständen zum Spielen und zum Essen bezeichnen, erbitten und ablehnen konnte. Dabei stellte sich heraus, daß der Vogel auch über ein gewisses Abstraktionsvermögen verfügte, denn er konnte auch Gegenstände richtig identifizieren, die zwar die gleiche Funktion hatten, sich aber von den erlernten Vorbildern unterschieden. Auch hatte er eine (beschränkte) Fähigkeit, Mehr-Wort-Sätze aus separat erlernten Lauten zu bilden.

Ob und inwieweit derartige Fähigkeiten mit der Aufnahmefähigkeit und Einsicht, wie sie normalerweise mit der menschlichen Sprache zusammenhängen, identisch oder vergleichbar sind, läßt sich von unserer Warte nicht abschätzen.

---

o.l: Dem Rüppelpapagei nahe verwandt und in der Gefiederfärbung recht ähnlich ist der Goldbugpapagei ((Poicephalus meyeri)

o.r.: Rüppelpapagei (Poicephalus rueppellii) ♂

u.: Weiblicher Rüppelpapagei, deutlich erkennbar an der blauen Unterbauchfiederung, die dem Männchen fehlt

Haltung und Zucht in Menschenhand

Der Graupapagei ist seit Jahrzehnten als Stuben- und Käfigvogel bekannt und beliebt. Insbesondere seine überaus gute Nachahmungsbegabung (vgl. Verhalten und Stimme) war und ist für das Gros der Papageienliebhaber der vorrangige Grund für die Anschaffung. So gehört er nach wie vor zu den am häufigsten importierten Papageien überhaupt (für die BRD 1981 5410, 1982 7124 und 1983 11395 Tiere, laut Importstatistik Bundesamt für Ernährung, Landwirtschaft und Forsten, Bonn). Ein Großteil der in den Handel gelangenden Tiere nimmt vermutlich den direkten Weg über die Ladentheke bis in die Wohnstuben der privaten Vogelhalter.

Bevorzugt gekauft werden Tiere der Nominatform, derweil die Nachfrage nach der kleineren Unterart (*P. e. timneh*) wesentlich geringer ist. Demzufolge verlangt man für die große Form heute nicht selten den 2- bis 3fachen Preis dessen, was ein Timneh-Graupapagei im Handel kostet. Das ist u. E. wiederum ein abschreckendes Beipiel dafür, daß nicht die Importkosten, Quarantänekosten usw. bei der Berechnung des Verkaufspreises zugrunde gelegt werden, sondern vor allem die Nachfrage dafür ausschlaggebend ist. Oder sollten sich die realen Unkosten für die Einfuhr der kleineren Unterart wirklich so drastisch von denen für die Nominatform unterscheiden?

Leider verbirgt sich hinter dem Kaufverhalten der Graupapageienkäufer, das - wie erwähnt - nicht selten ausschließlich auf Zähmung und "Sprech"training ausgerichtet ist, häufig ein völliges Desinte-

resse an dem jeweiligen Tier als biologischem Wesen und (vor dem Herausreißen aus seinem natürlichen Lebensraum) Teil eines umfassenden Ökosystems, in dessen Lebensbedürfnisse der Halter sich anhand der Fachliteratur einzufühlen hätte. Als Beweis für diese Behauptung kann gelten, daß einerseits gesunde, vollbefiederte und psychisch stabile Vögel aufgrund mangelnder Lernbereitschaft oder - begabung schnell und erbarmungslos wieder veräußert, andererseits selbst stark rupfende, unansehnliche und psychisch gestörte Papageien, die über ein gutes Nachahmungsrepertoire verfügen, zu hohen Preisen gekauft werden. Weitere Beweiskraft hat die in der Mehrzahl der Fälle völlig unzureichende Unterbringung und Haltung der Papageien, die nur selten auf die Bedürfnisse der Tiere abzielt, sondern in der Regel sich auf ein absolutes Minimum beschränkt.
Wie im Abschnitt II, 10. erwähnt, eignen sich für Zähmung und "Sprech"-training vor allem Jungvögel, während alteingefangene Graupapageien oft lange Zeit oder gar dauerhaft scheu und schreckhaft bleiben. Solche Vögel werden in Menschenobhut nur selten eine Nachahmungsbegabung an den Tag legen, wie überhaupt nur ein Teil der zum Kauf angebotenen Tiere derartige Fähigkeiten erkennen läßt, während andere außer ihren Naturlauten vielleicht niemals Nachahmungsleistungen vollbringen.
Das neurotische Federrupfen erreicht bei den Graupapageien mit Abstand das höchste Maß unter den Papageienvögeln. Dies ist umso erklärlicher, als sie - ausgewiesen durch die überaus stark ausgeprägten Gedächtnisleistungen und Nachahmungsbegabungen mancher Tiere - zur "Hochintelligenz", der höchsten Entwicklungsstufe innerhalb der gesamten Ordnung der Psittaciformes gerechnet werden müssen; demzufolge können beispielsweise Haltungsfehler oder soziale Isolation verheerende Folgen haben, die sich bei Graupapageien bevorzugt im Federrupfen äußern (vgl. II, 9.5). Erfreulicherweise neigen aber gerade in den letzten Jahren immer mehr Papageienliebhaber (auch unter beengten Wohnungsverhältnissen) zur paarweisen Haltung ihrer Vögel. In der Folge treten neurotische Erkrankungen wesentlich seltener auf.
Auch die Volierenhaltung und Zuchtversuche werden seit einigen Jahren verstärkt betrieben. Der erste Zuchterfolg in Menschenhand überhaupt gelang schon Anfang der 70er Jahre des 18. Jahrhunderts bei M. DE LA PIGEONIERE in Frankreich (BUFFON, in LOW, 1980). Die erste deutsche Zucht glückte 1900 bei F. LOTZE, Paderborn, die USA-Erstzucht 1903 bei G. LEE in Kalifornien (LOW). Den ersten englischen Erfolg der Neuzeit hatte E. J. BOOSEY 1945 auf der Keston-Foreign-Bird-Farm (LOW), den ersten dänischen Erfolg W. LANGBERG 1956 (DE GRAHL, 1974). Die bislang erfolgreichste Zucht fand statt bei V. HARTS, Long Beach, Kalifornien, USA, von deren einzigem Paar zwischen 1962 undf 1974 87 Jungvögel (per Handaufzucht) großgezogen werden konnten (LOW). Seither sind in allen Teilen der Welt Graupapageienzuchten gelungen. So glückten (ohne Anspruch auf Vollständigkeit) allein in der BRD in den letzten Jahren beispielsweise Zuchten

(Nominatform) bei A. LUDEWIG, Georgsmarienhütte (1978, 1979), W. POHLIG (1980), V. und H. SOMMER, Hamburg (1983, 1985), W. KURZ, Neukirchen (1984); Zuchten der Timneh-Unterart hatten G. SPEIER, Gummersbach (1977), S. WEWERING, Rheine (1979) und R. FINK (1983) zu verzeichnen. Weitere Erfolge mit dieser Unterart hatten in den USA Busch Gardens, Tampa, Florida, in der BRD 1977 der Vogelpark Walsrode (LOW) und in der Schweiz 1978 M. GLOOR, Muhen (in lit.).

Die Bedingungen, unter denen Graupapageien in der Vergangenheit zur Brut geschritten sind, können keineswegs einheitlich genannt werden. Neben Zuchten in vorbildlichen Volierenanlagen sind in der Literatur auch immer wieder Berichte zu finden, wo die Eiablage unter den widrigsten Bedingungen stattgefunden hat. Dennoch wollen wir versuchen, im folgenden ein Durchschnittsbild des Brutverlaufes zu zeichenen.

Graupapageien legen in Menschenobhut 3 oder 4, seltener 5 Eier, die bevorzugt vom Weibchen bebrütet werden. Ein Fall ist allerdings beschrieben worden, bei dem auch das Männchen zeitweise mitbrütete (COOK, in LOW). Eiablagen wurden zu allen Jahreszeiten, mit einer gewissen Häufung in den Monaten Mai bis August, beobachtet. Das Legeintervall beträgt 2 bis 3 Tage, die Brutzeit liegt bei 28 bis 30 Tagen (DE GRAHL; LUDEWIG, FINK u.a.). Die Nestlingszeit wird mit durchschnittlich 11 Wochen angegeben (DE GRAHL, 1974; SOMMER, 1985).

Die Entwicklung der Jungvögel ist grob bekannt. Den folgenden Ausführungen liegen die Beobachtungen von SOMMER u. SOMMER (1983, 1985) zugrunde, so daß sich zu anderen Zuchtberichten unwesentliche Abweichungen ergeben können. Die frisch geschlüpften Jungen waren fleischfarben und mit hellen Dunen bedeckt. Schnabel und Krallen waren schon zu Anfang dunkel. Mit 12 Tagen öffneten sich die Augen, mit 14 bis 18 Tagen färbte sich die Haut grau. Die ersten Federkiele von Deck- und Schwungfedern schimmerten mit 23 Tagen durch die Haut. Am 33. Tag war der Kopf fast vollständig befiedert. Die ersten Ansätze des Schwanzgefieders waren um den 37. Tag zu sehen. Mit 48 Tagen hatten die Schwingen eine Länge von 3 bis 5 cm. Um den 44. Tag stellten die Altvögel ihre nächtlichen Fütterungen ein, mit 9 Wochen gingen sie nachts nicht mehr zum Hudern in den Brutkasten. Mit 10 Wochen verließ ein Jungvogel für etwa 1 Stunde den Nistkasten. Wenige Tage später wurde er bereits erstmals dabei beobachtet, wie er versuchte, Sämereien zu enthülsen (SOMMER u. SOMMER, 1985).

Die Gewichtsentwicklung eines handaufgezogenen Tieres verlief wie folgt:

Tage	21	24	27	34	38	48	58	69	89	111
Gewicht in g	125	155	170	180	215	300	330	380	350	350

(SOMMER, 1983); die von DE GRAHL veröffentlichten Gewichtsangaben einer Handaufzucht weichen von den genannten Zahlen stark ab:

Tage	17	23	31	41	53	76
Gewicht in g	130	180	270	400	450	390

Die Unterschiede sind vermutlich durch unterschiedliche Fütterungstechniken und Abweichungen in der Nahrungszusammensetzung zu erklären.
Die Irisfärbung der Jungvögel ist einem farblichen Wandel unterworfen. Sie ist zunächst dunkelgrau oder schwarz, wird im Alter von 6 bis 8 Monaten hellgrau, danach weißlich und schließlich blaßgelb, bis sie beim adulten Vogel in ein tiefes Gelb oder Maisgelb übergeht (DE GRAHL, 1976).
Über Mischlinge mit anderen Papageienarten liegen in der Literatur keine Hinweise vor, allerdings kam es bei K. W. DALTON, Worcestershire in England zu einer Unterartenverpaarung zwischen einem männlichen Timneh-Graupapagei und einem Weibchen der Nominatform, aus der ein Jungvogel hervorging (LOW). Weiterhin wird berichtet, daß ein Graupapageienweibchen im Besitz E.N.T. VANES das Gelege eines Gelbwangenamazonenpaares (*Amazona a. autumnalis*) bebrütete. Aus den 3 Eiern schlüpfte 1 Jungvogel, der von der Ersatzmutter ohne Probleme aufgezogen wurde (LOW).
Farbabweichende Graupapageien sind gelegentlich beschrieben worden. So nennen verschiedene Autoren sogenannte "Königsjakos", Graupapageien, die sich durch vereinzelte rosa oder rot gefärbte Gefiederpartien auszeichnen. Obwohl für solche Vögel gegenüber der normal gefärbten Form oft bei weitem höhere Preise verlangt werden, ist es wahrscheinlich, daß die Vögel unter Bedingungen leben oder lebten, die ihnen nicht besonders zuträglich sind. Denn unter unzureichenden Haltungsbedingungen kann es bei Papageien in Gefangenschaft zu sog. Farbmodifikationen kommen (Veränderungen des Phänotyps ohne Einfluß auf die Erbmasse), wie BROCKMANN für Agaporniden, besonders *Agapornis roseicollis*, nachweisen konnte (BROCKMANN u. LANTERMANN, 1985). Solche Farbveränderungen sind somit von äußeren Einflüssen abhängig, demnach nicht vererbbar und rechtfertigen keinesfalls einen höheren Preis.

4.2 Vasapapageien
Coracopsis Wagler, 1832

Zur Gattung *Coracopsis* werden systematisch 2 Arten (7 Unterarten) vorwiegend graubraun gefärbter Papageien gerechnet, die lediglich in der Größe (50 und 35 cm) differieren. Wolters (1975-1982) stellt sie in die monotype Unterfamilie *Coracopinae* (Rabenpapageien), die zusammen mit der Unterfamilie *Psittacinae* (Gattungen: *Psittacus* = Graupapagei und *Poicephalus* = Langflügelpapageien) in der Papageienfamilie *Psittacidae* zusammengefaßt sind. Beide Arten weisen einen kräftigen, breiten Schnabel, einen langen, schwach gerundeten Schwanz und einen unbefiederten, hellen Augenring auf. Ein Geschlechtsdimorphismus besteht nicht. Beide Arten sind endemisch auf Madagaskar, den Inseln Groß-Komoro und Anjouan (Komoren) und der Insel Praslin (Seychellen). Auf Grund der Abspaltung dieser Inseln vom afrikanischen Kontinent vor rund 80 Millionen Jahren führen ihre Flora und Fauna ein evolutives Eigenleben, das u. a. zur Entwicklung so ungewöhnlicher Papageienformen, wie sie die Vasapapageien darstellen, geführt hat.

Verbreitungskarte

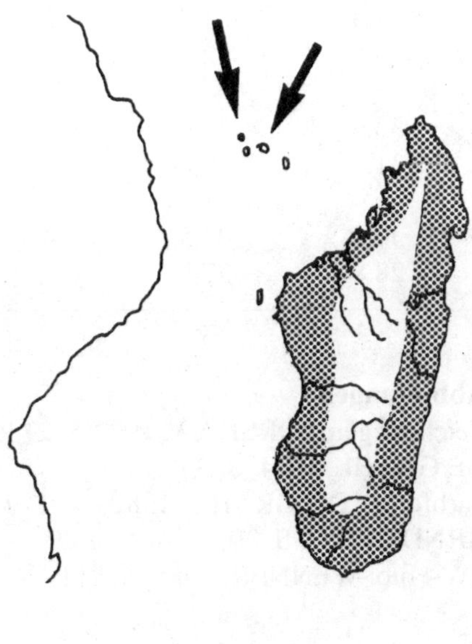

4.2.1 Großer Vasapapagei
Coracopsis vasa (Shaw, 1812)
Engl.: Vasa Parrot

Beschreibung
Gesamtlänge 50 cm;
Ad. ♂ und ♀: Grundgefiederfärbung braunschwarz, mehr grau an der Unterseite; Unterschwanzdecken grau mit schwarzen Schaftkonturen; Schnabel hornfarben, nach der Mauser grauschwarz; WENNER (1985) beobachtete bei gekäfigten Vögeln im Zoologischen Garten Neapel, daß sich der Schnabel

beider Geschlechter im April von dunkelgrau in milchigweiß verfärbte; gleichzeitig zeigte die weiße Unterschnabelwachshaut des Männchens einen Wechsel zu lebhaftem Gelb. Gegen Ende Juli verschwand diese Gelbfärbung und Ende August waren auch die Schnäbel beider Vögel wieder grau. Gleichzeitig mit dem Farbwechsel des Schnabels färbten sich die Flügelbugfedern bräunlich; Iris braun; Füße bräunlichrosa;

Juv.: Grundgefiederfärbung mehr bräunlich; Federn von Brust und Bauch rotbraun gesäumt; Schnabel grau;

Unterartengliederung und Verbreitung

3 Unterarten;

1. *C. v. vasa* (Shaw),
   Verbreitung: O-Madagaskar;
2. *C. v. drouhardi* Lavauden gleicht der Nominatform, aber kleiner; blassere Färbung; Unterseite grau; Unterschwanzdecken weiß,
   Verbreitung: W-Madagaskar;
3. *C. v. comorensis* (Peters) gleicht der Nominatform, aber insgesamt blassere Färbung; Unterschwanzdecken braun;
   Verbreitung: Komoreninseln Groß-Komoro, Moheli und Anjouan;

Maße

Folgende Maße hat FORSHAW (1973) für den Großen Vasapapagei ermittelt (Durchschnittswerte, Angaben in mm):

	Flügel	Schwanz	Schnabel	Tarsus	n
vasa	♂ 311,0	196,7	37,3	31,8	10
	♀ 306,1	194,1	35,8	32,0	8
drouhardi	♂ 287,1	181,5	33,6	29,6	10
	♀ 288,4	178,9	31,5	29,8	8
comorensis	♂ 281,3	191,0	30,3	27,5	4
	♀ 281,8	187,3	28,8	27,5	4

Gewichte

Unseres Wissens sind bisher keine exakten Gewichtsangaben über *C. vasa* in der Literatur veröffentlicht worden. KAAL (1982) beziffert das Cirka-Gewicht eines erwachsenen Vogels mit 450 g.

Abbildungen

Zeichnungen: FORSHAW, 1973, S. 273; DE GRAHL, 1974, S. 351;
Farbfotos: DE GRAHL, 1982, S. 179, ARNDT, 1987, S. 20;
SW-Foto: WENNER, 1985, S. 211;

Lebensraum/Lebensweise

Auf Madagaskar leben die Großen Vasapapageien vorwiegend in Wäldern und Savannengebieten unterhalb von 1000 m (RAND, 1936). Auf den Komoren halten sie sich laut BENSON (1960) bevorzugt in immergrünen Wäldern oberhalb von 300 m auf. Zur Nahrungsaufnahme dringen sie gelegentlich in offenes Gebiet vor, ohne aber dort längere Zeit zu verweilen.

Gewöhnlich sind Vasapapageien in Kleingruppen von 10 bis 15 Individuen anzutreffen, zur Nahrungssuche oder zur nächtlichen Rast finden sie sich dagegen manchmal zu größeren Scharen (RAND beobachtete bis zu 200 Tiere an einem Übernachtungsplatz) zusammen. In mondhellen Nächten können sie manchmal im Flug beobachtet werden oder zumindest ihre Rufe sind dann zu vernehmen. Beim Anflug der Nahrungs- und Übernachtungsplätze bewegen sie sich hoch über den Baumwipfeln (FORBES-WATSON, 1969).

Ihre Nahrung besteht aus Früchten, Nüssen, Beeren und Sämereien. RAND fand Große Vasapapageien in Gesellschaft von Bülbüls und Stärlingen in fruchttragenden Bäumen. Ferner berichtet er, daß sie Getreidefelder aufsuchten und dort ihren Nahrungsbedarf deckten.

Über das Fortpflanzungsgeschehen im Freiland herrscht bislang weitgehend Unklarheit. Auf Madagaskar scheint die Brutzeit in den Monaten Oktober bis Dezember zu liegen. Anfang Dezember fand RAND dort in einer Baumhöhlung ein Nest mit 3 Jungvögeln, die bereits erste Federkiele, aber keinerlei Bedunung aufwiesen. RAND konnte weiterhin feststellen, daß Weibchen in Brutstimmung einen Großteil ihrer Stirnbefiederung verloren hatten. Auf der Komoren-Insel Anjouan fing BENSON ein vermutlich brütendes Weibchen Ende Oktober.

Die Eigröße beträgt nach SCHÖNWETTER (1964) 46,2 (44,5-48,0 mm x 34, 2 (32,8-36,5) mm (n = 6).

Verhalten und Stimme

Das Verhalten des Großen Vasapapageien ist bisher weitgehend unbekannt und würde sicherlich reichhaltiges Material für eine umfassende Studie ergeben. Insgesamt scheinen sie sehr lebhafte, aktive Vögel zu sein; die Verfasser konnten an Tieren im Vogelpark Walsrode, der beide Arten zu Vergleichszwecken in nebeneinanderliegenden Volieren präsentiert, beobachten, daß ihre Ruhephasen offenbar nicht mit denen anderer Papageien übereinstimmen. Während die Mehrzahl der übrigen Papageien in der Mittagszeit ruhte, turnten und kletterten die Vasapapageien in bei den Volieren lebhaft umher.

Auch scheint ihr Tagesrhythmus ungewöhnlich zu sein, denn sie sind bis spät am Abend, manchmal sogar bis in die Nacht hinein aktiv.

Die Stimmäußerungen des Großen Vasapapageien sind im allgemeinen sehr dezent ("its natural cry is a kind of whistle, varied by unpleasant grunts and squawks", BEDFORD, in LOW, 1980), aber gelegentlich werden auch spitze Schreilaute ausgestoßen. BENSON beschreibt diese mit einem langgezogenen pee-aw oder fee-eu und mit einem kraar ... kraar. Eine Art Gesang während der Brutzeit gibt BENSON mit cho-cho-chi-chi-chi (engl. Aussprache) wieder.

Haltung in Menschenhand

Große Vasapapageien waren zu allen Zeiten relativ selten in Menschenobhut (außerhalb ihrer Heimat) anzutreffen, wenngleich sie gegen Ende des 19. Jahrhunderts einen guten "Ruf" als Käfigvögel genossen und wohlbekannt waren (GREENE, 1887).

Die erste Nachricht über eine erfolgreiche Haltung der Art stammt aus dem Londoner Zoo, der um 1830 1 Exemplar erhielt, das dort 52 Jahre lebte (LOW).

Der 12. Herzog von Bedford hielt einen solchen Vogel im Freiflug und berichtet, daß er sehr beweglich war und schnell zahm wurde. Er lernte die verschiedensten Geräusche nachzuahmen und zeigte dabei eine Präferenz gegenüber extremen Lauten. Mit größeren Papageien vertrug er sich gut, kleineren konnte er gefährlich werden (BEDFORD, in LOW).

In den ersten 80 Jahren unseres Jahrhunderts galt der Große Vasapapagei als große Rarität in Menschenobhut; aber vermutlich aufgrund ihrer eintönigen Gefiederfärbung war die Nachfrage offenbar auch sehr gering, so daß von Seiten der Importeure keine diesbezüglichen Anstrengungen unternommen wurden. Anfang der 80er Jahre kamen dann plötzlich vereinzelte Importe, die nach Mitteilung einiger Großhändler aber nur schleppend Absatz fanden.

Nach bisherigem Kenntnisstand sind Große Vasapapageien für die Volierenhaltung gut geeignet; sie passen sich gut den Gefangenschaftsbedingung an und werden schnell vertraut mit ihrem Pfleger. An Temperatur, Luftfeuchtigkeit und Nahrung stellen sie keine besonderen Ansprüche, die eine Haltung erschweren könnten. Über gefangenschaftsbedingte Neurosen und Deprivationserscheinungen liegen bisher keine Mitteilungen vor. Die Art hat sich in Menschenobhut bislang offenbar nicht fortgepflanzt, wenngleich erste Ansätze zu beobachten waren. Die Vögel werden unter europäischen Klimaverhältnissen nach erfolgter Eingewöhnung im Frühsommer brutlustig. Dann färbt der sonst dunkle Schnabel in ein helles Gelb um. Gleichzeitig verliert das Weibchen alle Federn im Stirn-, Scheitel- und Nackenbereich, und die Haut in diesen Bereichen färbt sich gelb (ZOMER, in LOW). WENNER berichtet, daß im Zoo Neapel das Männchen eines dort gehaltenen Paares dem Weibchen alle Kopffedern ausrupfte; erst Ende August färbte sich der Schnabel beider Vögel wieder grau, und die Federn beim Weibchen waren wieder nachgewachsen. KIESSLING (in lit.) berichtet, daß es im Loro Parque, Teneriffa, 1987 bei einem Weibchen zur Ablage eines Eies (von der Sitzstange) kam. Besonders hebt KIESSLING hervor, daß bei beiden dort gehaltenen Paaren beide Geschlechter während der Brutzeit ihr Kopfgefieder verloren. Gleichzeitig verfärbte sich die Kopfhaut so intensiv gelb, daß die farblich sonst so unscheinbaren Vögel ein völlig verändertes Aussehen gewannen.

Während der Paarungszeit zeigte das Männchen des von WENNER beobachteten Paares eine gliedähnliche Verwölbung von ca. 2 cm Länge im kloakalen Bereich.

Kopulationsversuche fanden nach den vorliegenden Berichten auf dem Boden statt und dauerten nach Beobachtungen

von ZOMER bis zu 1 Stunde. Im Zoo Neapel lag das Weibchen dabei auf der Seite.
Insgesamt gesehen sind alle Angaben zum Fortpflanzungsverhalten des Grossen Vasapapageien sehr lückenhaft. Einzelheiten zur Eiablage, Brutzeit, Jungenaufzucht und Jugendentwicklung fehlen vollständig. Die Bedeutung der Umfärbung des Schnabels, der Gelbfärbung der Haut und des Federverlustes sind bislang ungeklärt.

4.2.2 Kleiner Vasapapagei

Coracopsis nigra (Linné, 1758)
Engl.: Black Parrot

Verbreitungskarte

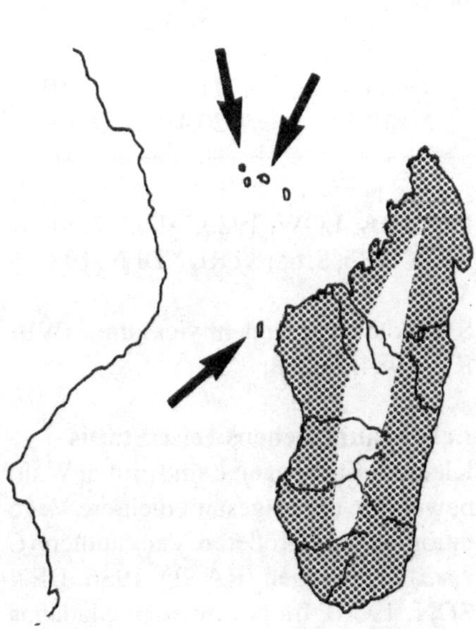

Beschreibung
Gesamtlänge 35 cm;
Ad. ♂ und ♀: Grundgefiederfärbung schwarzbraun; unregelmäßige Graufärbungen an den Unterschwanzdecken; Außenfedern der Handschwingen grau; Schnabel blaß hornfarben, nach der Mauser vermutlich grauschwarz. FRIKKER (in lit.) berichtet, daß seine Tiere vom zeitigen Frühjahr an helle Schnäbel aufwiesen, die sich zum Spätsommer innerhalb eines Monats in dunkelgrau umfärbten; Iris dunkelbraun; Füße grau;
Juv.: gleichen den adulten Tieren; Schnabel hornfarben;

Unterartengliederung und Verbreitung
4 Unterarten
1. *C. n. nigra* (Linné)
   Verbreitung: O-Madagaskar;
2. C. *n. libs* Bangs Grundgefiederfärbung insgesamt heller als bei *nigra*; Unter seite mehr bräunlich; Rücken grau
   Verbreitung: W-Madagaskar;
3. *C. n. sibilans* Milne-Edwards and Out stalet gleicht der Nominatform, aber Grundgefiederfärbung blaßbraun,

keine Graufärbung auf den Außenfahnen der Handschwingen, Schnabel bräunlichgrau; kleiner als *nigra*, Verbreitung: Inseln Groß-Komoro und Anjouan (Komoren); Die Unterart ist nach GAYMER et al. (1969) möglicherweise nicht deutlich von der folgenden Unterart *barklyi* zu unterscheiden;

4. *C. n. barklyi* E. Newton gleicht der Unterart *sibilans*; Außenfahnen der Handschwingen mit graublauem Anflug; Stirn durchsetzt mit unregelmässigen hellbraunen Tupfen;
Verbreitung: Insel Praslin (Seychellen);

Maße

Folgende Maße hat FORSHAW (1973) für den Kleinen Vasapapagei ermittelt (Durchschnittswerte, Angaben in mm):

	Flügel	Schwanz	Schnabel	Tarsus	n
nigra	♂ 242,6	158,0	23,7	24,6	10
	♀ 226,5	150,1	22,4	23,1	8
libs	♂ 243,8	157,0	22,5	24,5	10
	♀ 237,3	159,6	22,4	23,8	8
sibilans	♂ 190,5	139,3	19,3	20,2	4
	♀ 188,5	135,5	19,0	19,5	2
barklyi	♂ 191,9	132,4	20,0	21,5	10
	♀ 190,4	130,3	19,1	20,4	9

Gewichte

Exakte Gewichte von adulten Vögeln sind u. W. bisher nicht veröffentlicht worden, allerdings beziffert KAAL (1981) das Cirka-Gewicht auf 270 g. Ein 23 Tage alter Jungvogel aus der Nachzucht des Vivariums Darmstadt (BRD) wog aber schon 330 g (WILKE, 1984).

Abbildungen

Zeichnungen: FORSHAW, 1973, S. 273; DE GRAHL, 1974, S. 351;

Farbfotos: LOW, 1980, Abb. 57; FRIKKER, 1983, S. 68; STRUNDEN, 1984, S. 33;

SW-Fotos (Jugendentwicklung): WILKE, 1984, S. 268;

Lebenraum/Lebensweise/Status

Kleine Vasapapageien sind primär Waldbewohner, die insgesamt dichtere Vegetation als ihre größeren Verwandten (*C. vasa*) bevorzugen (RAND, 1936; BENSON, 1960). Im Nordwesten Madagas-

kars sind sie auch in Mangroven-Sümpfen gesichtet worden (FORBES-WATSON, 1969).
Kleine Vasapapageien leben in kleinen Gruppen zusammen; sie gehen gemeinsam in den Baumkronen der Nahrungssuche nach. Dabei verhalten sie sich recht laut und auffällig, so daß man sie eher hört als zu Gesicht bekommt. Ihr Flug ist anmutig und geschickt; lange Gleitflüge wechseln ab mit kräftigen, rhythmischen Flügelschlägen (FORSHAW).
Die Nahrung besteht aus Sämereien, Früchten, Beeren und Knospen. Die auf der Seychelleninsel Praslin beheimatete Unterart *barklyi* ist hinsichtlich ihres Nahrungsspektrums von GAYMER et al. näher untersucht worden. Guaven (*Psidium cattleanum*), reife Mangos sowie Früchte und Blüten von *Ficus, Neowormia, Nothea, Eugenia* und *Deckenia spec.* bildeten dort die bevorzugte Nahrung.
Die Brutzeit ist nur ungenau bekannt. Von Madagaskar liegen Hinweise für Januar (RAND) und Oktober (BENSON) vor. Auf der Insel Praslin beobachteten GAYMER et al. im Februar Balzverhaltensweisen. 2 Nester, die LEGRAND (1964) beschreibt, enthielten 2 Eier bzw. 3 Jungvögel.
Über den Status der auf Madagaskar vorkommenden Unterarten liegen keine näheren Informationen vor. FORSHAW teilt nur ganz allgemein mit, daß die Art weniger häufig sei als der Große Vasapapagei. Die Unterart *barklyi* dagegen ist in ihrem Bestand stark bedroht und somit im Anhang I des Washingtoner Abkommens aufgeführt. Lebensraumzerstörungen infolge der Gewinnung landwirtschaftlicher Nutzflächen und Waldbrände gelten als Hauptursachen für den Rückgang dieser Insel-Unterart, deren Bestand Mitte der 60er Jahre auf 30 bis 50 Tiere geschätzt wurde (HONNEGER, 1966; PENNY, 1968; GAYMER et al.). Inzwischen eingeleitete Schutzmaßnahmen umfassen die Installation künstlicher Nisthöhlen im Freiland und das Anpflanzen geeigneter Futterpflanzen und -bäume (FORSHAW). Dennoch haben diese Maßnahmen bislang offenbar keinen durchschlagenden Erfolg gehabt, denn nach den Befunden von STEINBACHER (1987 a, b) ist der Bestand seit 1976 etwa gleich geblieben, mit leicht sinkender Tendenz. STEINBACHER spricht von 40 bis 50 Tieren (vgl. LOW, 1982).

Verhalten und Stimme

Das Verhalten des Kleinen Vasapapageien ist bisher weitgehend unbekannt. Die wenigen Halter und Züchter der Art haben es bislang versäumt, nähere Verhaltensbeobachtungen zu publizieren, so daß an dieser Stelle keine näheren Ausführungen möglich sind (fragmentarische Balzverhaltensweisen sind im nächsten Abschnitt beschrieben).
Die Naturlaute der Art (über Nachahmungsleistungen in Menschenobhut berichtet der nächste Abschnitt) scheinen sehr variabel zu sein. Neben einem krächzenden "cark" oder "caark" berichtet RAND von einem pfeifenden "dirtee" (engl. ausgesprochen). BENSON stellte einen Gesang während der Brutzeit fest, den er mit "kwa" (6 mal wiederholt) und anschließendem "kwü" (ebenfalls 6 mal) wiedergibt. FRICKER (in lit.) berichtet, daß die ebengenannten melodischen Pfeiftöne während der Brutzeit in unterschied-

licher Lautstärke von den Tieren geäußert werden können.

Haltung und Zucht in Menschenhand

Der Kleine Vasapapagei gehörte offenbar nie zu den häufig angebotenen Papageien im Tierhandel, wenngleich er bereits im vorigen Jahrhundert in einigen Zoologischen Gärten anzutreffen war.

Seit Beginn der 70er Jahre gelangten hin und wieder Tiere in den Handel, und seit Anfang der 80er Jahre werden sie regelmäßig und in relativ großen Stückzahlen importiert und zu mäßigen Preisen angeboten, obleich offiziell ein Ausfuhr- und Handelsverbot für die gesamte madegassische Tierwelt besteht.

Bei den Papageienhaltern erfreuen sich die im Handel befindlichen Tiere scheinbar nur mäßiger Beliebtheit. Nach Mitteilungen eines Großhändlers lassen sich die Vögel nur sehr schleppend verkaufen.

Ihre Haltung bereitet keine besonderen Schwierigkeiten. Die Tiere nehmen als Nahrung ein handelsübliches Futtergemisch, dazu Obst, Wildfrüchte und Grünfutter bereitwillig an. Auch eine erwähnenswerte Temperaturempfindlichkeit besteht nicht. WILKE (1984) hebt im Gegenteil hervor, daß die (eingewöhnten) Vasapapageien im Vivarium Darmstadt im Winter Haltungstemperaturen von 10° C (bei stundenweisem Freivolierenaufenthalt von 6° bis - 4°C) ohne Anzeichen von Beeinträchtigung überstanden.

Für die Käfighaltung ist die bewegliche Art völlig ungeeignet, wenngleich manche Tiere bei Einzelhaltung zahm und zutraulich werden können. Der 12. Herzog von Bedford hielt einen Vogel, den er als "the most charming and affectionate bird I ever owned" beschreibt (BEDFORD, 1954). Auch eine Nachahmungsbegabung hat man offenbar festgestellt. So besaß der Naturforscher LEVAILLANT 10 Jahre lang einen Kleinen Vasapapagei, der Melodien pfeifen, Hundegebell, Katzengeschrei, Lerchengesang und andere Geräusche nachahmen konnte (DE GRAHL, 1974). Auch über das Nachahmen menschlicher Sprache berichtet DE GRAHL dort.

Kleine Vasapapageien werden heute bevorzugt paarweise in Volieren gehalten, so beispielsweise im Berliner Zoo, im Vogelpark Walsrode, im Vivarium Darmstadt, im Loro-Parque, Teneriffa, und bei verschiedenen Privatliebhabern. Auffällig bei der Volierenhaltung ist, daß die Tiere bei weitem beweglicher und aktiver sind, als man es von anderen Papageienarten kennt. FRICKER (in lit.) berichtet, daß insbesondere das Weibchen des von ihm gehaltenen Paares vor und während der Brutzeit ständig in Bewegung war, häufig den Nistkasten verließ, mit hängenden Flügeln und abgespreiztem Gefieder auf den Sitzstangen hin und her lief und dabei flötende Töne von sich gab. Die Aktivitätszeiten konnten sich durchaus bis spät in die Nacht hineinziehen.

Eine weitere Verhaltensbesonderheit teilt FRICKER (in lit.) mit. Er beobachtete, daß seine Tiere auch bei großer Hitze sich direkt der Sonnenbestrahlung aussetzten und sich nicht - wie andere Papageien - in den Schutz und Schatten des Vogelhauses zurückzogen.

Die Zucht des Kleinen Vasapapageien ist bislang nach den uns vorliegenden Informationen nur 7 mal geglückt. Die vermutlich welterste Zucht gelang dem deutschen Züchter WINNEN in Neuwied (BRD). Nach Mitteilungen von DE GRAHL, Hamburg, und REPP, Kaarst (in GW 11/1984, S. 269), hatte WINNEN zumindest 1977 und 1978 Zuchterfolge, über die er aber bisher nicht selbst berichtet hat. Die erste Beschreibung einer Zucht des Kleinen Vasapapageien lieferte FRIKKER (1983), dem 1982 die Aufzucht eines Jungvogels glückte. Das gleiche Paar zog 1983 3 und 1984 4 Jungtiere auf (FRICKER, in lit.). Die erste Zucht in einem Zoologischen Garten gelang 1983 im Vivarium Darmstadt (WILKE, 1984). Auch in den darauffolgenden Jahren kam es dort stets zu Eiablagen oder Jungenaufzuchten, die aber jedesmal durch Ratten oder Steinmarder zunichte gemacht wurden (WILKE, in lit.). Weitere Erfolgsmeldungen stammen aus dem Chester Zoo, England (JAMES, 1985), und von B. BECKER (1987). Kürzlich hatten Bruterfolge der Vogelpark Walsrode (Gef. Welt 9/1987) und der Loro Parque, Teneriffa (KIESSLING, in lit.), wo 1987 je 1 Junges aufgezogen werden konnte.

Die Frage der Geschlechtsbestimmung ist bislang ungeklärt. DE GRAHL beobachtete, daß manche Tiere einen gelben, andere einen dunklen, unbefiederten Augenring aufwiesen. Ob dies mit dem Alter zusammenhängt oder vielleicht als Geschlechtsmerkmal herangezogen werden kann, ist noch ungewiß.

Die Brutzeit ist noch nicht genau bekannt; vermutlich brütet das Weibchen allein. Ein Ei in der Kollektion des Frankfurter Senckenbergmuseums mißt 38,6 mm x 30,5 mm (SCHÖNWETTER, 1964). Das Gelege im Loro Parque umfaßte nach KIESSLING (in lit.) 3 Eier. Das einzige geschlüpfte Jungtier war mit einem dichten weißen Flaum bedeckt.

Einige wenige Daten zur Jungenentwicklung hat WILKE veröffentlicht: Im Alter von 5 Tagen wies ein Junges geschlossene Augen und noch den Eizahn auf. Der ganze Körper war mit relativ langen, hellen Dunen besetzt. Am 16. Lebenstag öffneten sich die Kiele der Handschwingen, am 20. waren Flügel und Bauch befiedert, der Kopf dagegen noch vollständig kahl. Am 23. Lebenstag waren die Schwanzfedern etwa 6 cm lang, und der Vogel wog zu diesem Zeitpunkt 330 g. Am 30. Tag platzten die Federkiele der Kopfbefiederung auf. Am 36. Tag flog der Vogel aus, am 39. Tag verbrachte er die erste Nacht außerhalb des Nistkastens. Diese relativ kurze Nestlingszeit betonen auch FRICKER (in lit.) und KIESSLING (in lit.).

Zuletzt sei auf farbabweichend gefärbte Tiere hingewiesen. DE GRAHL berichtet von einem fast weißen Exemplar, das 1895 auf einer Ausstellung in Berlin gezeigt wurde, und von einem weißgescheckten Vogel, den er 1972/73 bei einem Hamburger Zoohändler ausfindig machen konnte.

II. Die afrikanischen Großpapageien in Menschenhand

1. Geschichtliches

von Dr. Hans Strunden, Essen *

Im 4. Jahrhundert vor der Zeitenwende gründete Alexander der Große nach der Eroberung Ägyptens die Stadt Alexandria an der Mündung des Nils. Unter Ptolemaios II. Philadelphos, dem tüchtigen Sohn und Nachfolger des nach Alexanders Tod eingesetzten Statthalters, erblühte Alexandria zum Mittelpunkt des griechisch-hellenistischen Kulturkreises und wurde im Winter 271/70 v. Chr. Schauplatz eines denkwürdigen Ereignisses. Um den Sieg im ersten Syrischen Krieg gebührend zu feiern, ließ Ptolemaios Philadelphos die Festlichkeiten, die alle 4 Jahre zur Ehre seines Vaters stattfanden, diesmal mit einem riesigen, prunkvollen Umzug krönen. Der Zug dauerte 2 Tage, 23000 Reiter und 64000 weitere Teilnehmer zogen durch die Stadt. Mit dabei waren mehrere tausend Tiere, darunter eine Anzahl Papageien, die in Käfigen vorgeführt wurden und besonderes Aufsehen erregten.

Die Berichte über den Riesenfestzug des Ptolemaios Philadelphos sind die ersten Nachrichten aus Afrika, in denen Papageien erwähnt werden. Allerdings ist da ein kleiner Schönheitsfehler: Diese Papageien stammten aus dem Zoo, den die Ptolemäer in Alexandria eingerichtet hatten. Sie waren keine gebürtigen Afrikaner, sondern aus Indien eingeführte Edelsittiche. Daß in Afrika Papageien verbreitet sind, haben die Ägypter weder im Reich der Pharaonen noch zur Zeit der Ptolemäerherrschaft gewußt. Jedenfalls ist bis heute kein einziger schriftlicher oder bildlicher Hinweis darauf gefunden worden.

Durch den Festzug des Ptolemaios Philadelphos lernten auch die Römer die indischen Wundervögel kennen. Bald darauf waren Papageien in Rom beliebte Käfigvögel, und die Römer bezogen sie hauptsächlich über den Handelsplatz Alexandria. Römer waren es dann auch, die zum erstenmal Meldungen über afrikanische Papageien nach Europa brachten. Um die Mitte des 1. Jahrhunderts n. Chr. schickte der römische Kaiser Nero Kundschafter nach Ägypten, die ergründen sollten, wo der Nil entspringt. Die fanden zwar die Nilquellen nicht, aber sie konnten unter anderem über Papageien berichten, die

* mit freundlicher Genehmigung des Verfassers abgedruckt; der Beitrag erschien erstmals unter dem Titel: "Zur Geschichte der Papageien Afrikas", in: Gef. Welt 110 (1986): 346 - 348; die von Strunden angeführte Literatur ist vollständig in unserem Literaturverzeichnis mitaufgeführt.

ihnen südlich von Syene (Assuan) in der freien Natur begegnet waren. Daß es sich tatsächlich um Papageien handelte, hatten sie leicht erkennen können. Denn diese Vögel sahen haargenau so aus wie jene indischen Sprechkünstler, die mittlerweile zahlreiche wohlhabende Römer als Statussymbol im Hause hielten. Selbstverständlich erwähnte der römische Naturforscher Plinius dieses Ereignis in seinem berühmten Werk "Naturalis historia". So fand der Halsbandsittich (*Psittacula krameri*), die einzige Papageienart, die auf 2 Erdteilen verbreitet ist, als erster Papagei Afrikas Eingang in das naturwissenschaftliche Schrifttum und wurde dann auch als erster afrikanischer Papagei nach Europa eingeführt.

Es wird zwar hin und wieder vermutet oder gar behauptet, im Altertum seien schon Graupapageien aus Afrika nach Europa gebracht worden, doch dafür gibt es keinen zuverlässigen Beleg. Wohl aber haben wir einen Hinweis, daß bereits den alten Griechen Berichte über den Graupapagei überliefert worden sein könnten. Aristoteles, Philosoph und Naturforscher im 4. Jahrhundert vor der Zeitenwende, sowie andere griechische und daraufhin später auch römische Schriftsteller erwähnten nämlich einen sagenhaften Vogel eríthakos, der den Beinamen phoiníkourus (der Rotschwänzige) hatte und wie Papageien zu sprechen vermochte. Daß da ein Zusammenhang mit dem Graupapagei bestehen könne, hat wohl auch Carl von Linné angenommen und ihm deshalb die wissenschaftliche Bezeichnung *Psittacus erithacus* gegeben.

Die erste verbürgte Nachricht über den Graupapagei kam dann aber nicht aus dem Schwarzen Kontinent nach Europa, sondern von den Kanarischen Inseln. 1402 besetzten die normannischen Eroberer Jean de Béthancourt und Gardife de la Salle die Inseln Lanzarote, Fuerteventura, Gomera und Hierro. Dort sahen sie Graupapageien, die von den Guanchen, der Urbevölkerung der Kanaren, in Westafrika gefangen worden waren.

Um die Mitte des 15. Jahrhunderts brachten portugiesische Seefahrer die ersten Graupapageien auf die iberische Halbinsel. Um 1520 setzte Lucas Cranach den Graupapagei in das Paradies seines Gemäldes "Adam und Eva". In Conrad Gesners Vogelband von 1555 ist er ebenso dargestellt wie in dem Buch "L'histoire de la nature des oyseaux" des französischen Naturforschers Pierre Belon, das etwa gleichzeitig erschien. Zu Beginn des 17. Jahrhunderts war der gelehrige Jako in Süd- und Westeuropa bereits allgemein bekannt und in wohlhabenden Kreisen ein beliebter Heimvogel.

Die Temne oder Timne, einer der vielen Volksstämme der Sudanneger, leben im westlichen Sierra Leone. Ihnen verdankt die braunschwänzige Unterart des Graupapageis, der Timneh-Papagei (*Psittacus erithacus timneh*), den Namen. In der Sprache der Timne und benachbarter westafrikanischer Stämme heißt der Graupapagei, aber auch der Papagei überhaupt, "abampakai", "apapakai" oder "pampakai". Als dieses Wort im Mittelalter mit dem Handel über die alten Karawanenwege (Timbuktu) zu den Arabern gelangte, wurde es zum arabischen "bábaghá" mit der Bedeutung "Plapperer, Plauderer". Daraus wiederum ist das altfranzösische "papegai" entstanden, das unserem deutschen Wort "Papagei" zugrunde liegt.

1455/56 segelte der Venezianer Alvise da Cada Mosto im Dienst Heinrichs des Seefahrers zur Westküste Afrikas. Am Senegal traf er nicht nur den Halsbandsittich (*Psittacula krameri*), sondern auch in großer Zahl einen "grünen Papagei mit gelbem Bauch und grauem Kopf", den Mohrenkopfpapagei (*Poicephalus senegalus*). Die Schilderung dieser Beobachtungen in seinem Buch "Prima navigazione per l'Oceano alle terre de' Negri...", das 1507 in Vicenza erschien, ist der früheste Bericht über einen Vertreter der Gattung *Poicephalus*, der Langflügelpapageien. Auch der Franzose Lemaire beschrieb den Halsbandsittich und den Mohrenkopf vom Senegal in seinem Buch "Voyage de Lemaire", das 1695 in Paris erschien.

Im Dezember 1780 machte sich der französische Abenteurer und später hochberühmte Zoologe Francois Levaillant auf die Reise, um 3 Jahre lang als Naturforscher das Kapland und die Gebiete der Kaffern zu durchstreifen. Unter den rund 50 Vogelarten, die er entdeckte, war auch der Kap-Papagei (*Poicephalus robustus*) über dessen Lebensweise einschließlich der Brutpflege er bis ins einzelne berichten konnte. Levaillant hat dann neben anderen vielbeachteten Prachtbänden von 1796 bis 1802 das erste große Bildwerk über die Vögel Afrikas ("Histoire Naturelle de Oiseaux d'Afrique") sowie die erste Monographie über Papageien ("Histoire Naturelle des Perroquets", Paris 1801-1805-mit Abbildung des Kap-Papageis) geschaffen.

Als sich der wohlhabende Bankierssohn Eduard Rüppell aus Frankfurt am Main in den zwanziger Jahren des 19. Jahrhunderts als Kaufmann im nordöstlichen Afrika aufhielt, betrieb er dort naturwissenschaftliche Forschungen, die so erfolgreich waren, daß sie ihm hohes Ansehen und sogar die Ehrendoktorwürde einbrachten. 1826 gelang ihm im Steppenhochland von Kordofan (Sudan) die Entdeckung des Goldbugpapageis (*Poicephalus meyeri*), den Philipp Jacob Cretzschmar, der Direktor des Frankfurter Senckenberg-Museums, im Jahr darauf wissenschaftlich beschrieb und benannte. Die Artbezeichnung ist dem Offenbacher Arzt und Apotheker Hofrat Dr. Bernhard Meyer gewidmet, der ein hervorragender Kenner der Vögel Deutschlands, Besitzer einer großen Vogelsammlung und Förderer des Senkkenberg-Museums war.

Während einer Forschungsreise von 1830 bis 1834 drang Eduard Rüppell 1831 als einer der ersten Europäer ins Innere von Äthiopien vor und entdeckte in Schoa den Gelbstirnmohrenkopf (*Poicephalus flavifrons*) und den Rotbauchpapagei (*Poicephalus rufiventris*), die er 1845 in seinem Buch "Systematische Übersicht der Vögel Nord-Ost-Africas" selbst in die Wissenschaft einführte.

Graupapageien der Nominatform (Psittacus erithacus erithacus)

Nach der Rückkehr aus Afrika verwaltete Rüppell mehrere Jahrzehnte lang die ornithologische Abteilung des von ihm mitgegründeten Senckenberg-Museums, dem er auch fast die gesamte Ausbeute seiner Expedition überließ. Seine Verdienste um die afrikanische Vogelkunde veranlaßten George Robert Gray, den Kurator der Vogelsammlung des Britischen Museums in London, ihm zu Ehren im Jahr 1848 einen Langflügelpapagei zu benennen, der als Neuentdeckung mit einem Schiff nach England gekommen war: Rüppells Blausteißpapagei (*Poicephalus rueppellii*).

1849 beschrieb der schottische Naturforscher Sir William Jardine den Kongopapagei (*Poicephalus gulielmi*) und widmete die wissenschaftliche Bezeichnung seinem Sohn William (lateinisch Gulielmus = William, Wilhelm), der ihm von einer Seereise einen lebenden Vogel dieser bis dahin unbekannten Art aus Westafrika mitgebracht hatte.

Wilhelm Carl Hartwig Peters, Mediziner, Zoologe und als Nachfolger Lichtensteins Direktor des Berliner Zoologischen Museums, führte 1854 den Braunkopfpapagei (*Poicephalus cryptoxanthus*) in das wissenschaftliche Schrifttum ein. Er hatte ihn als Forschungsreisender in Moçambique entdeckt.

Graupapageienjungvögel im Alter von etwa fünf Wochen
o.: Handaufzucht
u.: Naturbrut

Der deutsche Kaiser Rudolf II. von Habsburg war schon im 16. Jahrhundert ein begeisterter Sammler exotischer Tiere. In seiner Menagerie im Schloß Neugebäu bei Wien hielt er neben anderen zoologischen Kostbarkeiten verschiedene Papageien, darunter 2 Orangeköpfchen (*Agapornis pullarius*), die vermutlich auf einem holländischen Schiff nach Europa gekommen waren. Einer der wenigen, die seine Raritäten besichtigen durften, war der flämische Gelehrte Charles de l'Escluse, der sich Carolus Clusius nannte und etliche Jahre als Naturforscher am Wiener Hof verbrachte, bevor er 1593 eine Professur an der Universität zu Leiden übernahm. 1605 veröffentlichte Carolus Clusius ein großes Werk über die Naturgeschichte überseeischer Länder mit dem Titel "Exoticorum libri decem", in dem das Orangeköpfchen geschildert und nach einem Holzschnitt abgebildet ist. Hundert Jahre danach schrieb der niederländische Reisende Guillaume Bosman in seinem Buch "Voyage de Guinée" über das Orangeköpfchen: "Man nennt diese Papageien guineische Sperlinge und bringt eine große Zahl dieser kleinen Geschöpfe nach Holland. Sie werden dort gut bezahlt, obgleich in Guinea das Dutzend nur einen Taler kostet, von welchem 9 bis 10 auf der Reise sterben." Im frühen 18. Jahrhundert machte der Berliner Johann Leonhard Frisch in seinem mit kolorierten Kupfertafeln versehenen Werk "Vorstellung der Vögel in Teutschland" das Orangeköpfchen als "kleinster grune Papegeij mit rother Stirn und Kehle" auch in deutschen Landen bekannt.

Von einer weiteren Art der Gattung

Agapornis erfuhr man in Europa, als 1760 in der "Ornithologie" des Franzosen Mathurin Jacques Brisson das Grauköpfchen (*Agapornis canus*) von Madagaskar in Wort und Bild vorgestellt wurde.
Während seiner 3jährigen Reisen im Süden Afrikas konnte Francois Levaillant, der Entdecker des Kap-Papageis, im Oktober 1783 im Gebiet des unteren Oranje auch als erster Naturforscher Rosenköpfchen (*Agapornis roseicollis*) beobachten, die in Nestkolonien von Webervögeln brüteten.
1876 ging Gustav Adolf Fischer aus Barmen als Arzt nach Sansibar. Von dort aus unternahm er in den folgenden Jahren zoologische, vor allem vogelkundliche Expeditionen in Ostafrika. Im heutigen Tansania entdeckte er während einer Reise durch das Massailand zum Victoriasee zunächst das Pfirsichköpfchen (*Agapornis personatus*). Die Bälge der erlegten Vögel wurden zur wissenschaftlichen Auswertung nach Berlin geschickt. Hier war Anton Reichenow Kurator der Vogelsammlung des Zoologischen Museums. Reichenow hatte 1872/73 selbst an einer Expedition in Kamerun teilgenommen. Seitdem war die Ornithologie Afrikas sein bevorzugtes Forschungsgebiet, und er galt in Europa als einer der führenden Kenner afrikanischer Vögel. Er hat unter anderem ein großes vierbändiges Werk "Vögel Afrikas" (1900-1905) und das berühmte Prachtwerk "Vogelbilder aus fernen Zonen, Papageien" (1878-1883) herausgegeben. Als Professor Reichenow 1887 im "Journal für Ornithologie" die Erst-beschreibungen des Pfirsichköpfchens und des Schwarzköpfchens veröffentlichte, war ihr Entdecker Dr. Fischer, dem er die wissenschaftliche Artbezeichnung des Pfirsichköpfchens widmete, bereits im Jahr zuvor - erst 38 Jahre alt - kurz nach der Rückkehr von einer seiner Expeditionen im Osten Afrikas an einer Tropenkrankheit gestorben.
Daß* es auch schwarze Papageien gibt, erfuhr man in Europa erstmals durch Françoise Cauche, der im Januar 1638 von Dieppe aus eine lange Seereise in den Indischen Ozean und nach Südamerika unternommen und dabei Madagaskar besucht hatte. Sein Reisebericht "Relations véritables et curieuses de l'Isle de Madagascar et du Brésil" erschien 1651 in Paris und enthielt eine Schilderung des madegassischen Vasapapageis (*Coracopsis vasa*).
10 Jahre später erwähnte auch der Admiral Gaston Etienne de Flacourt, den der Kardinal Richelieu zum ersten Stadthalter auf der "Dauphin-Insel" ernannt hatte, in seinem Buch "Histoire de la Grande isle Madagascsar" die schwarzen Papageien, und schon er gab ihnen den Namen "Vaza" zum Gedenken an den Schwedenkönig Gustav Vasa: "Vaza ist der Papagei, der schwarz ist in diesem Land. Es gibt Junge darunter, die sind rotbraun, aber es hält schwer, sie zu bekommen."

---

* Der folgende Abschnitt wurde aus dem Buch: Strunden, H. (1984) Papageien einst und jetzt, S. 33, Bomlitz, entnommen und zur Vervollständigung von den Verfassern angefügt.

2. Rechtliche Grundlagen der Papageienhaltung

Der Großpapageienhalter hat es bei der Beurteilung seines eigenen Rechtsstatus mit 3 verschiedenen Verordnungen zu tun, die dringend beachtet werden müssen, will er nicht Gefahr laufen, in die Illegalität zu verfallen:

I. Zur Vermeidung, Eindämmung oder Bekämpfung der bei Papageien - und in der Folge auch bei Menschen - gelegentlich auftretenden Psittakose (Papageienkrankheit) und anderer Erkrankungen mit seuchenhaftem Charakter hat die Bundesregierung sowohl ein "Viehseuchengesetz" als auch eine "Verordnung zum Schutz gegen die Psittakose und Ornithose" erlassen, auf deren Bestimmungen die Genehmigungen zur Zucht und zum Handel von Papageienvögeln basiert. Demnach hat jeder potentielle Papageienhalter und -züchter vor Inbetriebnahme einer Zuchtanlage die Absicht, Papageien jeder Art (eingeschlossen ist auch die kleinste Wellensittichzucht) züchten zu wollen, dem Ordnungsamt der jeweiligen Stadt oder des Kreises kund zu tun und eine Zuchtgenehmigung zu beantragen. Eine solche Genehmigung wird - nach sachverständiger Überprüfung der Zuchtanlage durch einen beamteten Veterinärmediziner - in der Regel gegen eine geringe Gebühr erteilt und ist an folgende Bedingungen geknüpft:

1. Der künftige Papageienhalter führt ein sogenanntes "Amtliches Nachweisbuch", in das - ständig aktualisiert - Angaben über den Papageienbestand eingetragen werden müssen. Dies sind: Art der Tiere, Ringnummer und Datum der Beringung, Datum des Erwerbs, Herkunft der Tiere, Datum der Weitergabe, Empfänger der Tiere bzw. Datum des Todes der Tiere, Beginn, Dauer und Ergebnisse von Behandlungen gegen seuchenhafte Erkrankungen sowie Art der Dosierung des verwendeten Arzneimittels.

2. Jeder Papageienzüchter verpflichtet sich, nur ordnungsgemäß beringte Tiere zu erwerben bzw. bei selbstgezüchteten Tieren eine eindeutige Kennzeichnung (Beringung) vorzunehmen.

Auf diese Weise sind Herkunft und Verbleib der Vögel (mehr oder weniger zuverlässig) nachvollziehbar und im Falle des Ausbruchs einer seuchenhaften Erkrankung die Wege eventuell gefährdeter Vögel (und Menschen) überprüfbar und Behandlungsmaßnahmen kurzfristig einleitbar.

II. Zum zweiten sind die gesetzlichen Regelungen des Washingtoner Artenschutzübereinkommens (WA) für den Papageienhalter bindend. Dieses Abkommen regelt den Handel mit gefährdeten Tier- und Pflanzenarten und gibt in 3 Anhängen Auskunft über den Status einer Art und die entsprechenden Import/Exportbedingungen. Alle Großpapageienarten Afrikas sind im Anhang II des

WA aufgeführt und unterliegen damit bestimmten Importbeschränkungen. Grundsätzlich durften (bezogen auf die Situation der BRD) bislang alle Anhang-II-Exemplare dann legal eingeführt werden, wenn die Behörden des Ursprungslandes ihre Ausfuhrgenehmigung, die des einführenden Landes (BRD) ihre Einfuhrgenehmigung erteilt hatten. Leider stellen sich dem Vollzug des Abkommens in vielen Ländern (so auch in der BRD) die verschiedensten Schwierigkeiten entgegen. Zumindest für manche Tierarten hat die Ratifizierung des WA die gegenteilige Wirkung des ursprünglich Beabsichtigten erreicht und für eine Sensibilisierung gewisser Tierhalter gesorgt; diese gingen nun ihrerseits verstärkt auf die Suche nach seltenen, bedrohten oder gefährdeten Tieren, brachten sie in ihren Besitz und später - nach Ablauf einer gewissen Zeit und nach intensiver Marktbeobachtung - wieder überteuert auf den Markt. Derartige Praktiken und weitere Ausuferungen mit der "Ware" Tier führten schließlich unter anderem zu einer relativ kompromißlosen Neuordnung des Naturschutzgesetzes in der BRD. Seine Auswirkungen auf die Haltung und Zucht von Papageien sollen im folgenden beschrieben werden, soweit dies zum gegenwärtigen Zeitpunkt - unter dem Eindruck eines relativ jungen Gesetzes, über dessen Vollzug noch kaum Erfahrungen vorliegen - möglich ist.

III. Das neue Bundesartenschutzgesetz* bestimmt in Verbindung mit der Verordnung zum Schutz wildlebender Tier- und Pflanzenarten seit dem Inkrafttreten am 1. Januar 1987 über die notwendigen Ein- und Ausfuhrmaßnahmen für besonders geschützte Tierarten. Zu den darunter fallenden besonders geschützten Vogelarten gehören gemäß §10 Abs. 3 der BArtSchV neben den in den Anhängen aufgelisteten Einzelarten grundsätzlich alle Papageienartigen (mit Ausnahme von Schwarzköpfchen *Agapornis personata*, Pfirsichköpfchen *A. p. fischeri* und einigen leicht und produktiv züchtbaren Sittichen), alle europäischen Vogelarten, alle Greifvögel und Eulen, alle Kolibris, alle Nektarvögel, alle Nashornvögel und alle Paradiesvögel.

Vögel der besonders geschützten Arten dürfen nur gehalten werden, wenn sie keinem Besitzverbot unterliegen. Ein Besitzverbot liegt nicht vor, wenn die Vögel im Geltungsbereich des Gesetzes in Übereinstimmung mit den Vorschriften zum Schutz der betreffenden Art gezüchtet wurden und nicht herrenlos geworden sind, wenn sie vor dem 1. Januar 1987 in Übereinstimmung mit den Vorschriften zum Schutz der betreffenden Art oder vor deren Unterschutzstellung im Geltungsbreich des Gesetzes der Natur entnommen worden sind, oder wenn sie in Übereinstimmung mit den Vorschriften zum Schutz der betreffenden Art in den Geltungsbereich gelangt sind. Wenn diese Vögel aber schon am 31. Dezember 1986 landesrechtlichen Besitzverboten unterlagen, gelten die vorgenannten Ausnahmen von den Besitzverboten nicht.

* Die folgenden Hinweise entstammen z.T. der Handreichung: "Das neue Artenschutzrecht: Gesetze - Verordnungen - Listen - Kommentare" hrsg. vom Bundesverband für fachgerechten Natur- und Artenschutz, Köln, 1987

Als Nachweis der Voraussetzung, daß die Vögel schon vor dem Inkrafttreten dieses Gesetzes, also vor dem 1. Januar 1987, im eigenen Besitz waren, genügt nach § 22 Abs. 2 des BNatSchG die Glaubhaftmachung. Das heißt, es braucht kein Nachweis mit Kaufbelegen usw. geführt zu werden, sofern die Tiere dem persönlichen Gebrauch oder Hausrat dienen.

Solche Tiere unterliegen auch keinem Zuchtverbot, wie dies die ursprüngliche Gesetzesvorlage vorsah. Zucht und Zuchtversuche sind insbesondere dann gestattet, wenn:

a) die Tiere legal eingeführt wurden,

b) der Züchter die erforderliche Zuverlässigkeit und ausreichende Kenntnisse über das Halten und die Zucht der Tiere besitzt und

c) eine den tierschutzrechtlichen Vorschriften entsprechende Haltung der Tiere gewährleistet ist.

Die aus Zuchten hervorgehenden Jungvögel der F1-Generation dürfen seit Inkrafttreten der neuen Verordnung allerdings nur noch verschenkt oder zu Zuchtzwecken verliehen werden; der Verkauf, das Anbieten, Befördern oder Zurschaustellen zu kommerziellen Zwekken ist seither untersagt.

Alle Tiere - ob nachgezüchtete Jungvögel oder legal importierte adulte Tiere - unterliegen einer Kennzeichnungspflicht (eine verbindliche Kennzeichnungsverordnung des Bundesministers liegt bislang jedoch nicht vor, so daß es im Bereich der Papageien vorläufig vermutlich bei den bisher verwendeten Kunststoff- oder Metallringen bleiben wird) und einer Meldepflicht, derzufolge alle Wirbeltiere der besonders geschützten Arten der zuständigen Behörde (meist Untere Landschaftbehörde der Stadt) bis spätestens zum 1. Januar 87 (Nachmeldefrist 31. Juni 1987), bei späterem Beginn der Haltung binnen 4 Wochen nach Inbesitznahme gemeldet werden mußten. Seither ist auch jede Bestandsveränderung meldepflichtig. Meldungen müssen - zur Zeit noch formlos - folgende Angaben enthalten: Art, Alter, Herkunft (wenn vorhanden - nicht zwingend - CITES-Bescheinigung) Ringnummer, Standort und Haltungszweck der Vögel.

Langflügel-, Grau- und Vasapapageien sind somit ausnahmslos meldepflichtig und unterliegen den o. g. gesetzlichen Bestimmungen, an die jeder gewissenhafte Vogelliebhaber sich zu halten bemüht sein sollte. Sicherlich wird es nach wie vor Lücken in der Gesetzgebung geben, wird es nach wie vor möglich sein, illegal seltene Arten über den "grauen" Markt zu beschaffen und vor den Augen der Gesetzeshüter langfristig zu verbergen. Daß solche Ausuferungen möglich sein werden, ist unserer Meinung nach jedoch kein Grund, sie zu praktizieren. Jede, wie auch immer geartete Gesetzesübertretung, ganz gleich, ob großangelegter Schmuggel oder behördlich nicht vollständig gemeldeter Vogelbesitz am Rande der Legalität, wird früher oder später auf den betreffenden Tierhalter zurückfallen und seine ernsthaften Zuchtabsichten, die vielen Haltern ohnehin lediglich als Alibi dienen, behördlicherseits in Frage stellen. Die neue Gesetzgebung zu akzeptieren als Versuch, die zunehmende und ungerechtfertigte Ausbeutung der Natur, an der sicherlich auch das große Heer der Vogelhalter nicht unschuldig ist, in den Griff zu bekommen, ist letztlich der Sinn einer solchen Gesetzesneuordnung. Man kann als Vogelhalter und -züchter sicherlich mit den dort getroffenen Einschränkungen leben und die Vereinbarungen akzeptieren, selbst wenn nicht zu verhehlen ist, daß manche Regelungen zu sehr vom grünen Tisch aus und kaum mit Blick auf die Praxis gemacht wurden; einige Formulierungen zeugen gar von völliger Unkenntnis der Sache.

Am Rande sei schließlich bemerkt, daß künftig auch der Bau geeigneter Unterkünfte für Papageien, also Vogelhäuser und Volieren, nicht nur den baubehördlichen Vorschriften unterliegt, sondern mit Inkrafttreten des o. g. neuen Artenschutzrechts fortan auch die gesamte Anlage und ihre Ausstattung behördlicherseits auf ihre Zweckmäßigkeit zur artgerechten Haltung der betreffenden Tiere überprüft werden soll. Wie dies im Einzelfall geschehen soll und welche Behörde für solche Überprüfung zuständig sein wird, ist bisher weithin unklar.

3. Importgeschehen

Die Einfuhr von Papageien war und ist stets mit den verschiedensten Schwierigkeiten verbunden. Besonders die seuchenrechtlichen Bestimmungen haben immer wieder einen Schatten auf das Importgeschehen geworfen. In Deutschland wurde man erstmals um 1930 auf eine seuchenhafte Erkrankung von Papageienvögeln aufmerksam, die mit einem Amazonenimport aus Südamerika in Zusammenhang stand. Als klar wurde, daß diese Krankheit - die seither den Namen Psittakose trägt - auch auf den Menschen übertragbar und (seinerzeit) nicht heilbar war, erließ die damalige Reichsregierung 1934 ein striktes Einfuhrverbot für alle Psittaciden - sehr zum Leidwesen der schon damals zahlreichen Papageienliebhaber. Mit der Entwicklung neuer Medikamente, insbesondere hochwirksamer Antibiotika, gelang es zunehmend, auch diese Krankheit - sowohl bei Menschen als auch bei den Papageien - erfolgreich zu behandeln, und seither hat die Psittakose (bei vielen anderen Vogelarten wurden ähnliche Erreger festgestellt → Ornithose) viel von ihrem Schrecken verloren.

Seit 1964 wurde das Einfuhrverbot gelockert, und unter Einhaltung einer gesetzlich vorgeschriebenen Quarantänezeit (von derzeit 45 Tagen bei Großpapageien) mit obligater Psittakoseprophylaxe, durften - nach 30jähriger Verbotszeit - wieder Papageien aus den Ursprungsländern eingeführt werden.

Heute - mehr als 20 Jahre später - lohnt es sich vielleicht, einmal kurz einen Rückblick zu halten auf diese Zeit; dies nicht zuletzt deshalb, weil mit dem 1. Januar 1987 eine neue Artenschutzgesetzgebung in Kraft gesetzt wurde, die Papageienimporte nach einer gewissen Übergangszeit künftig völlig untersagen wird. Seit 1964 sind (stets bezogen auf die Verhältnisse in der BRD; für andere Staaten fehlt uns der Überblick, allerdings gelten insbesondere die Schweiz, Belgien, Holland, England, Japan und die USA als Länder mit hohen Importzahlen) unvorstellbare Mengen an Papageienvögeln aus ihren natürlichen Lebensräumen herausgerissen und nach Übersee exportiert worden. Man schätzt, daß mindestens $^2/_3$ der rund 320 bekannten Papageienarten zu irgendeinem Zeitpunkt einmal eingeführt worden sind. Etwa 80 Arten waren bislang (und sind z. T. bis heute) regelmäßig im Handel vertreten (darunter allerdings inzwischen viele Sittich- und Kleinpapageienarten, die aus inländischen Nachzuchten angeboten werden).

Mit der Verabschiedung des Washingtoner Artenschutzübereinkommens durch die BRD im Jahre 1976 wurden für den Handel mit vielen Tier- und Pflanzenarten die Ein- und Ausfuhrbedingungen theoretisch verschärft, praktisch machten die verantwortlichen Ökologen und Politiker damit gleichzeitig aber den Status und die Gefährdung mancher Arten bekannt. Zumindest bezogen auf die Papageien wurde damit ein ungeheuerer Boom in Bewegung gesetzt, bei den Papageienhaltern und -händlern eine verstärkte Form der Suche nach bedrohten und gefährdeten und damit gut verkäuflichen Tieren eingeleitet. Nicht zuletzt dieses Kauf- und Sammelverhalten vieler geschäftsorientierter "Tierfreunde", die hinter der Verschärfung der Importbedingungen letztlich das große Geschäft witterten, haben inzwischen zu weiteren Restriktionen in der Gesetzgebung und für die BRD schließlich zur Ratifizierung eines neuen Artenschutzrechtes geführt, das nun am 1. Januar 1987 in Kraft getreten ist (vgl. II,3.). Augenblicklich (Dezember 1987) hat sich - trotz der dort getroffenen Handelsbeschränkungen - in allen Bereichen kaum etwas getan. Alle Zoohandlungen bieten nach wie vor Papageien "der besonders geschützten Arten" an, in Fachzeitschriften inserieren Liebhaber und Händler jeglichen Genres alle erdenklichen Arten von "Krummschnäbeln". Inwieweit dies als letztes "Aufbäumen" des Handels und als letztes Dulden des Gesetzgebers zu werten ist, läßt sich gegenwärtig noch nicht bestimmen. Zitat eines Zoofachhändlers in einem Rundschreiben an seine Kunden: "Denn beide Gesetze (gemeint sind die Bundesartenschutzverordnung und das Bundesnaturschutzgesetz) lassen sich mit etwas Übung und Erfahrung genau wie die uns schon bekannte und leicht zu handhabende WA-Verordnung beachten". Und als Leser ist man geneigt, das letzte Wort zu streichen und durch "umgehen" zu ersetzen, ein Wort, das ohnehin im Grunde gemeint war und zudem stilistisch besser in den Kontext hineinzupassen scheint.

Die letzten uns vorliegenden Importzahlen für die BRD stammen aus dem Jahr 1984. Laut Jahresbericht des Bundesministeriums für Ernährung, Landwirtschaft und Forsten (Bonn, 1985) wurden in der BRD zwischen dem 1. Januar und dem 31. Dezember 1984 insgesamt 34902 Papageienvögel in 82 Arten bzw. Unterarten der Artenschutzkategorie Anhang II legal in den Handel gebracht. Dazu kommen Einfuhren von 2 Kubaamazonen (*Amazona leucocephala*) und 2 Rotohraras (*Ara rubrogenys*), die den Artenschutzbestimmungen des Anhanges I unterliegen. Demgegenüber sind an den bundesdeutschen Grenzen insgesamt 29 Papageien (darunter 2 Tiere gemäß Anhang I, 27 gemäß Anhang II geschützte) als illegale bzw. Schmuggelware beschlagnahmt worden. 5 Bußgeldbescheide wegen illegalen Handels mit WA-Exemplaren in einer Gesamthöhe von 13900,- DM sind in der Folge verhängt worden.

Von den 9 *Poicephalus*-Arten werden seit Jahren bevorzugt Mohrenkopfpapageien in den Handel gebracht. Sie sind beinahe zu allen Jahrszeiten zu günstigen Preisen im Angebot der Großhändler vertreten. Andere Arten wurden in der Vergangenheit nur sporadisch und zudem meist in kleineren Stückzahlen eingeführt. So weisen die uns vorliegenden Importzahlen für die BRD für das Jahr 1984 insgesamt 6100 Mohrenkopfpapageien auf. Demgegenüber stehen 170 Goldbug-, 84 Rotbauch-, 24 Kap- und 15 Kongopapageien (Jahresstatistik des Bundesministeriums für Ernährung,

Landwirtschaft und Forsten, Bonn, 1985). Vergleichszahlen für andere europäische Länder liegen uns nicht vor, allerdings zeigen veröffentlichte Importzahlen für die USA (Oktober 1979 bis Juni 1980) mit 6766 Mohrenkopfpapageien gegenüber 409 Goldbug-, 45 Kongo- und 51 nicht näher bestimmten *Poicephalus*-Exemplaren eine ähnliche Tendenz (ROET et al., 1980). Braunkopfpapageien, unter ihnen vielleicht auch die nahe verwandte Form *P. crassus*, sind - wenn man den Angebotslisten der gewerblichen Tierhändler Glauben schenken darf - nach 1985 häufiger (nähere Angaben fehlen), Rüppellpapageien zwischen 1978 und 1981 in 70 Exemplaren aus ihrem Heimatland ausgeführt worden (KEMNA, 1983). Über *P. flavifrons* liegen keine Informationen vor, die auf eine erfolgreiche Einfuhr bzw. Haltungserfolge in den letzten Jahrzehnten hindeuten. Neben den Langflügelpapageien weist die bereits erwähnte Importstatistik für die BRD für 1984 5732 Graupapageien (USA: 5199), 32 Kleine Vasapapageien und 15 Große Vasapapageien aus.

An dieser Stelle muß u.E. dringend darauf hingewiesen werden, daß mit den o. g. Importzahlen jeweils nur die Exemplare erfaßt sind, die den Fang und Transport lebend überstanden haben und schließlich dem Genehmigungsverfahren der einführenden Behörde unterlagen. Wieviele Papageien dagegen letztlich ihr Leben lassen, bevor ein Vogel schließlich in den Käfig oder die Voliere eines überseeischen Papageienliebhabers gelangt, ist nicht bekannt.

Die Hauptabnehmer für die Mehrzahl der importierten Langflügel- und Vasapapageien sind vermutlich bevorzugt in den Reihen der privaten Papageienhalter zu suchen, allerdings bestehen unter den Interessenten unterschiedliche Kaufintentionen und Erwartungen. So werden Mohrenkopfpapageien (bedingt auch Goldbugpapageien) primär von "Einsteigern" erworben, die mit dieser robusten, häufig und zudem preisgünstig angebotenen Art erste Erfahrungen in der Papageienpflege sammeln wollen, ehe sie sich den leicht zähmbaren und nachahmungsbegabten "klassischen" Arten, wie Graupapagei oder auch Amazonenpapageien (*Amazona spec.*) widmen. Die wenigen importierten Exemplare der übrigen *Poicephalus*-Arten und auch Vasapapageien (beider Arten) werden dagegen wohl in der Regel von spezialisierten Züchtern, Zoos, Vogelparks und sonstigen Institutionen erworben, etwa um bestehende systematische Sammlungen zu ergänzen, Datenmaterial über wenig bekannte Papageienformen zu gewinnen, oder einfach, um aus Prestige- oder sonstigen Gründen seltene Vögel der eigenen Privatkollektion einverleiben zu können.

4. Quarantäne und Eingewöhnung

Mit der Einfuhrerlaubnis von Papageien in die BRD ist für den einführenden Großhändler die Pflicht der Seuchenprophylaxe verbunden. Nach der derzeit gültigen Gesetzgebung haben alle importierten Papageienvögel in besonders dafür hergerichteten Anlagen ("Quarantänestationen") eine 45tägige (für kleine Sittich- und Papageienarten 30tägige) Quarantänezeit zu durchlaufen, in der die Vögel mittels hochwirksamer Breitbandantibiotika einer Seuchen-, insbesondere Psittakose-Prophylaxe bzw.
-therapie unterzogen werden. Das Medikament - meist in Pulverform - wird mit dem Weichfutter oder mit gekochtem Mais, der häufig in der Eingewöhnungsphase den Tieren verabreicht wird, vermischt und den Papageien während des genannten Zeitraumes täglich verabreicht. Bewährt hat sich auch die Verwendung medikierten pelletierten Alleinfutters. Zur Kontrolle der Therapie nimmt der beamtete Tierarzt von Zeit zu Zeit stichprobenartig Blutproben von den Vögeln und bestimmt den Blutspiegel der Tetracycline (Antibiotika). Die Behandlung wird als erfolgreich angesehen, "wenn 10 Tage nach Behandlungsbeginn ein Blutspiegel von 1 mcg/ml oder höher bei 10 bis 20% der Vögel festgestellt wird" (EBERT, 1978).

In den Quarantänestationen erfolgt der erste Eingewöhnungsprozeß für die frisch importierten Vögel. Dort werden sie langsam an gegenüber ihrem Heimatland niedrigere Temperaturen und ein Ersatzfutter gewöhnt. Mit dem Abschluß der Quarantänezeit gelten die Tiere als eingewöhnt. Sie können nun beringt und an die Groß- und Einzelhändler weitergegeben werden, die ihrerseits wiederum die "Ware" Papagei an das Riesenheer der privaten Liebhaber weiterverkaufen.

Über die Sterblichkeitsraten der Papageien aufgrund brutaler Fangmethoden in den Ursprungsländern, unsachgemäßer Transportbedingungen und allzu "warenmäßiger" Handhabung durch Quarantänebetreiber, Groß- und Einzelhändler lassen sich natürlich nur Vermutungen anstellen, denn authentisches Zahlenmaterial - insbesondere über die Abgänge in den Quarantäneeinrichtungen - liegt naturgemäß nicht vor. LANTERMANN u. LANTERMANN (1986) nehmen - allerdings bezogen auf Neuweltpapageien - an, daß von insgesamt 2 oder 3 eingefangenen Tieren letzlich nur eines lebend nach Europa gelangt. Die Verlustrate in den Quarantänestationen wird auf weitere 10 bis 15% beziffert. Andere Schätzungen von Tierschutzverbänden liegen noch bei weitem höher. Über die inzwischen drastischen Auswüchse des Papageienhandels im allgemeinen hat LANTERMANN (1987b) berichtet.

An die Quarantänezeit und den Zeitraum, den die Papageien vor dem Verkauf bei Groß- und Einzelhändlern verbringen, schließt sich eine weitere Eingewöhnungsphase bei den Züchtern bzw. Haltern an. Wenn auch teilweise akklimatisiert, an Käfig- und Volierenverhältnisse sowie Ersatzfutter gewöhnt, ist der neuerworbene Pflegling dennoch deutlich anfälliger für Erkrankungen als etwa bereits vorhandene Artgenossen, die schon länger in Menschenobhut leben. Das Immunsystem der Tiere ist vielfach so geschwächt, daß nach kurzer Zeit nicht selten sog. Faktorenkrankheiten, etwa Koliinfektionen, auftreten. Vorteilhaft ist es deshalb, neuerworbene Tiere stets isoliert von weiteren Tieren zu halten. Ein gewöhnlicher Papageienkäfig tut dazu am Anfang gute Dienste. Dort ist die Nahrungsaufnahme der Vögel genau überprüfbar, dort können sie sich langsam an die veränderten Verhältnisse gewöhnen, und der Pfleger kann sich mit eventuellen Verhaltensbesonderheiten vertraut machen. Empfehlenswert während dieser Zeit ist die Entnahme einer Kotprobe, die zur Untersuchung einem Tierarzt gegeben wird. Eine saubere Kotprobe erhält man, indem man bei Einbruch der Dunkelheit eine Plastikfolie unter die zum Schlafen benutzte Sitzstange des Vogels legt und sie frühmorgens mit dem über Nacht angefallenen Kot entfernt. Die Kotprobe - möglichst eine frische, haselnußgroße Portion - sollte in ein kleines Glastöpfchen gegeben, luftdicht verschlossen und unverzüglich weitergeleitet werden. Wenige Tage später erhält man vom Tierarzt schriftlich oder telefonisch einen Befund und bei Feststellung einer Erkrankung ggf. einen Behandlungsvorschlag. Nach Beendigung einer Therapie wird erneut eine Kotprobe entnommen und daran der Behandlungserfolg überprüft (vgl. II,9.).

Je nach Zustand eines Tieres endet die selbstauferlegte Quarantänezeit spätestens nach 6 Wochen. Während der Sommermonate kann ein neuerworbener Vogel - unter regelmäßiger Beobachtung - nun einem bestehenden Papageienbestand angegliedert bzw. mit einem Artgenossen zusammengebracht werden. Bei der nachträglichen Vergesellschaftung eines Papageien mit einer bereits bestehenden Kleingruppe sind allerdings Schwierigkeiten zu erwarten (vgl. II, 6.2.). Problemloser gestaltet sich das Zusammenführen zweier (möglichst gegengeschlechtlicher) Tiere auf neutralem, d. h. für beide unbekanntem Terrain. In der kalten Jahreszeit darf ein Neuzugang - mit Rücksicht auf die unzureichende Akklimatisierung - nur im beheizten Schutzraum oder im Haus gehalten werden. Erst im darauffolgenden Herbst wird er mit zunehmend sinkenden Außentemperaturen langsam an die winterliche Haltungtemperatur von $^{+}5^{0}$C gewöhnt, die mit der Zeit dazu führt, daß sich Mauser und Fortpflanzungszyklus gegenüber den Klimaverhältnissen im Ursprungsland soweit verschieben, daß die Fortpflanzungsperiode im Frühsommer beginnt. Über die näheren Zusammenhänge zwischen Haltungstemperatur, Fortpflanzungszyklus und Mauser informiert der Abschnit II, 11.7.

5. Erwerb und Auswahl eines gesunden Vogels

Vor der Anschaffung eines Großpapageien sind unbedingt einige Dinge zu bedenken, die im folgenden kurz aufgelistet werden sollen:

1. Ein Papagei, seine Ernährung und Unterbringung kosten in der Regel viel Geld, seine Pflege Zeit. Er verursacht - besonders auffällig ist dies bei der Wohnungshaltung - viel Schmutz. Die Versorgung im Urlaubs- und Krankheitsfall muß über viele Jahre hinweg geregelt sein, da manche Papageien in Menschenhand ein hohes Alter erreichen können.

2. Die meisten Arten verfügen über ausgeprägte Möglichkeiten der Lautäußerung, die - bei ständiger Darbietung - nicht selten zu nachbarschaftlichen Schwierigkeiten führen. Die Suche nach Kompromißlösungen steht bei der Bewältigung der Schwierigkeiten im Vordergrund, da bei Beschreiten des Rechtsweges der Papageienhalter erfahrungsgemäß die schlechtere Position hat.

3. Papageien, die einzeln, also ohne Sozialpartner, gehalten werden, und dazu unter nichtartgemäßen Bedingungen (etwa in kleinen Käfigen) ihr Leben fristen müssen, reagieren auf solche Bedingungen nicht selten mit neurotischem Schreien oder Federrupfen. Solche psychischen Erkrankungen können nur mit "Fingerspitzengefühl" und Einfühlungsvermögen positiv beeinflußt werden. Der Vogelhalter ist somit ständig aufgefordert, nach optimalen Haltungsbedingungen zu suchen.

4. Sollte dennoch - gegen alle Forschung und Erfahrung - ein Papagei als einzelner Stubenvogel gehalten werden, erfordert es für die Bezugsperson einen enormen zeitlichen und emotionalen Aufwand, um dem Tier den fehlenden Sozialpartner ersetzen zu können.

5. Die Anschaffung eines afrikanischen Großpapageien erfolgt am günstigsten nicht über eine kommerzielle Handlung, sondern aus Privathand; und dies aus mindestens 3 Gründen: Zum einen hat ein Vogel, der aus Privathand gekauft wird, eine längere Eingewöhnungszeit hinter sich und ist demzufolge besser mit Käfig- und Volierenverhältnissen vertraut und weniger anfällig gegenüber Krankheiten (vgl. II, 4.). Zum zweiten wird die Nachfrage (und der daraus resultierende Import) nicht direkt unterstützt, wie dies beim Erwerb aus einer Zoohandlung der Fall wäre, die die entstandene "Lücke" schleunigst beim nächsten Großhändler wieder schliessen würde. Allerdings ist nicht auszuschließen, daß auch beim privaten

Anbieter der frei werdende Platz und der erzielte Erlös zur Anschaffung eines neuen Vogels führt. Drittens ist ein aus Privathand erworbenes Tier oft preisgünstiger als der von den Händlern geforderte Preis. Dies gilt allerdings nicht für ein nachgezogenes Tier, für das u. U. horrende Preise gefordert werden.

6. Erscheint die Anschaffung eines Tieres aus dem Handel dem Käufer dennoch unumgänglich, empfehlen sich Preisvergleiche, zumindest zwischen Groß- und Einzelhändlern. Nicht selten bieten aber auch Großhändler gleichzeitig die gleiche Tierart zu gleichen Bedingungen, aber unterschiedlichen Preisen an.

7. Zuchtversuche (mit paarweiser Haltung möglichst mehrer Paare) stellen heute die einzig vertretbare Haltungsform für Papageien der besonders geschützten Arten in Menschenobhut dar. Jahrelange Fehlversuche fordern jedoch oft von den betreffenden Papageienhaltern ein Höchstmaß an Geduld und Ausdauer.

Außerdem ist in keinem Fall - selbst bei zunehmenden Zuchterfolgen - mit einem finanziellen Gewinn zu rechnen. Wer Papageien als Wertanlage betrachtet und auf baldigen "Wertzuwachs" durch den Verkauf von Nachzuchten spekuliert, sollte sich besser mit anderen Dingen befassen.

Die oben aufgelisteten Punkte sind vor der Anschaffung mindestens ebenso sorgfältig zu bedenken wie die Vorgehensweise bei der Beurteilung gesunder, fehlerfreier und potentiell brutgeeignter Tiere, die man unter den nachfolgend genannten Gesichtspunkten inspizieren sollte. Grundsätzlich ist von einer Bestellung per Telefon mit anschließendem Versand per Bahn oder Post dringend abzuraten. Abgesehen von für die Vögel z. T. unzumutbaren Transportbedingungen, ist es auf jeden Fall ratsam, sich die gewünschten Tiere vor dem Erwerb genaustens und ohne Zeitdruck anzusehen. Nur so lassen sich zumindest äußerlich erkennbare Mängel oder Krankheiten direkt am Verkaufsort feststellen und mit dem Anbieter besprechen. Ggf. kann dann auch vom Kauf Abstand genommen werden, derweil nach einem Versandkauf kaum finanzielle Ansprüche, Geldrückforderungen oder Rücknahme der Tiere bei voller Kostenerstattung zu erreichen sind. Jeder Papageienkäufer mache sich also tunlichst vor dem Erwerb anhand der folgenden Ausführungen (erstmals abgedruckt bei LANTERMANN u. LANTERMANN, 1986: 22/23) kundig, so daß größere Enttäuschungen, Ärger, Geldverlust oder gar die Einleitung rechtlicher Schritte vermieden werden können.

"Beim Besuch des betreffenden Papageienverkäufers ... gilt ein erster Blick dem Gesamteindruck des Käfigs oder der Volierenanlage und der dadurch dokumentierten mehr oder minder artgerechten Unterbringung. Insbesondere sollte auf Sauberkeit der Anlage und die Gestaltung des Futterangebotes, welches nicht wesentlich von den diesbezüglichen Mindestanforderungen (vgl. II,8.) abweichen sollte, geachtet werden.

Das Hauptaugenmerk gilt danach dem zum Kauf vorgesehenen Vogel, der vor einer näheren Inspektion erst einmal für einige Zeit aus größerer Entfernung beobachtet werden sollte. Die günstigsten Zeiten dazu sind die frühen Morgen- und die Nachmittagsstunden, denn während der Mittagszeit sind die meisten Papageien inaktiv (Ausnahme: Vasapapageien, I, 4. 2.), ruhen mit leicht aufgeplustertem Gefieder und können dem unerfahrenen Vogelliebhaber gegenüber leicht den Anschein erwecken, sie seien krank. Papageien, die jedoch ständig plustern, darüber hinaus während des Tages nicht die Freivoliere aufsuchen und häufig mit zurückgedrehtem Kopf und geschlossenen Augen ruhen, während die anderen Volierenbewohner gleichzeitig munter umherturnen, sind vorerst mit Argwohn zu betrachten. Nähert sich der Verkäufer einem solchen Tier daüber hinaus mit auffälligen Bewegungen und lautem Zurufen, liegt der Verdacht nahe, daß er den inaktiven Vogel, von dessen Erkrankung er möglicherweise weiß, dem Käufer durch kurzes Aufschrecken während des Verkaufsgespräches in scheinbar einwandfreiem Zustand und mit glatt angelegtem Gefieder präsentieren will.
Bei der näheren Betrachtung eines in Frage kommenden Vogels ist, zumal wenn es sich nach Angaben des Besitzers um ein mehrjähriges, eingewöhntes Tier handeln soll, auf den Zustand des Gefieders im allgemeinen und die durch Gefiederlücken und andere Ursachen bedingte Flugunfähigkeit im besonderen zu achten. Gefiederlücken, kahle und u. U. blutende Körperpartien (insbesondere im Brust-, Bauch- und Rückenbereich), zerbissenes Kleingefieder o. ä. sollten im Regelfall vom Kauf abhalten, denn wahrscheinlich handelt es sich bei einem derartigen Vogel um einen Federrupfer. Wer jedoch bereit und in der Lage ist, den Ursachen dieser "Unart" mit viel Fingerspitzengefühl, Zuwendung und Aufmerksamkeit zu begegnen, möge einen solchen Vogel aus Mitleid oder anderen Gründen erwerben, dann allerdings zu einem stark reduzierten Preis. (...)
Verstopfte Nasenlöcher, auffälliges Niesen, ständiges Kratzen und Unruhegefühl, Zwangsbewegungen, Stellungsanomalien der Extremitäten und Verhaltensauffälligkeiten sollten im Einzelfall stets Anlaß dazu bieten, die Kaufabsicht für ein solches Tier erneut zu überprüfen. Auch auffällig verfärbter Kot kann auf eine Erkrankung hinweisen. (...) (vgl. II,9.)
Gibt der Verkäufer dem Interessenten Gelegenheit, den Vogel selbst einzufangen und zu inspizieren, bietet sich die Möglichkeit, den Ernährungszustand, der sich durch die Adspektion der Brustmuskulatur offenbart, zu überprüfen. Tritt der Brustbeinkamm, der bei einem gut genährten Vogel von fleischiger Brustmuskulatur umgeben ist, scharf hervor, liegt vielleicht eine Erkrankung vor, beispielsweise eine hochgradige Abmagerung infolge Endoparasitenbefalls. Bei der näheren Betrachtung eines Vogels kann weiterhin auffallen, daß sein Steißgefieder durch Kotreste verunreinigt ist; dies kann ein Hinweis auf eine Erkrankung des Verdauungstraktes sein. Fehlende Zehen oder Zehenglieder, lokale Entzündungen (etwa nässende Wunden, Konjunktivitis, Rhinititis) sowie Stellungs-

anomalien des Ober- oder Unterschnabels, die ein Zusammenwirken beider Schnabelhälften erschweren, sollten darüber hinaus ebenfalls vom Kauf abhalten.
Auch psychische Störungen sind keine ausgesprochenen Seltenheiten, nur sind sie während des kurzen Verkaufsgespräches meist schwierig zu erkennen und zu beurteilen" (vgl. II,9.).
Insbesondere bei Graupapageien besteht darüber hinaus die Gefahr, daß die (besonders anhänglich erscheinenden) Tiere eine enge Beziehung zu ihrem Besitzer geknüpft haben. Manchmal sind sie gar so stark auf menschliche Wesen als Sozialpartner fixiert und auf den Kontakt mit ihnen angewiesen (das ist nicht selten der Grund für den Verkauf, sie werden "lästig"), daß sie u. U. nur schwer wieder an einen Artgenossen zu gewöhnen sind. Zuchtversuche mit solchen Vögeln gestalten sich somit relativ schwierig, insbesondere dann, wenn trotz des Vorhandenseins eines gegengeschlechtlichen Artgenossen der ehemalige "Sozialpartner" Mensch nach wie vor intensive Kontakte zu dem betreffenden Vogel pflegt und ihm somit nicht die Möglichkeit zur Lösung der Beziehung gibt.

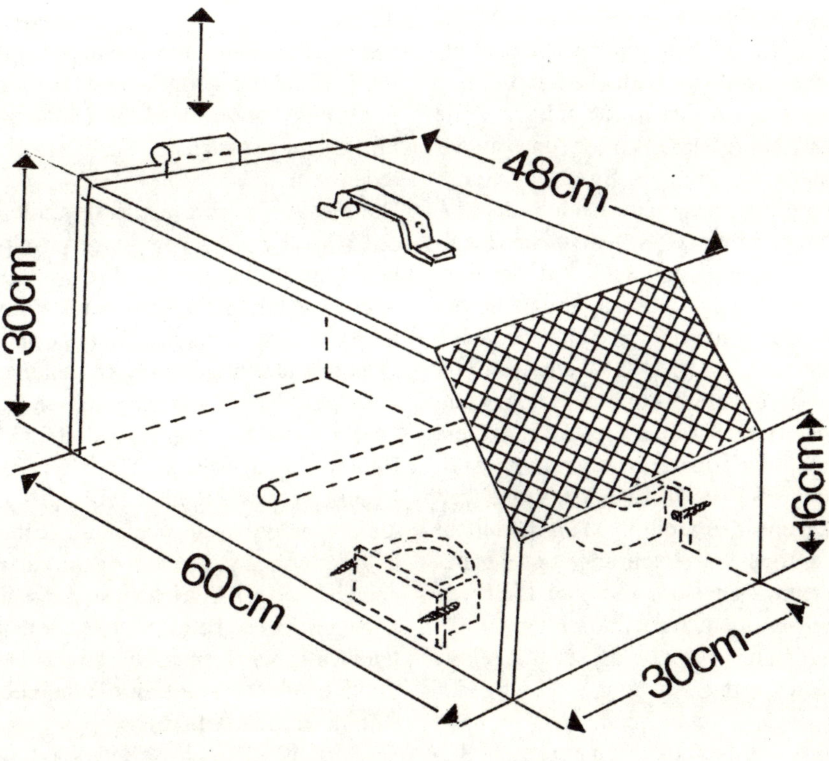

Transportkiste für afrikanische Großpapageien

6. Unterbringung

Von ausschlaggebender Bedeutung für das Wohlbefinden gefangener Tiere in Menschenhand ist eine artgerechte Unterbringung.

Allerdings wird dieser Begriff heute vielfach schlagwortartig, willkürlich und z. T. sehr unterschiedlich gebraucht, so daß es uns an dieser Stelle notwendig erscheint, einmal darüber nachzudenken, was artgerechte Haltung im Blick auf afrikanische Großpapageien heißen könnte.

Sicherlich wäre es utopisch, als Lebensraum eine überdimensionale Voliere zu fordern, in der eine große Zahl von Artgenossen die Bildung eines sozialen Verbandes und die individuelle Paarbildung ermöglicht, in der Freßfeinde für eine natürliche Auslese sorgen und in der Krankheiten, Hunger, Streß und Rangkämpfe möglichst naturnahe Bedingungen aufkommen lassen. Mit solchen Idealvorstellungen einerseits und der von Gegnern der Tierhaltung häufig zitierten Vorstellung von der "goldenen Freiheit" andererseits hat HEDIGER durch die von ihm begründete Tiergartenbiologie und die nach ihren Grundsätzen ausgerichtete Tierhaltung gründlich aufgeräumt (z. B. HEDIGER, 1950). Er hat erkannt, daß gefangene Tiere, die in Menschenobhut der Aufgabe der Nahrungssuche gänzlich enthoben sind, mit viel kleineren Lebensräumen zurechtkommen als in freier Natur, wo die Besetzung eines Revieres vor allem zur Sicherung der Nahrungsresourcen dient und - je nach Tierart - größer oder kleiner sein muß.

In Menschenhand bedarf es keineswegs utopischer Voraussetzungen, damit Tiere sich wohlfühlen und ihr artgemäßes Verhalten ausleben können, sondern es sind in den meisten Fällen lediglich einige Grunderfordernisse zu erfüllen. Für in Menschenobhut lebende Großpapageien bedeutet dies konkret: Sie müssen in gewissen Grenzen von ihren Flügeln Gebrauch machen können, benötigen Kletterbäume und "Spiel"geräte, eine Bademöglichkeit, die Möglichkeit der Partnerwahl (mit Einschränkungen), die Möglichkeit ein "Revier" zu besetzen, das nicht ständig von Artgenossen oder anderen Papageien durchkreuzt wird, und schließlich die Möglichkeit zur Fortpflanzung. Über alle diese Dinge wird im Verlauf der nächsten Kapitel noch zu reden sein.

Die ideale Unterbringungsform, die die oben genannten Bedingungen weitgehend zu erfüllen vermag, ist zweifellos eine zweckmäßig konstruierte Freivoliere mit angrenzendem Schutzhaus.

Dennoch haben zu gewissen Zeiten und unter gewissen Bedingungen auch Käfige ihre Berechtigung, etwa während der Eingewöhnungszeit, während Zeiten der Krankheit usw.. Schließlich wird auch die unausrottbar erscheinende Einzelhaltung von sog. Stubenvögeln vorwiegend in Käfigen betrieben, so daß es uns angemessen erscheint, zum Wohle derartiger Käfigvögel einen Abschnitt über die richtige Auswahl und Einrichtung eines Käfigs voranzustellen.

Großer Vasapapagei (Coracopsis vasa)

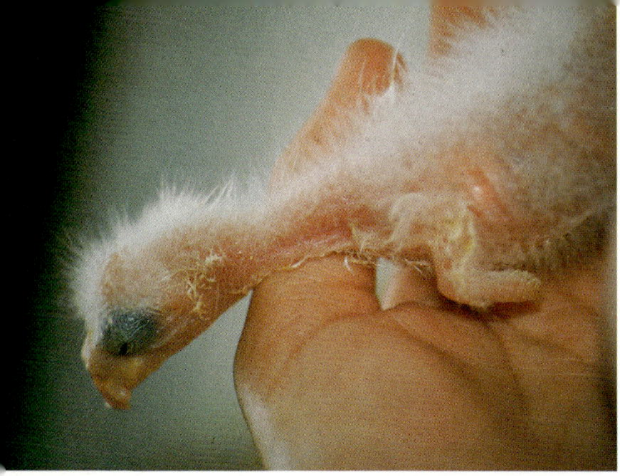

6.1. Käfighaltung

Bei der Auswahl eines geeigneten Papageienkäfigs sollte man auf ausreichende Größe, richtige Form und geeignetes Material achten. Ein Standard-Papageienkäfig mit der Abmessung 40 cm x 40 cm x 60 cm, wie er vielfach im Zoofachhandel angeboten wird, erscheint uns für die vorübergehende Unterbringung der kleineren Langflügelpapageienarten ausreichend. Kap-, Kongo-, Grau- und Vasapapageien dagegen benötigen einen größeren Käfig. Es sei an dieser Stelle nochmals darauf hingewiesen, daß gerade Kap- und Kongopapageien u. U. äußerst empfindlich auf Umgebungsveränderungen reagieren können. Wir empfehlen daher dringend, solche Tiere nie von größeren in kleinere Käfige oder Volieren zu überführen. Im Gegensatz zu anderen Arten kompensieren diese Vögel derartige Umstellungen sehr viel schlechter und äußern ihren "Unmut" über solche Eingriffe nicht selten durch Federrupfen (vgl. II,9.).

Besteht die Absicht oder aufgrund räumlich beengter Gegebenheiten die Notwendigkeit, Langflügel- oder andere afrikanische Papageien ständig in einem Käfig zu halten, plädieren wir dringend für die Anschaffung zweier Vögel einer Art. Auf diese Weise haben die Tiere wenigstens die Möglichkeit, soziale Kontakte zu knüpfen und Phasen der Langeweile zu überwinden, während der einzeln gehaltene Stubenvogel oft stundenlang auf die Rückkehr des menschlichen Ersatzpartners warten muß (weitere Hinweise zu diesem Problem finden sich unter II,10.).

Für die paarweise Haltung reicht der oben beschriebene Käfig als Dauerunterbringungsplatz nicht aus. Für solche Fälle fertigen einige Firmen Großkäfige und Zimmervolieren (Cirka-Maße 100 cm x 70 cm x 80 cm, LxBxH), die zum Teil auf Rollen stehen und so unproblematisch innerhalb der Wohnung versetzt bzw. auf die Terasse und in den Garten gerollt werden können. In diesen Unterkünften kann man auch Kletter-, Knabber- und Spielgeräte sowie einen Nistkasten unterbringen.

Längliche Metallkäfige mit rechteckiger Grundfläche sind säulenartigen mit quadratischer Grundfläche vorzuziehen. Runde Käfige, verzierte und verschnörkelte Modelle sowie Holzkäfige mögen optisch schöner wirken oder besser zur jeweiligen Wohnungseinrichtung passen, sie sind aber sicher nicht immer ideal für die Vogelhaltung. Ein geeigneter Papageienkäfig muß zweckmäßig, d. h. leicht handhabbar und problemlos zu reinigen sein. Er sollte über waagerecht verlaufende Gitterstäbe (die das Klettervermögen der Käfigbewohner unterstützen), eine große, quadratische Zugangsklappe mit papageiensicherem Verschluß, ferner über eine Schutzfangschale mit herausnehmbarer Schublade verfügen.

Ein brauchbarer Papageienkäfig muß mit 4 stabilen, gut befestigten Futternäpfen ausgestattet sein, die leicht von außen herausgenommen und gesäubert werden können. Wie sich im Abschnitt II,8. zei-

---

o.: *Kleiner Vasapapagei (Coracopsis nigra) im Alter von 4, 20, 24 und 40 Tagen*

u.: *Kleiner Vasapapagei in seinem natürlichen Lebensraum*

gen wird, ist je ein Futternapf für Körnerfutter, Obst- und Grünfutter, Gekeimtes und Wasser vorzusehen.

Die Anzahl der Sitzstangen richtet sich nach der Käfiggröße. Grundsätzlich sind eher zu wenig als zu viel Sitzstangen im Käfig zu installieren, damit den Vögeln noch Bewegungsraum bleibt und sie gezwungen sind, beim Sprung von Stange zu Stange wenigstens im Ansatz von ihren Flügeln Gebrauch zu machen. Die Anordnung der Sitzstangen geschieht so, daß von den oberen Stangen kein Kot auf die unteren herabfallen kann. Als Sitzstangen eignen sich frische Weiden- oder Obstbaumäste sowie im Holzhandel erhältliche Rundhölzer von etwa 15 bis 20 mm Stärke. Buchenholzstangen sind haltbarer und leichter zu reinigen als Naturstämme; letztere dagegen werden von den Tieren regelmäßig benagt und unterstützen damit den wichtigen Abnutzungprozeß des Schnabelhorns einerseits und führen andererseits den Vögeln lebenswichtige Mineralstoffe zu, die unter der Baumrinde zu finden sind. Es ist vorteilhaft, wenn Sitzstangen verschiedene Durchmesser aufweisen, da die Vögel dann auch einmal einen anderen "Fußgriff" haben, was u. a. der natürlichen Abnutzung der Krallen entgegenkommt. Bei sehr dünnen Sitzstangen berühren die Krallenenden das Holz nicht, und die Tiere haben einen schlechten Halt; ähnlich problematisch gestaltet sich auch das Festhalten auf zu dicken Sitzstangen. Empfehlenswert ist, die oberste Sitzstange (dort werden die Vögel am häufigsten sitzen) so zu schleifen, daß die Stange an einem Ende dicker ist als am anderen, also konisch zuläuft.

Der Käfigboden wird mit einer Schicht Flußsand versehen, die regelmäßig erneuert werden muß; ein zweckmäßig konstruierter Käfig mit Bodenschublade erleichtert diese Reinigung. Der Sand erfüllt neben dem hygienischen einen zweiten Zweck: er ermöglicht den Käfigbewohnern die Aufnahme kleiner, im Sand vorhandener Steinchen, die sie zur Nahrungsverarbeitung im Muskelmagen benötigen (vgl. II,8.).

Der richtige Standort des Käfigs ist ein vor Zugluft und direkter Sonneneinstrahlung geschützter Platz, etwa eine helle Zimmerecke. Durch die "Rückendekkung" von 2 Wänden wird den Vögeln ein gewisses Gefühl von Sicherheit gegeben. Bei Einzeltieren ist der belebteste Raum in der Wohnung der geeignetste Platz, denn Papageien sind gesellige Vögel, die in der Regel sehr neugierig sind und in Ermangelung von Artgenossen gern am Familienleben "teilnehmen". Steht der Käfig in Augenhöhe, können die Tiere stets von einer etwas erhöhten Warte aus, wie dies auch im Freiland der Fall ist, auf die Geschehnisse in ihrer Umgebung herabblicken und werden sich deshalb nicht so leicht von ungewohnten Ereignissen erschrecken lassen.

Stubenvögel sind bei Zimmertemperatur zu halten. Tiere, die in eine Freivoliere umgesiedelt werden sollen, müssen schrittweise an niedrigere Temperaturen gewöhnt werden. Vorteilhaft ist in jedem Fall eine recht hohe relative Luftfeuchtigkeit (um 60%). Käfigstandorte in un-

mittelbarer Nähe von Heizkörpern sind deshalb ungeeignet.
Stubenvögel sollten grundsätzlich Freiflug im Zimmer erhalten. Als Stammplatz kann ihnen ein auf dem Käfig stehender Kletterbaum, der mit einer ebenfalls sandbestreuten Schmutzfangschale versehen ist, dienen. Von dort aus können die Vögel ihre Rundflüge durch das Zimmer machen und gelangen leicht wieder in ihren Käfig zurück.

6.2. Volierenhaltung

Wie bereits vorab erwähnt, stellt die Volierenhaltung nach unserer Meinung die beste Form der Vogelhaltung dar (vgl. II,6., Einleitung). Papageienvolieren sind jedoch relativ teuer und aufwendig in der Herstellung, weil den kräftigen Papageienschnäbeln auf Dauer nur stabile Materialien, etwa Metallrohre oder Winkeleisen, standzuhalten vermögen. Holzvolieren sind deshalb für die Haltung von Großpapageien nicht empfehlenswert.

Eine geeignete Voliere für afrikanische Großpapageien muß etwa 2 m hoch, 1 bis 1,5 m breit und ca. 2 bis 3 m lang sein; kürzere Volieren halten die Papageien aufgrund der dichten Annäherungsmöglichkeit des Pflegers in dauernder Alarmbereitschaft, längere Anlagen begünstigen ein kopfloses Davonfliegen der Volierenbewohner. Dabei werden relativ hohe Fluggeschwindigkeiten erreicht, die am Volierenende gelegentlich durch einen harten Aufprall am Begrenzungsgitter abgefangen werden und unter Um-

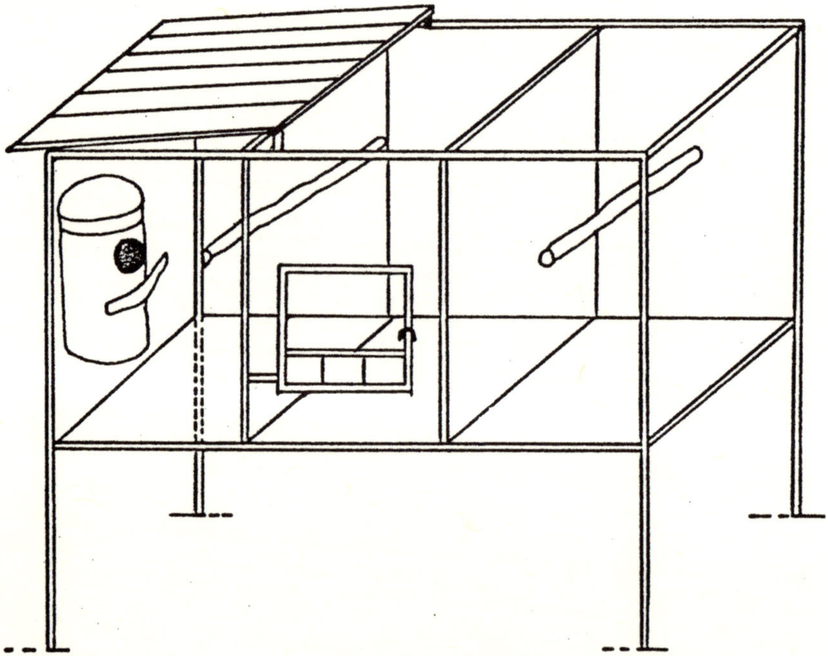

Alldrahtkäfige nach amerikanischem Vorbild (NOEGEL, 1979). Die Käfige sind von allen Seiten mit Draht bespannt, so daß der Kot der Papageien durch das Bodengitter fällt und hygienische Probleme bei der Haltung minimiert werden. Nistkasten und Futtergefäße sind unter der Überdachung angebracht.

Volierenanlage für Großpapageien (Draufsicht, M = 1:50).

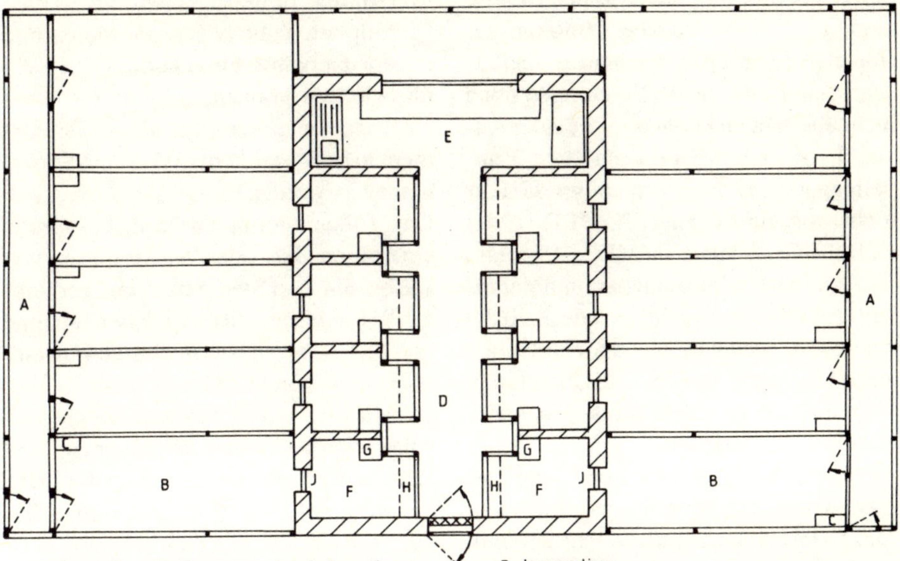

A = Kontroll- und Zugang zu den Außenvolieren
B = Außenvolieren
C = Nistkästen in den Außenvolieren (Kontrolle kann von außen erfolgen)
D = Massives Schutzhaus (beheizt) Kontroll- und Futtergang
E = Wirtschaftsraum mit Spülbecken, Tisch und Vorratsraum
F = Innenvoliere
G = Nistkästen im Schutzhaus (vom Kontrollgang aus zu kontrollieren)
H = Futterbrett (vom Kontrollgang zu bedienen)
J = Aus- und Einflugklappe zu den Außen- bzw. Innenvolieren

Kombinierte Volierenanlagen mit Schutzhaus und rundum drahtbespannten Außenvolieren als Hochgehege (Schnitt, nach SCHÖNE u. ARNOLD, 1985)

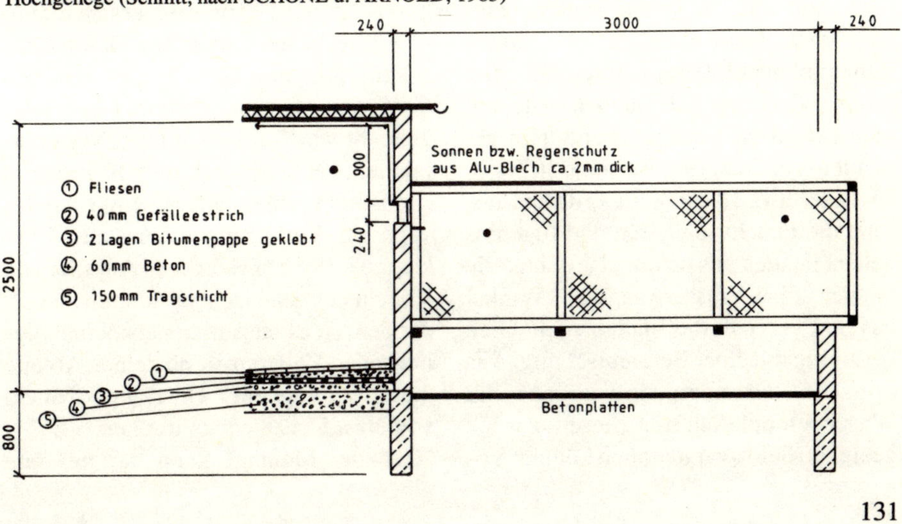

ständen Verletzungen oder gar den Tod der Vögel zur Folge haben können. Diese Gefahr droht bevorzugt bei gerade ausgeflogenen Jungtieren, die häufig überaus scheu sind und die Volierenmaße noch nicht abschätzen können. Aber auch Altvögel, besonders Rotbauch- und Rüppellpapageien, sind von dieser Gefahr nicht ausgenommen (PASETT, 1981; FERGENBAUER-KIMMEL, 1985; eig. Beob.). Je nach Papageienart und Zahmheit der Vögel empfiehlt sich deshalb die zuzügliche Installation von Sichtblenden zum Laufgang hin. Sie erlauben den Vögeln, sich ggf. den Blikken des Betrachters zu entziehen.

Als Bodenbelag eignen sich glatte Zementplatten, die heute in verschiedenen Maßen im Baufachhandel erhältlich sind, so daß sich beinahe alle Volierengrundrisse fugenlos auslegen lassen. Zementplatten haben einer gegossenen, geschlossenen Betondecke gegenüber den Vorteil, daß das Regenwasser zwischen ihnen wegsickern kann.

Der Volierensockel (etwa 30 bis 50 cm hoch), auf dem das Volierengerüst befestigt wird, kann ebenfalls aus großen Zementplatten (50 cm x 50 cm/50 cm x 70 cm) oder aus sog. L-Steinen bestehen; man hebt dazu - entsprechend dem geplanten Volierengrundriß - eine 30 bis 40 cm tiefe, etwa 10 cm breite Erdrinne aus, setzt die Platten senkrecht und fugenlos nebeneinander ins Erdreich, richtet sie mit der Leine, Wasserwaage und Winkel aus und vergießt die Platten schließlich beidseitig mit einer Betonmischung. Aus optischen Gründen sind sogenannte Waschbetonplatten für diesen Zweck geeignet. Selbstverständlich können Volierensockel auch aus vielen anderen Materialien bestehen, etwa aus glatten Eternitplatten, die z. T. sogar Mäuse und andere unerwünschte Eindringlinge nicht überklettern können, oder es kann auf einem zuvor angefertigten Betonfunddament in herkömmlicher Weise ein Sockel gemauert werden.

Das Volierengerippe wird am besten aus verzinkten Gas- oder Wasserrohren von 1/2 bis 3/4 Zoll Stärke bzw. aus verzinkten Winkeleisen mit einer Schenkellänge von 2 bis 3 cm zusammengeschweißt oder verschraubt. Mittels Dübeln und Schrauben kann es auf dem Sockel verankert werden. Nach der Montage sind sämtliche Schweißstellen mit einem Schwingschleifer zu glätten und anschließend mit streichbarer Zinkfarbe erneut zu verzinken.

Als Drahtbespannung verwendet man heute ausschließlich festes, formstabiles, verzinktes und punktgeschweißtes Vierecksgeflecht. Man erhält es in verschiedenen Maschenweiten und Drahtstärken. Eine Maschenweite von 25 mm x 25 mm bzw. 12,5 mm x 25 mm eignet sich für unsere Zwecke am besten. Die Drahtstärke ist mit 1,75 mm für alle afrikanischen Großpapageien ausreichend. Das Drahtgeflecht wird stramm um den Volierenrahmen gespannt und mittels stabilem Bindedraht - ebenfalls verzinkt - befestigt. Um Verletzungen eines am Gitter kletternden Papageien durch Angriffe von Vögeln aus den Nachbarvolieren zu vermeiden, ist es ratsam, in nebeneinanderliegenden Volieren die einzelnen Abteile durch ein doppeltes Gitter im Abstand von etwa 5 bis 8 cm zu trennen.

Nach der Montage kann das gesamte

Metallgerüst sowie die Drahtbespannung mit Bitumenlack gestrichen werden. Wenn dieser Anstrich etwa alle 2 Jahre erneuert wird, kann eine solche Konstruktion jahrelang ihrem Zweck dienen, ohne durch Roststellen unansehnlich zu werden (vgl. II, 7.3.).

Der hintere Volierenteil, etwa 80 bis 100 cm, sollte möglichst von 2 Seiten geschlossen und überdacht sein. Als Überdachungsmaterial eignet sich durchsichtiger Kunststoff, Plexiglas o. ä.. Unter einem solchen Überdach finden die Vögel Schutz vor Wind, Regen und direkter Sonneneinstrahlung.

Um ein Entfliegen der Vögel beim Betreten der Voliere zu verhindern, ist es ratsam, den Zugang mit einer Sicherheitsvorkehrung, etwa einer Doppeltür oder einer vorgebauten Schleuse, zu versehen. Aneinandergrenzende Volieren werden durch Türen miteinander verbunden; bei Bedarf können diese offenbleiben bzw. entfernt werden, um z. B. eine Paarbildung der Vögel aus mehreren Volieren herbeizuführen, oder einfach, um außerhalb der Brutzeit mehr Lebensraum für die Tiere zu schaffen.

Der Volierenboden wird mit Sand bestreut, der etwa wöchentlich ausgeharkt und regelmäßig erneuert werden muß. Eine regelmäßige Generalreinigung und Desinfektion der Anlage ist darüber hinaus wichtig für die Gesunderhaltung des gesamten Vogelbestandes (vgl. II, 7.3.).

Wie im vorigen Abschnitt schon erwähnt, sind genügend Sitz- und vor allem Klettergelegenheiten im Flugraum anzubringen. Verzweigte Äste und kleine Bäume sind hierfür bestens geeignet; sie werden mit Vorliebe von den Papageien benagt und tragen zur natürlichen Abnutzung des Schnabelhorns bei.

Die afrikanischen Großpapageien können ausnahmslos nicht in Freivolieren überwintern; sie benötigen zum Schutz vor Nässe und Kälte ein heizbares Schutzhaus, das sich am günstigsten direkt an die Freivoliere ansschließt. Als Alternative die Vögel während des Winters einzufangen, in kleine Käfige zu setzen und ins Haus zu holen, ist in der Regel nur mit handzahmen Tieren möglich. Volierenvögel dagegen, die nie die nähere "Bekanntschaft" des Menschen gemacht haben, werden ein gewaltsames Einfangen und die plötzliche Einengung ihres Lebensraumes durch 4 Käfigwände u. U. sehr übel nehmen und darauf neurotisch reagieren (vgl. II, 9.5.).

Der Schutzraum sollte auf einem eisenbewehrten Betonfundament gemauert werden und etwas höher als das Außengehege sein. Eine gute Isolierung der Decke und der Außenwände ist zur Senkung der Heizkosten wichtig. Als Isoliermaterial kann Glas- und Steinwolle sowie Styropor, in verschiedenen Stärken erhältlich, verarbeitet werden.

Für die Außenverkleidung des Schutzhauses stehen Eternitplatten oder kunststoffbeschichtete Bleche zur Verfügung. Als Dachabdeckung eignen sich verschiedene Kunststoffmaterialien oder die althergebrachte Dachpappe.

Der Schutzraum muß mit Licht, einer Heizung und möglichst fließendem Wasser ausgestattet sein. Empfehlenswert ist auch die Installation einer ganz schwachen Glühlampe, die des nachts eingeschaltet wird. So läßt sich vermeiden, daß die Vögel - sollten sie sich nachts aus irgendwelchen Gründen erschrecken - nicht kopflos in der Dunkelheit umherflattern, sondern mit Hilfe der schwachen Lichtquelle zurück zu ihren Schlafästen finden.

Damit genügend Tageslicht in den Schutzraum fällt, können Teile der Außenwände aus Glasbausteinen gemauert werden. Gewöhnliche Fenster sind nur bedingt sinnvoll, da sie schlecht gegen Einbruchversuche zu sichern sind.

Die Innenvolieren sollten eine Länge von 1,5 m nicht unterschreiten. Reihen sich mehrere solcher Volieren aneinander, empfiehlt es sich, entlang der Volierenrückseiten einen Futtergang anzulegen. Von dort hat jede Voliere einen Zugang und kann problemlos bedient und gewartet werden. Die Volierentüren im Schutzhaus sind aus Sicherheitsgründen nicht über die gesamte Höhe zu bauen, sondern so hoch, daß man gebückt hineingelangen kann. Andernfalls wäre es für die Volierenbewohner sehr einfach, beim Öffnen der Voliere zu entkommen.

Die Futterstellen müssen bei den einzelnen Volierenabteilen von außen gut erreichbar sein. Auf diese Weise werden die Vögel bei den täglichen Fütterungen nur geringfügig gestört.

Als Futternäpfe haben sich flache Tonschalen bestens bewährt. Ebenso wie bei der Käfighaltung sind auch in einer Voliere eine gewisse Anzahl von Futternäpfen erforderlich, um den Vögeln ein vielgestaltiges Futterangebot reichen zu können.

Bei der Ausstattung und Reinigung der Außenanlage ist genauso vorzugehen wie bei den Außenvolieren beschrieben.

Die Verbindung zwischen Schutzraum und Voliere schafft eine rechteckige Öffnung in der Rückwand des Schutzhauses (etwa 20 cm x 30 cm), die durch ein stabiles Klappbrett, das tagsüber als Anflugbrett dient, verschlossen wird.

Der Schutzraum bietet neben seiner eigentlichen Funktion als schützende Unterkunft den Vorteil, daß man nachts die Vögel darin einschließen kann, um so den Lärm, den die meisten Papageien in den frühen Morgenstunden und am späten Nachmittag machen, auf ein für die Nachbarschaft erträgliches Maß zu reduzieren. Weiterhin wird die Möglichkeit des Diebstahls, die insbesondere bei seltenem Vogelbestand von skrupellosen Verbrechern und Tierhändlern zunehmend ausgenutzt wird, minimiert. Die Ausstattung der Haltungsanlage mit einer Alarmvorrichtung, die sowohl optische als auch akustische Warnfunktion hat, ist deshalb heutzutage dringend zu empfehlen.

Für besonders gelagerte Fälle (z. B. für Verhaltensbeobachtungen usw.) kann neben der oben geschilderten (Einzel-) volierenanlage auch der Bau einer Gemeinschaftsvoliere, die sich durch größßere Ausmaße und reiche Strukturierung (Schlafkästen, Nistkästen, mehrere Sichtblenden, Kletterbäume, Sitz- und Ruhestangen, mehrere Futterplätze) auszeichnet, durchaus sinnvoll sein. So lasssen sich zumindest Goldbug- und Mohrenkopfpapageien, vielleicht auch andere Arten, in Kleingruppen halten, sofern genügend Ausweich- und Versteckmöglichkeiten vorhanden sind. Vorteilhaft ist es auf jeden Fall, wenn alle für die Gemeinschaftshaltung vorgesehenen

Tiere gleichzeitig in die Voliere eingesetzt und nicht immer neue Tiere den bereits eingewöhnten "Revierinhabern" zugesellt werden. Bei sachgemäßer Handhabung wird es unter den beschriebenen Voraussetzungen zwar häufiger zu kleinen Reibereien unter den Schwarmmitgliedern kommen, größere Verletzungen mit Todesfolge sind jedoch in der Regel nicht zu erwarten. Die Vergesellschaftung von Langflügelpapageien unterschiedlicher Arten funktioniert solange reibungslos, wie auch sie gleichzeitig in die Voliere gesetzt werden und die Arten keine nennenswerten Größenunterschiede aufweisen.

Vom interspezifischen Verhalten (in Verbindung mit Amazonenpapageien) können wir berichten, daß einer unserer Mohrenkopfpapageienmännchen dabei beobachtet wurde, wie er unter aggressivem Schreiten (vgl. I,3.5.) auf eine weibliche Venezuelaamazone (*Amazona amazonica*) zulief und sie von ihrem Platz verdrängte. Demgegenüber steht die Beobachtung einer tödlich verlaufenen Begegnung zwischen einem männlichen Mohrenkopfpapageien und einer ebenfalls männlichen Gelbwangenamazone (*Amazona a. autumnalis*). Der Mohrenkopfpapagei hatte sich während der Fütterungszeit unbemerkt durch die Verbindungstür in die nebenliegende Voliere gezwängt, die mit 2 weiblichen Ecuadoramazonen (*A. a. lilacina*) und der besagten Gelbwangenamazone besetzt war. Letztere stürzte sich ohne jegliche Drohverhaltensweise auf den Mohrenkopfpapagei und setzte einen tödlichen Biß in dessen Genickregion. Der Mohrenkopf flatterte sofort mit letzter Kraft auf den Boden und war Sekunden später tot.

6.3. Freiflughaltung

Die Freiflughaltung ist vermutlich für die Mehrzahl der afrikanischen Großpapageien möglich (vgl. I,3.5., wo wir die technische Handhabung unserer diesbezüglichen Versuche mit Mohrenkopfpapageien beschrieben haben).
Grundsätzlich ist u. E. diese Haltungsform bei Papageienvögeln jedoch abzulehnen, wenngleich nicht zu bestreiten ist, daß die Haltung völlig freifliegender Papageien ein einzigartiges Erlebnis darstellt und - unter systematischer Beobachtung - sicherlich neue Erkenntnisse über die in der Voliere nur unzureichend feststellbare Verhaltensformen liefern kann. Bei den bisher durchgeführten Versuchen, die in der Literatur beschrieben sind (z. B. BEDFORD, 1954; KOLAR, 1961; PÖPPING, 1978 u.a.), traten im Verlauf dieser Experimente häufig Pannen auf, die meist zur freiwilligen oder unfreiwilligen Aufgabe der Versuche führten: Vögel verflogen sich, wurden von Vogelliebhabern eingefangen, wurden aus Versehen oder absichtlich (etwa wegen der in Obstgärten angerichteten Schäden) abgeschossen, fielen den für sie unbekannten Erscheinungen unserer hochtechnisierten Welt zum Opfer, nahmen ungeeignete, möglicherweise toxisch wirkende Nahrung zu sich oder wurden die Beute von Beutegreifern (vgl. LANTERMANN u. LANTERMANN, 1986). Daneben sei schließlich auch bemerkt, daß derartige Experimente nur schwierig mit unseren Naturschutzgesetzen in Einklang zu bringen sind; denn laut § 21 des Bundesnaturschutzgesetzes ist es verboten, “gebietsfremde Tiere auszusetzen oder in der freien Natur anzusiedeln”. Man könnte dem natürlich - wie dies die Befürworter der Freiflughaltung tun - entgegenhalten, daß bei derartigen Versuchen weder Aussetzungs- noch Ansiedlungsabsicht besteht, sondern den Tieren lediglich ein ihrem artgemäßen Bewegungsbedürfnis entsprechend erweiterter Lebensraum zugänglich gemacht wird, wobei die Überwachung (Fütterung, Hygiene, tiermedizinische Versorgung, ständige Einfangmöglichkeiten usw.) nach wie vor in den Händen des Halters liegt. Eine solche Sichtweise ist aber sicherlich nur teilweise zu rechtfertigen, denn die Erfahrungen haben immer wieder gezeigt, wie leicht ein in die “vorübergehende” Freiheit entlassenes Versuchspaar außer Kontrolle geraten und auf Nimmerwiedersehen verschwinden kann.

7. Papageienpflege

Die Papageienpflege umfaßt die Krankheitsvorsorge und (Körper)-pflege der Vögel einerseits, andererseits aber auch die Reinigung und Instandhaltung der Unterkünfte und Einrichtungsgegestände sowie die regelmäßige und ausreichende Fütterung.

7.1. Krankheitsvorsorge

Der wichtigste Faktor bei der Papageienpflege ist die tägliche und genaue Observation jedes einzelnen Vogels auf Krankheitserscheinungen und Verhaltensbesonderheiten hin; denn nur bei frühzeitiger Feststellung von Abnormitäten besteht die Chance, Abhilfe zu schaffen bzw. den betreffenden Vogel rechtzeitig einer fachtierärztlichen Behandlung zuzuführen (vgl. II,10.). Einschränkend muß allerdings gesagt werden, daß Krankheiten bei Papageien oft chronisch, d. h. über einen längeren Zeitraum verlaufen. Herzmuskel- und schwerste Leberschäden, Gicht und Drüsenmagenerweiterungen usw. können u. U. lange Zeit keine für den Vogelhalter erkennbaren Krankheitserscheinungen verursachen. Kranke Vögel zeigen oft erst kurz vor dem Tod, wenn es für eine Behandlung ohnehin zu spät ist, erste Anzeichen. In diesem Zusammenhang empfehlen wir deshalb dringend regelmäßige Kotuntersuchungen des gesamten Vogelbestandes in halbjährlichen Abständen, die möglicherweise frühzeitig Auskunft über den Ausbruch einer Erkrankung geben. Kotproben sollten - nach Möglichkeit für jeden Vogel getrennt - auf Folie oder Zeitungspapier abgesetzt werden und unversandet sein. Letzteres ist für die mikroskopische Untersuchungen (Wurmeier, Kokzidien) wichtig. Das Ergebnis der parasitologischen Untersuchung kann man bereits binnen kurzer Zeit beim Tierarzt anfordern bzw. telefonisch erfragen; bakteriologische Untersuchungen dauern dagegen bis zum Vorliegen eines aussagekräftigen Ergebnisses etwa 3 bis 5 Tage. Bei positivem Befund sollte in jedem Fall ein Antibiogramm erstellt weden. Es dient dazu, das für eine notwendig werdende Therapie wirkungsvollste Antibiotikum festzustellen.

7. 2. Vogelpflege

Ein wesentliches Element im Komfortverhalten der afrikanischen Papageien scheint das Baden zu sein (vgl. I, 3.5.). Baden erhält das Gefieder weich und geschmeidig und verhindert eine übermäßige Ansammlung von Gefiederstaub. In Menschenobhut kann man dem Badebedürfnis entgegenkommen, indem man den Tieren Badeschalen zur Verfügung stellt. Geeignet dafür sind große, flache, innen glasierte Blumentopfuntersetzer, die man möglichst nicht direkt auf den Volierenboden (wegen der schnellen Verschmutzung), sondern auf ein entsprechendes Gestell, etwa 80 bis 100 cm über dem Boden, setzen sollte. Allerdings muß die Konstruktion stabil und nicht schwankend sein; andernfalls werden diese Vögel nach den ersten Anflugversuchen derart erschreckt sein, daß sie keine weiteren Badeversuche unternehmen. Wenn sich gerade ausgeflogene Jungtiere in einer Voliere befinden, sollte man die Badeschale entfernen; denn in der Literatur ist schon mehrfach berichtet worden, daß unerfahrene Jungvögel in zu tiefen Badegefäßen ertrunken sind.
In solchen und anderen Fällen besteht die Möglichkeit, stattdessen die Vögel mittels Wasserzerstäuber (wie er bei der Blumenpflege Verwendung findet) oder Gartenschlauch mit vorgesetzter Sprühdüse abzuduschen. In größeren Volierenanlagen empfiehlt sich auch der Einbau einer Beregnungsanlage, die dann - automatisch oder von Hand - einmal täglich in Betrieb gesetzt wird. Ein solches Duschbad sollte nur bei wärmerem Wetter und bevorzugt in den Morgen- und Mittagsstunden erfolgen, damit die Vögel bis zum kühleren Abend wieder trocken sind. Gut eingewöhnte Papageien werden sich mit der Zeit an ein solches Duschbad gewöhnen, manche werden gar ihr Wohlbefinden durch Lautäußerungen, Spreizen der Schwanzfedern und Heben der Flügel kundtun, andere dagegen lassen es ohne größere Reaktion stumm über sich ergehen. Ungenügend eingewöhnte Vögel dagegen reagieren häufig kopflos auf ihr erstes Duschbad, und der Pfleger muß solche Tiere mit Fingerspitzengefühl an eine solche Maßnahme gewöhnen.
Das ständige Wachstum von Krallen und Schnabelhorn bei Papageien macht das Eingreifen des Pflegers gelgentlich ebenfalls erforderlich. Am günstigsten ist es, wenn sich durch regelmäßiges Anbieten rauher Kletteräste und Nagezweige die Hornpartien selbständig abnutzen und ein Einfangen der Vögel vermeidbar ist. Bei unzureichenden Abnutzungsmöglichkeiten dagegen, etwa bei der Käfighaltung, aber auch bei den sog. "Schiefbeißern" (mit unzureichender Schnabelokklusion) und Tieren mit Stellungsabnormitäten der Zehen kommt es regelmäßig zu übermäßigem Schnabel- und Krallenwachstum, das einer Korrrektur bedarf.
Um einen solchen Eingriff vornehnmen zu können ist - zumindest bei den größeren Arten - die Assistenz eines Helfers, der den Vogel mittels Kescher und Lederhandschuhen einfängt und festhält, notwendig. Als Werkzeuge benötigt man eine stabile Nagelzange und eine Nagelfeile. Beim Krallenschneiden muß darauf geachtet werden, daß zum einen entsprechend der ursprünglichen Krallenform gekürzt wird und zum anderen die

Blutgefäße, die die Kralle zu etwa 2/3 durchziehen, nicht verletzt werden. Bei Vögeln mit hellen Krallen kann man den Verlauf der Blutkanäle meist vor einer hellen Lichtquelle erkennen, bei dunklen Krallen bedarf es eines gewissen Fingerspitzengefühls, um die richtige Schnittstelle zu finden. Ist versehentlich eine Kralle zu weit gekappt worden und kommt es daraufhin zu einer Blutung, entläßt man den Vogel unverzüglich in seine gewohnte Umwelt und entfernt sich, ohne weitere Schritte einzuleiten. Der betreffende Vogel sollte allerdings in den folgenden Stunden nicht gestört werden, so daß durch sein Umherflattern oder -klettern die Blutung nicht in Gang gehalten wird, sondern der Vogel stattdessen Ruhe findet und die Blutung zum Stillstand kommen kann.

Die Korrektur der Schnabelspitze ist ein wenig schwieriger, läßt sich aber nach einiger Übung ebenso leicht durchführen wie das Krallenschneiden. Mittels Nagelfeile wird nach dem Einkürzen die ursprüngliche Schnabelspitze wiederhergestellt und Unregelmäßigkeiten beigefeilt. Bei größeren Schnabelkorrekturen ist dagegen stets ein Fachmann heranzuziehen. Dies gilt besonders für Tiere mit Stellungsanomalien von Ober- und Unterschnabel ("Schiefbeißer"). In solchen Fällen geht es im Wesentlichen um den Erhalt bzw. die Wiederherstellung der Möglichkeit zur normalen Nahrungsaufnahme, die bei solchen Tieren u. U. erheblich gestört sein kann. Oft wird gar der Einsatz kleiner Schleifapparate, wie sie etwa in der Zahnarztpraxis benutzt werden, unumgänglich sein, um einen größeren Eingriff vornehmen zu können. Als Ursachen für derartige Abnormitäten werden Stoffwechselstörungen vermutet.

In den Pflegekapiteln anderer Papageienbücher wird häufig auch auf das Federstutzen, das ein- oder beidseitige Beschneiden der Schwungfedern zur Verminderung oder Unterbindung der Flugfähigkeit von Papageien hingewiesen. Eine solche Vorgehensweise mag für manche Bereiche der Papageienpflege — etwa bei der Haltung von Aras oder größeren Kakadus auf Freianlagen — ihre Berechtigung haben. Für die hier behandelten Großpapageien Afrikas dagegen erscheint uns das Federstutzen völlig unangemessen, da sie bevorzugt in Volieren gehalten werden. Im Gegenteil sollte der Papageienhalter froh sein, wenn seine gestutzten Importvögel (betroffen sind vorrangig Kap-, Kongo-, Grau- und Vasapapageien) nach geraumer Zeit endlich wieder ein komplettes Gefieder ausgebildet haben und Stück für Stück ihre Flugfähigkeit zurückerlangen.

7.3. Pflege von Volierenanlage und -einrichtung

Neben den bereits genannten Dingen ist auch die regelmäßige Reinigung der Volierenanlage und -einrichtung für die Minimierung von Krankheitsausbrüchen wesentlich. Das wöchentliche Ausharken von Außenvolieren und Schutzräumen und darüber hinaus die halbjährliche Gesamtreinigung der Anlage (mit heißem Wasser und unschädlichen Reinigungsmitteln) mit anschließender Desinfektion bilden das Reinigungsminimum. Sitzäste müssen regelmäßig abgewaschen oder besser noch erneuert werden (Naturholzäste), Nist- und Schlafkästen jährlich (vor der Brutzeit) gesäubert, renoviert, desinfiziert und anschließend mit einer neuen Einstreu versehen werden. Die Futter- und Wassernäpfe kommen wenigstens 14tägig zur gründlichen Reinigung in die Geschirrspülmaschine. Obst-, Weichfutter- und Grünfutternäpfe werden täglich geleert und vor jeder neuen Benutzung gründlich ausgewaschen.

Einmal jährlich (am günstigsten nach der Brutzeit) wird die gesamte Volierenanlage einer kritischen Inspektion unterzogen. Um sie jahrelang funktionsfähig und in einem optisch einwandfreien Zustand zu erhalten, sind ständig kleinere Renovierungsarbeiten notwendig, z. B. das Entfernen von Roststellen, Ersetzen von schadhaftem Draht, Abdichten des Daches, Neuanstriche, Ölen von Riegeln, Verschlüssen, Türschlössern.

7.4. Die richtige Fütterung

Die Fütterung der Papageien muß regelmäßig erfolgen. Täglich zur gleichen Zeit erhalten die Vögel Wasser, Obst, Grünfutter, Körnerfutter, Keim- und ggf. Weichfutter in getrennten Schalen (vgl. II, 8.). Bei jeder Fütterung oder Säuberung der Futterschalen wird jede Voliere wieder mit denselben Näpfen in gleicher Anordnung bestückt.

Die Futtermenge richtet sich nach dem Tierbesatz einer Voliere. Sie ist so zu bemessen, daß die Vögel nie ganz ohne Futter sind, wenngleich es ratsam ist, darauf zu achten, daß der Großteil des angebotenen Futters verwertet und damit die Vielseitigkeit des Nahrungsangebotes ausgenutzt wird, ehe die Futterschalen neu gefüllt werden. Trockenes Körnerfutter kann auch für mehrere Tage — in größeren Futterschalen — verabreicht werden. Dann ist allerdings wesentlich, daß die Tiere die Näpfe weder umwerfen noch über Gebühr verunreinigen können. Obst-, Keim- und Grünfutterschalen dürfen dagegen allerdings nur für einige Stunden (besonders bei warmem Wetter) in der Voliere belassen werden, weil sonst die Gefahr besteht, daß die Futtermittel verderben (säuern, schimmeln). Wasserschalen werden täglich gereinigt und neu gefüllt.

Bei sehr fetthaltiger Fütterung (die ohnehin nicht zu empfehlen ist, vgl. II, 8.) empfiehlt sich die regelmäßige (wöchentliche) Einhaltung eines Fasttages.

8. Ernährung

"Die Nahrungspalette in Gefangenschaft gehaltener Papageien muß möglichst abwechslungsreich und ausgewogen gestaltet sein, zumal die Tiere in Menschenobhut gegenüber dem Freiland niemals adäquate Bedingungen vorfinden, sondern stattdessen mit einem 'Ersatzfutter' vorlieb nehmen müssen".

So oder so ähnlich beginnen die meisten Ernährungskapitel in den Büchern über Papageienhaltung. Die Autoren führen in der Folge meist eine Unmenge von Nahrungsbestandteilen auf, die ein hochwertiges Ersatzfutter für Papageien in Menschenobhut tunlichst enthalten sollte. Leider haben derartige Hinweise in der Regel wenig mit der Wirklichkeit gemein. Vielmehr wird es dem Papageienhalter, insbesondere wenn er eine größere Anzahl von Tieren in Volieren zu versorgen hat, darum gehen, die Nahrungsbedürfnisse seiner Pfleglinge zwar ausgewogen, aber zudem mit möglichst geringem Arbeits- und Zeitaufwand sowie kostengünstig zu befriedigen.

Die im folgenden beschriebenen Futtermittel und -zusammensetzungen haben sich in der Vergangenheit aufgrund eigener Erfahrungen der Verfasser als geeignet erwiesen und sollen deshalb empfohlen werden. Damit ist natürlich nicht gesagt, daß auch andere Mischungen nicht ebenso ihren Zweck erfüllen und die Vögel über Jahre hinweg gesund erhalten können.

Als Grundnahrung reichen wir von September bis März ein "trockenes" Körnergemisch mit folgenden Bestandteilen:

40 % Kardisaat
10 % Sonnenblumenkerne
10 % Hafer
10 % Weizen
10 % Mais
10 % Kleinsämereien (Hirse u. a.)
10 % Nüsse (Zirbel-, Erd-, Hasel- und Walnüsse)

Der im handelsüblichen Papageienmischfutter enthaltene hohe (oder gar überwiegende) Sonnenblumenkernanteil ist u. E. wegen des hohen Fettgehaltes (vgl. Tabelle) nicht empfehlenswert. Die Umstellung auf eine "leichtere" Diät mit höherem Kardisaatanteil hat bei Tieren, die an andere Futterzusammensetzungen gewöhnt sind, schrittweise innerhalb mehrerer Tage oder Wochen zu erfolgen. Zusätzlich (etwa 30 bis 50 % der Gesamtfuttermenge) erhalten die Vögel während der genannten Zeit Obst (Äpfel, Birnen, Bananen, Orangen, Pfirsiche, Weintrauben usw.) ohne Schale und Kerngehäuse, kleingewürfelt.

Mit Eintritt des Frühlingswetters reduzieren wir aufgrund langjähriger Haltungserfahrungen mit Amazonenpapageien (*Amazona spec.*) dieses Gemisch in der Gesamtfuttermenge und ersetzen es zunehmend durch ein Gemisch aus den verschiedensten Hülsenfrüchten (Soja-

---

o.: *Volierenanlage im Oberhausener Institut für Papageienforschung*
u.l.: *Blick in den Futtergang des Papageienhauses*
u.r.: *Blick in eine Sommervoliere (ohne Schutzhaus)*

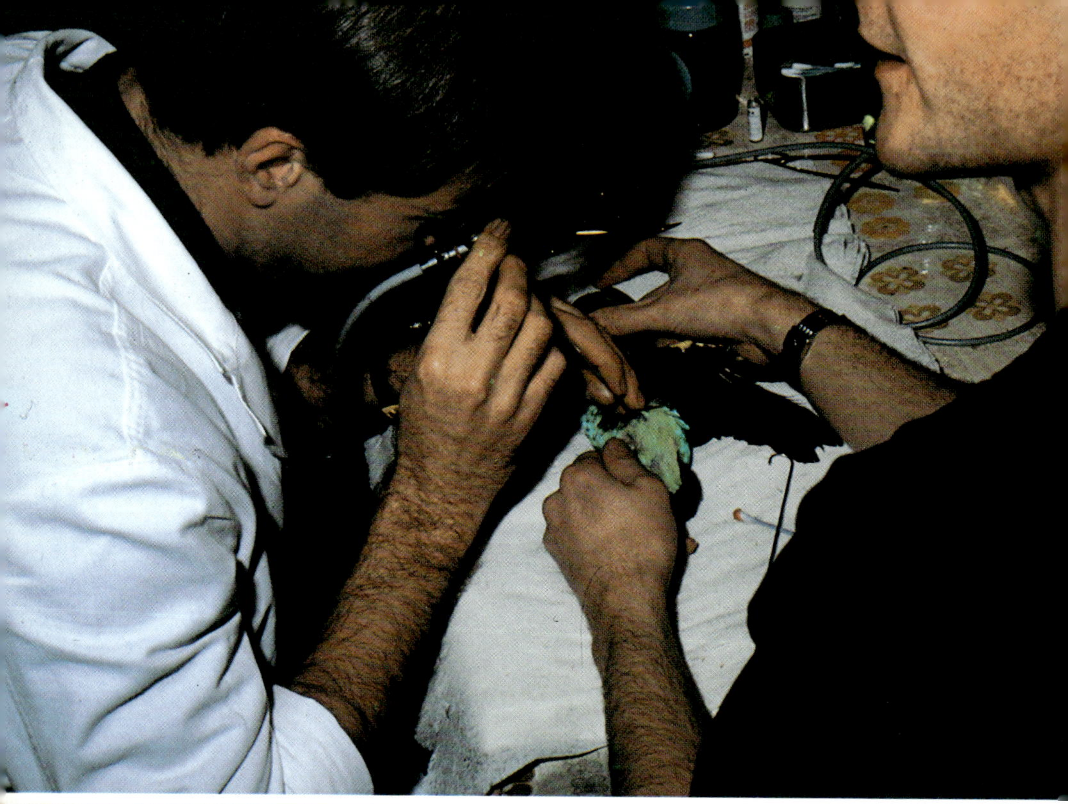

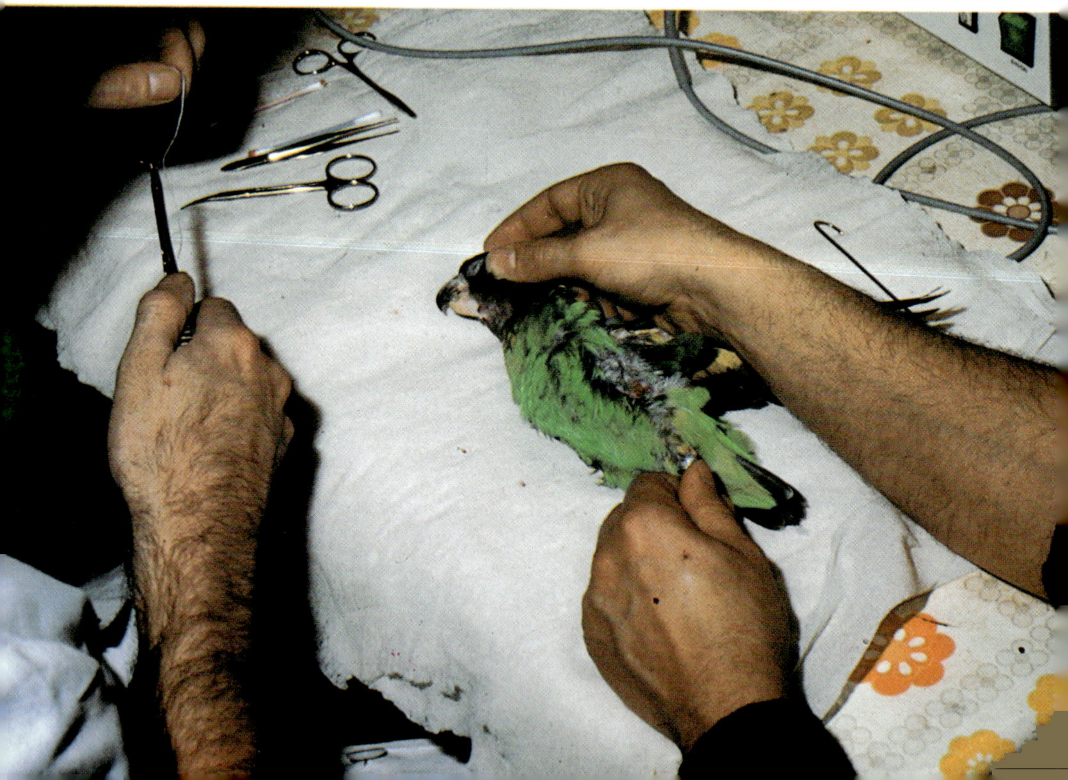

Zusammensetzung häufig verwendeter (Papageien)futtermittel, Angaben in Gewichts-% der Trockenmasse (nach Diefenbach, 1982).

	Rohprotein	Rohfett	Rohfaser	Kohlenhydrate	Mineralstoffe
Sonnenblumenkerne, geschält	20,2	54,5	4,0	5,9	2,5
Erdnüsse	26,0	43,5	5,2	11,2	2,3
Kardisaat ungeschält	14,3	27,8	31,2	16,5	3,0
Hafer	11,4	4,8	19,5	58,3	3,2
Weizen	10,8	1,7	2,6	71,3	1,7
Mais	9,4	4,1	2,4	70,6	1,5
Rohreis	8,5	2,1	8,7	63,2	5,4
Mungbohnen	21,4	1,7	4,4	57,5	3,6

Nährstoffe in 100 g eßbarem Anteil (nach BROCKMANN u. LANTERMANN, 1985)

	Hauptbestandteile			Mineralstoffe					Vitamine			
	Eiweiß	Fett	Kohlehydrate	Natrium	Kalium	Calcium	Phosphor	Eisen	A	B_1	B_2	C
	g	g	mg	mg	mg	mg	mg	mg	I.E.	µg	µg	mg
Kopfsalat	1,2	0,2	1,7	8	220	20	35	0,6	1500	60	90	10
Endivien	1,7	0,2	2,0	50	350	50	50	1,4	900	52	120	9
Spinat	2,4	0,4	2,4	60	660	110	48	3,0	8200	86	240	47
Mangold	1,8	0,3	2,9	90	380	100	40	2,7	5900	100	160	40
Rapunzel	1,8	0,4	2,6	44	20	30	50	2,0	7000	65	80	30
Petersilie	4,4	0,4	9,8	30	1000	240	130	8,0	12080	140	300	170
Möhren	1,0	0,2	7,3	45	280	35	30	0,7	13500	70	55	6
Rote Beete	1,5	0,1	7,6	86	340	30	45	0,9	180	22	40	10
Radieschen	1,0	0,1	3,5	17	25	53	426	1,5	38	33	30	30

Geschlechtsbestimmung mittels Endoskopie bei einem Braunkopfpapageien (Poicephalus cryptoxanthus). Einzelheiten: siehe Text, Abschnitt 11.5.

bohnen, rote, schwarze und weiße Bohnen, Mungbohnen, Erbsen, Linsen), das über Nacht eingeweicht, am nächsten Morgen 10 Minuten im Dampfdrucktopf gekocht, danach — abgekühlt und abgetrocknet — den Tieren verabreicht wird. Dazu erhalten die Tiere Obst (s. o.), Grünfutter (Salat, Spinat, Mangold, Petersilie, Löwenzahn), gelegentliche Beigaben von Möhren, Gurken, Radieschen und Keimgetreide (die Herstellung ist mehrfach beschrieben worden, z.B. BROCKMANN u. LANTERMANN, 1985; LANTERMANN, 1984, 1986), so daß sich eine Wiederholung an dieser Stelle erübrigt.

Die zusätzliche Verabreichung von Vitamin- und Mineralstoffen ist im allgemeinen bei einem derart ausgewogenen und abwechslungsreichen Futter unnötig. Notfalls können Vitaminpräparate (aus der Zoohandlung oder Apotheke, Herstellerhinweise beachten) und Mineralstoffe (in Pulverform oder als zerriebener Sepiaschulp über das Obst oder Keimgetreide gestreut) zugefüttert werden. Grit muß den Tieren darüber hinaus ständig in einer gesonderten Futterschale zur Verfügung stehen. Wie alle Körnerfresser benötigen auch Papageien diese kleinen Magensteinchen zur Unterstützung der Reibetätigkeit des Muskelmagens. Andernfalls wäre ein ordnungsgemäßer Verdauungsablauf nicht gewährleistet.
Trinkwasser wird täglich verabreicht und kann zur Verbesserung der Wasserqualität mit Avisanol aufbereitet werden.
Die Verabreichung eines speziellen Stimulanz- und Aufzuchtfutters vor und während der Brutzeit erübrigt sich bei der genannten Futtermischung. Allerdings scheint es vorteilhaft, wenn den Tieren in unregelmäßigen Abständen kleine Mengen tierischen Eiweißes (Dosenfutter für Hunde, Käse, Quark, Ei usw.) angeboten wird.

Langflügelpapageien werden in der Literatur regelmäßig als äußerst "konservative" Nahrungskonsumenten beschrieben, die ein trockenes Körnergemisch mit hohem Sonnenblumenkernanteil bevorzugen, ja häufig sogar ausschließlich zu sich nehmen (DE GRAHL, 1974; FERGENBAUER-KIMMEL, 1985; REPP u. REPP, 1984). Ähnliche Erfahrungen konnten wir mit unseren Tieren, die — wie eingangs erwähnt — vornehmlich aus Zoohaltungen stammten, nicht machen. Ohne Ausnahme nahmen alle Vögel ein gewöhnliches Körnergemisch an und verwerteten es weitgehend, dazu Obst und Grünfutter aller verfügbaren Sorten. Selbst die Umstellung der Futterpalette auf die "leichtere" Diät mit hohem Kardisaatanteil erwies sich als unproblematisch. Auch die zum Frühjahr hin veränderte Futterzusammensetzung (gekochte Hülsenfrüchte) nahmen alle Vögel unmittelbar nach der ersten Fütterung an, verschmähten sie seltsamerweise danach aber beharrlich. Erst mit der Zeit gewöhnten sich alle unsere Papageien daran, so daß diese Mischung, die seit geraumer Zeit international in vielen Vogelparks und Zoologischen Gärten erfolgreich angewendet wird und weltweit zur Verbesserung der Zuchterfolge beigetragen hat (AECKERLEIN, 1987; THOMPSON, 1986 u. a.), bis zum Eintritt des Winters als Hauptnahrung (wie erwähnt ergänzt durch Beigaben von Obst, Grünfutter, Keimgetreide) dient. Mit Beginn der winterlichen Ruhephase erfolgt wiederum die Umstellung der Futterpalette auf die eingangs erwähnte Körnerfuttermischung.

Eine solche Trennung der Jahresperiodik in Ruhezeit und Fortpflanzungszeit in Menschenobhut entspricht sicherlich in gewisser Weise den Bedingungen im Freiland, wo der Beginn der Fortpflanzungszeit auch vom Nahrungsangebot nach Qualität und Quantität (höherer Vitamin- und Proteingehalt) abhängt (vgl. II, 11.7.).

9. Krankheiten und ihre Behandlung*

Langflügel- und Graupapageien — über Vasapapageien liegen in dieser Hinsicht nur unzureichende Erkenntnisse vor — gehören mit zu den robustesten Papageienvögeln in Menschenhand, die nur selten erkranken. Dennoch läßt sich auch bei sorgfältigster Pflege das gelegentliche Auftreten von Krankheiten kaum vermeiden, wohl aber minimieren, wenn gewisse hygienische Grundregeln eingehalten und Vorsorgemaßnahmen getroffen werden (vgl. II,8.).

Im Erkrankungsfall (spezifische Anzeichen fehlen meist, aber kranke Papageien zeichnen sich oft durch ein auffallendes Schlafbedürnis, aufgeplustertes Gefieder, trübe Augen, feuchte, verklebte Nasenlöcher, Kotveränderungen oder gar Durchfall und eine verringerte Futteraufnahme auf; nähere Einzelheiten siehe II,5.) ist ohne Zeitverlust ein Tierarzt aufzusuchen, am Wochenende auch ohne falsche Scheu der tierärtztliche Notdienst in Anspruch zu nehmen. Erfreulicherweise hat die Vogelmedizin in den letzten 5 bis 10 Jahren auf dem Gebiet der Diagnostik (verfeinerte Diagnostik durch Röntgen, Parasitologie, Virologie, Mikrobiologie und Blutuntersuchungen) und Therapie sehr große Fortschritte zu verzeichnen, so daß es dem Tierarzt heute immer häufiger gelingt, eine sichere Diagnose zu stellen, die die Grundlage für eine sinnvolle Behandlung darstellt. Bei der Sicherung einer Diagnose spielt häufig auch eine vorangegangene Kotuntersuchung eine entscheidende Rolle (vgl. II,7.).

Leider ist das Potential fachlich versierter Tierärzte für Vogelkrankheiten aber nach wie vor recht klein, so daß beim Auftreten einer Erkrankung nicht selten größere Anfahrtswege zur nächstgelegenen Fachpraxis in Kauf genommen werden müssen.

Die Ursachen einer Erkrankung lassen sich oft nur vermuten. Bisweilen ergeben sich aber Zusammenhänge zwischen unzureichenden Haltungsbedingungen (falsche Ernährung, Zugluft, Temperaturschwankungen usw.) und Krankheitserscheinungen, die daraufhin im bestehenden Haltungssystem unverzüglich berücksichtigt werden müssen.

Über nähere Einzelheiten häufig vorkommender Erkrankungen informiert der folgende Abschnitt, allerdings sei vorsorglich darauf hingewiesen, daß die dort in allgemeinverständlicher Form aufgeführten Erscheinungsformen und Behandlungsmöglichkeiten der Krankheiten nur eine subjektive Auswahl darstellen und lediglich als erste Hinweise dienen sollen. Weiterführende Angaben finden sich in den zum Teil recht umfangreichen Werken von KRONBERGER (1978), HEIDENREICH (1980), EBERT (1978) und GYLSTORFF u. GRIMM (1988).

* unter Mitarbeit von Tierärztin Angelika Wedel, Berlin

9.1. Parasitäre Erkrankungen

Ektoparasitenbefall

Eine verhältnismäßig "harmlose" Erkrankung ist der Befall mit Ektoparasiten (im Federkleid der Vögel parasitierende Organismen), der bei Papageien unter normalen Haltungsbedingungen und einem gewissen Maß an Hygiene nur selten größere Ausmaße annimmt. Milben und Federlinge kommen als Verursacher in Betracht.

Die "Rote Vogelmilbe" (*Dermanyssus gallinae*) parasitiert überwiegend nachts auf den Vögeln, tagsüber hält sie sich in Spalten, Ritzen und Nisteinstreu auf. Die schädigende Wirkung beruht in Blutsaugen und einer damit verbundenen Schwächung des Vogels, besonders der Jungtiere (Anämie).

Die "Nordische Vogelmilbe" (*Ornithonyssus sylviarum*), vom Züchter auch Federmilbe genannt, lebt ständig auf den Vögeln und führt zu einer dauerhaften Beunruhigung der Tiere.
Federlinge (Mallophagen) kommen bei Volierenvögeln selten vor; die Schädigung beruht vor allem auf Fraßschäden im Gefieder.

Zur Vorbeugung empfiehlt sich die regelmäßige gründliche Reinigung der Unterkunft, wobei besonders alle Holzteile mit heißem Wasser abgebürstet werden sollten.

Zur Behandlung stehen verschiedene Insektizide zur Verfügung, mit denen sowohl der betroffene Vogel eingepudert als auch die Unterkunft behandelt wird. Beim Kauf solcher Mittel, die oft auch in Zoohandlungen angeboten werden, ist darauf zu achten, daß sie ausdrücklich zur Anwendung bei Ziervögeln ausgewiesen sind.

Wurmbefall

Papageienvögel werden vor allem von Spulwürmern (Askariden), Haarwürmern (*Capillaria*) und Bandwürmern (Cestoden) befallen. Allerdings sind die sog. Großsittiche, besonders die australischen *Platycercus*-Arten, vorrangig gefährdet, während die Großpapageien nach eigenen Erfahrungen weniger anfällig sind. Typische Krankheitserscheinungen gibt es nicht, allerdings sitzen betroffene Vögel oft aufgeplustert in ihren Unterkünften, magern langsam ab und setzen schleimigen Kot ab. Auch plötzliche Todesfälle infolge einer Darmverstopfung durch Hunderte von Würmern (meist Spulwürmer) können auftreten. Bandwürmer benötigen zu ihrer Entwicklung einen Zwischenwirt, meist Insekten, in denen sich die Finne des Bandwurmes entwickeln kann. Nimmt ein Papagei einen solchen Zwischenwirt als Nahrung auf (Insekten, Schnecken o. ä.), so kann sich in seinem Körper der geschlechtsreife Wurm entwickeln. Eine Direktübertragung von Vogel zu Vogel ist demnach nicht möglich. Als Vogelhalter wird man auf eine solche Erkrankung aufmerksam, wenn ein Stückchen Wurm aus der Kloake heraushängt oder die Bandwurmglieder (Proglottiden) mit dem Kot ausgeschieden werden.
Wie im Abschnitt II, 7.1. erwähnt, sollten ggf. mehrmals im Jahr Kotproben ge-

sammelt und einem Tierarzt zur Untersuchung weitergeleitet werden. Er kann eine im Vogeldarm lebende Parasitenart durch eine mikroskopische Untersuchung identifizieren und ein spezifisches Mittel zur Behandlung vorschlagen.
Spul- und Haarwürmer werden beispielsweise mit Concurat-L, Bandwürmer mit Mansonil oder Droncit bekämpft. Bei der Verabreichung über das Trinkwasser oder bei oraler Gabe muß man sich peinlichst genau an die Angaben des Tierarztes halten, da Überdosierungen gefährlich sind.

Kokzidiose
Kokzidien sind einzellige Darmparasiten, die in der Darmschleimhaut der Papageien leben und dort schwere Entzündungen hervorrufen können. Als Folge davon sind Darmblutungen zu beobachten. Durchfall und Abmagerung begleiten das Krankheitsbild gewöhnlich.

Kokzidien-Oozysten sind — ebenso wie Wurmeier — durch Kotuntersuchungen nachzuweisen. Zur Behandlung stehen mehrere geeignete Mittel zu Verfügung, die bei rechtzeitigem Behandlungsbeginn und konsequenter Anwendung in kurzer Zeit zur Parasitenfreiheit führen. Nach eigener Erfahrung hat sich eine Trinkwasserbehandlung mit Amprolvet gut bewährt.
Als vorbeugende Maßnahmen sind regelmäßige Säuberungen, Desinfektionen und Kotuntersuchungen anzusehen.

Trichomoniasis
Die Trichomoniasis wird durch einen einzelligen Schleimhautparasiten, *Trichomonas gallinae*, hervorgerufen. Sie kommt vor allem bei Tauben vor ("gelber Knopf"), hat jedoch auch in der Papageienhaltung eine gewisse Bedeutung. Bei adulten Vögeln kommt es nur selten zu akuten Erkrankungen, während Jungvögel, die noch aus dem Kropf der Elterntiere gefüttert werden, von diesen infiziert werden können.
Bei akutem Krankheitsverlauf bilden sich auf den Schleimhäuten in der Mundhöhle und im Kropf gelbliche, festsitzende Beläge, die die Futteraufnahme beeinträchtigen und u. U. sogar die Atmung behindern können. In der Folge zeigen sich die betroffenen Vögel aufgeplustert, haben Schwierigkeiten beim Abschlukken der Nahrung und magern langsam ab. Zur Vorbeugung und Behandlung hat sich das Carnidazol-Präparat Spartrix, das in Tablettenform zur Verfügung steht, bestens bewährt. Für Papageien von Mohrenkopfpapageiengröße genügt die einmalige Verabreichung einer halben Tablette, Vasa-, Kap-, Kongo- und Graupapageien erhalten im Erkrankungsfall die doppelte Dosis.

9.2. Bakteriell- und virusbedingte Erkrankungen

Erkrankungen der Atmungsorgane

Erkrankungen der Atmungsorgane werden bei Papageien bevorzugt durch Bakterien und Viren, aber auch durch Clamydien (Psittakose, s. u.) oder Schimmelpilze (Aspergillose, s. u.) hervorgerufen. Eine Erkrankung äußert sich u. a. durch wiederholtes Niesen, durch verstopfte oder feuchte Nasenlöcher sowie durch Ausfluß aus der Nasenhöhle. Gelegentlich begleitet eine Lidbindehautentzündung die genannten Symptome.

Gleichzeitig mit der Einleitung einer Therapie hat als erstes eine gründliche Reinigung und Desinfektion der Unterkunft, der Sitzstangen, der Trink- und Futtergefäße zu erfolgen; denn Vögel mit Nasenausfluß haben in ihrer unmittelbaren Umgebung zu einer Anreicherung der Krankheitserreger beigetragen, z. B. dadurch, daß erkrankte Tiere vermehrt ihre Nasenlöcher und Umgebung an den Sitzstangen, Käfiggittern usw. scheuern.

Als wichtige Behandlungsmaßnahme hat sich eine intensive Wärmebestrahlung mittels einer Rotlichtlampe erwiesen. Bei bakteriellen Infektionen ist darüber hinaus die Verabreichung eines Breitbandantibiotikums unerläßlich. Behandlungsmaßnahmen für Atmungserkrankungen infolge einer Clamydien-Infektion sind weiter unten (Psittakose) beschrieben. Eine im Gefolge der Krankheit auftretende Konjunktivitis kann mit einer antibiotischen Augensalbe, wie sie auch in der Humanmedizin Verwendung findet, behandelt werden.

Infektion der Kropfschleimhaut

Zu einer Infektion der Kropfschleimhaut kommt es bei Papageien gelegentlich nach der Aufnahme von mit Kot verschmutztem Futter oder Wasser, verdorbenem oder ungeeignetem Futter oder Fremdkörpern. Dabei können Vergiftungen, Verstopfungen oder Gärungsprozesse im Kropf, aber auch Infektionen mit Pilzen (s. u.) oder Trichomonaden (s. o.) entstehen, deren Erreger auch bei gesunden Vögeln vorkommen, aber erst bei einer Herabsetzung der Widerstandskraft zum Ausbruch der Erkrankung führen.

Hinweise auf eine Entzündung der Kropfschleimhaut können neben den allgemeinen Krankheitserscheinungen eine verminderte Futteraufnahme und das Erbrechen eines zähflüssigen, braunweißen Schleimes sein, der im Verlauf der Erkrankung zu einer Verschmutzung und Verklebung des Kopfgefieders führt.

Als Therapie schlägt HEIDENREICH (1980) eine zweimalige Injektionsbehandlung mit einem Breitbandantibiotikum, Cortison und Vitamin A im Abstand von 2 Tagen vor. Zusätzlich sollte der Kropf des betroffenen Vogels ausgespült und darüber hinaus ein Antibiotikum 5 Tage lang über das Trinkwasser verabreicht werden. Als Diät erhält der erkrankte Vogel Kamillentee, in Tee angefeuchteten Zwieback, Humana-Heilnahrung und Banane, wenn er es annimmt.

Neben der Therapie muß man aber versuchen, herauszufinden, welche Stoffe oder Nahrungsmittel (Blei, etliche Zimmerpflanzen, ranziges Futter, nasses Grünfutter, gespritztes Obst etc.) als Ursache für den Ausbruch der Infektion verantwortlich sind, damit ein Wiederholungsfall vermieden werden kann.

Darmentzündung (Enteritis)

Eine der häufigsten Gesundheitsstörungen bei den Papageien ist die Darmentzündung. Neben den allgemeinen Krankheitserscheinungen kommt es dabei meist zu Durchfall und — infolge des hohen Flüssigkeitsverlustes — zu vermehrter Wasseraufnahme. Die Ausscheidungen sind verändert in Farbe (giftgrün, graugrün, gelblich oder schwärzlich), Konsistenz (breiig, wäßrig, schleimig) und in ihrer Zusammensetzung (z. T. unverdaute Futterpartikel, Blut). Daneben ist auch eine geringere Futteraufnahme zu beobachten, so daß diese Erkrankung eine ernste, manchmal lebensbedrohende Gefahr für den Vogelorganismus darstellen kann.

Allerdings sei erwähnt, daß auch gewisse psychische Faktoren Einfluß auf das Verdauungssystem der Papageien haben können und dann unter Umständen zu durchfallähnlichen Erscheinungen führen. So kann beispielsweise der Anblick eines in der Luft schwebenden Greifvogels oder einer auf dem Volierendach lauernden Katze ebenso zu plötzlichem wäßrigen Durchfall führen, wie die Angst beim Einfangen durch den Pfleger oder beim Aufeinandertreffen rivalisierender Artgenossen. Eine solche Erscheinung wird dann allerdings meist vom Nervensystem ausgelöst und ist nicht als Krankheitssymptom zu werten.

Als Ursache bzw. Auslöser für eine Enteritis kommen verdorbenes Futter (ranzige, alte Sämereien, verdorbenes oder nasses Grünfutter), Vergiftungen (Pflanzenschutzmittel, Blei, Zigaretten, Zimmerpflanzen), Nahrungsumstellung, Parasitenbefall und Infektionen (Psittakose, Salmonellose, Koliinfektonen oder die infektiöse Form der Enteritis) in Betracht.

Als Sofortmaßnahme reicht man Kamillentee, leicht verdauliches Futter (s. o. Kropfschleimhautentzündung) und bestrahlt das Tier mit gleichmäßig hoher Wärme (Rotlichtlampe).

Die medikamentöse Behandlung erfolgt in der Regel mit einem Breitbandantibiotikum nach Anordnung des Tierarztes. Die Erstellung eines Antibiogrammes ist jedoch dringend zu empfehlen.

Salmonellose (Paratyphus)

Zu einer Salmonelleninfektion kommt es durch die Aufnahme salmonellenverseuchten Futters oder Wassers. Als Überträger der Krankheit kommen wildlebende Vögel — wie Sperlinge, Drosseln und Stadttauben —, aber auch Ratten, Mäuse oder Fliegen in Betracht, die sich auf, an oder gar in den Volieren aufhalten und mit ihrem Kot für die Verbreitung der Erreger sorgen.

Typische Krankheitsanzeichen gibt es nicht, allerdings machen die betroffenen Tiere in der Regel einen schwerkranken Eindruck, und der Kot ist verändert (wäßrig bis blutig). Eine bakterielle Kotuntersuchung (vor Verabreichung eines Medikamentes Kotprobe entnehmen!) schafft Klarheit über den Erregertyp.

Für die Behandlung stehen mehrere Breitbandantibiotika zur Verfügung. Parallel zur Behandlung mit einem erprobten Mittel muß auf jeden Fall ein Antibiogramm erstellt und — je nach Befund —

anschließend das geeignetste Medikament ausgewählt werden. Neben dem Antibiotikum müssen Elektrolyte verabreicht werden, um den Flüssigkeitsverlust des Vogels auszugleichen.

Die Salmonellose ist meldepflichtig. Wegen der Gefahr der Übertragung der Krankheit auf den Menschen ist Vorsicht im Umgang mit erkrankten Vögeln geboten.

Koliinfektion

Eine Koliinfektion des Darmes wird hervorgerufen durch verseuchtes Futter oder Wasser, welches mit dem Bakterium *Escherichia coli* behaftet ist. Der Darm eines gesunden Krummschnabels (und anderer "Körnerfresser") ist frei von *E. coli*, während es beim Menschen, bei Fleischfressern und bei vielen fleisch- und insektenverzehrenden Vögeln natürlicherweise im Darm vorkommt.

Übertragen wird die Krankheit hauptsächlich durch mit Mäusekot verunreinigtes Futter oder durch Wildvögel, die in ungenügend abgedeckten Freivolieren die Futternäpfe durch Kot verunreinigen und somit den Erreger übertragen können. Besonders gefährdet sind Jungvögel und geschwächte adulte Tiere.

Auch hier zeigen die Vögel keine charakteristischen Krankheitsanzeichen; sie haben allerdings ein stark gestörtes Allgemeinbefinden, sind apathisch, plustern, fressen schlecht, und meist weist der Kot einen penetrant strengen Geruch auf.

Eine bakterielle Untersuchung und die Erstellung eines Antibiogramms sind zur genauen Erregerbestimmung erforderlich. Für die Behandlung stehen mehrere Breitbandantibiotika zur Verfügung.

Zur Vorbeugung empfiehlt sich — neben dem zweckmäßigen Bau einer Volierenanlage — die regelmäßige Säuberung von Käfigen und Volieren sowie die tägliche Reinigung der Futter- und Wassergefäße.

Papageienkrankheit (Psittakose)

Die Psittakose ist eine verlustreiche Infektionskrankheit, die seit etwa 1930 bekannt ist. Damals wurde sie vermutlich durch importierte Amazonenpapageien aus Südamerika nach Deutschland eingeschleppt. Als bekannt wurde, daß die Krankheit auch auf den Menschen übertragbar war und einen seuchenhaften Charakter annehmen konnte, erließ die damalige Reichsregierung ein absolutes Einfuhrverbot für alle Papageienvögel, das erst Mitte der 60er Jahre wieder aufgehoben wurde.

Seither ist für alle importierten Großpapageien eine Quarantänezeit, in der die Vögel prophylaktisch 45 Tage lang mit einem antibiotikahaltigen Spezialfutter gegen diese Erkrankung behandelt werden, amtlich vorgeschrieben. Somit ist die Mehrzahl der in den Handel gelangenden Tiere erregerfrei, allerdings drohen Gefahren durch Schmuggeltransporte, die lässige Handhabung der amtlichen Vorschriften durch die Großhändler, aber auch durch wildlebende einheimische Vögel, die Zugang zum Haltungssystem haben (der Erreger der Psittakose wurde mittlerweile bei zahllosen Vogelarten, d. h. Nichtpapageienartigen, nachgewiesen; in solchen Fällen spricht man von Ornithose).

Wie viele andere Krankheiten kündigt sich auch die Papageienkrankheit nicht durch charakteristische Symptome an. Neben latenten, klinisch gesund erscheinenden Ausscheidern kann es bei klinisch auffälligen, d. h. schwer erkrankten Papageien, zu folgenden Symptomen kommen: Fast immer haben die Tiere starken Durchfall, der auch gelblich verfärbt sein kann, wenn die Leber stark in Mitleidenschaft gezogen ist. Die Atmung geht stoßweise und schwerfällig (weil die Luftsäcke meist stark verklebt sind und die Vögel zusätzlich noch an einer Lungenentzündung leiden). Dazu können die Vögel starken Schnupfen und eine ausgeprägte Bindehautentzündung, verbunden mit hochgradiger Apathie aufweisen. Insbesondere das gemeinsame Auftreten dieser Anzeichen legt den Verdacht auf das Vorliegen einer Psittakose nahe.

Es ist möglich, daß erkrankte Vögel, die ohne Behandlung vielfach sterben, auch gelegentlich eine Psittakose-Infektion überstehen; sie werden dann zumeist zu Dauerausscheidern und können Pfleger und Vogelbestand dauerhaft gefährden. Erkrankte Vögel und solche, die mit den erkrankten Kontakt hatten (auch die Nichtpapageienartigen), werden nach Anweisung des beamteten Tierarztes isoliert und mit einem der vom Gesetzgeber zugelassenen Antibiotika (aureomycin-, chlortetracyclin- oder doxycyclinhaltige Futtermittel) behandelt. Auch Injektionsbehandlungen sind möglich und zulässig.

Die Psittakose unterliegt der Meldepflicht. Für den Menschen kann eine Psittakose-Infektion eine lebensbedrohende Erkrankung mit tödlichem Ausgang sein. Neben leichteren Erscheinungen, ähnlich denen einer Erkältung oder Grippe, werden vielfach auch schwere Erkrankungen mit hohem Fieber und Infektionen der Atmungsorgane beobachtet. Auch bei Menschen ist die Papageienkrankheit aber heilbar, sofern sie rechtzeitig erkannt und behandelt wird.

9.3. Pilzinfektionen

Aspergillose

Die Aspergillose ist eine Schimmelpilzinfektion der Atemwege (Lungen, Luftsäcke, Bronchien). Schimmelpilzsporen aus verseuchter Voliereneinstreu, schimmeligem Futter oder feuchtem Nistmaterial werden eingeatmet, und somit kann sich, besonders bei Jungvögeln und geschwächten, gestreßten Papageien, eine Aspergillose im Organismus ausbreiten. Begünstigend wirkt auch eine längere Antibiotika-Therapie (Quarantäne!), Vitaminmangel und schlechte körperliche Verfassung.

Meist wird der Tierarzt/Vogelhalter erst im Endstadium auf die Erkrankung aufmerksam, wenn die Vögel unter schwerer Atemnot leiden. In diesem Fall sind in den Lungen meist umfangreiche Schimmelpilzrasen gewachsen, die vom Organismus abgekapselt werden, oder es sitzt ein Schimmelpilzpfropf an der Verästelung der Luftröhre in die beiden Hauptbronchien, der die freie Atmung aufs Schwerste behindert. Wenn man Glück hat, kann man die Pilzherde als rundliche, fein abgegrenzte Verschattungen auf den Luftsäcken und in den Lungen röntgenologisch feststellen.

Die Sterblichkeit der erkrankten Tiere ist deshalb hoch, eine Behandlung kann nur bei sehr frühzeitigem Einsetzen erfolgreich sein. Sie ist allerdings aufwendig und muß durch einen erfahrenen Vogelmediziner, etwa durch eine 14tägige Injektionsbehandlung mit dem Präparat Daktar oder durch Anwendung eines Aerosols, erfolgen. Neu ist die Behandlung mit Nizoral. Oft sind die Vögel mit Einsetzen der Therapie aber schon regelrecht mit Pilzrasen durchwachsen, oder sie ersticken, bevor die Medikamente ihre Wirkung entfalten können. Es geschieht auch, daß die Pilzherde vom Organismus abgekapselt werden, was einen Medikamententransport über die Blutbahn in den Infektionsherd hinein verhindert.

Unter den afrikanischen Papageien scheinen Graupapageien besonders empfänglich für Aspergillose zu sein.

9.4. Stoffwechselkrankheiten

Vitamin-B-Mangel

Die B-Avitaminose hat bei der Papageienhaltung kaum eine Bedeutung, weil die Vitamine des B-Komplexes im Futter (sofern es frisch ist) in ausreichender Menge enthalten sind bzw. von den Darmbakterien synthetisiert werden können. Dennoch kann es bei ausschließlicher Verwendung überlagerten Futters oder (vor der Verwendung aufgetauten) Tiefkühlobstes u. U. zu Mangelerscheinungen kommen. Eine Unterversorgung mit Vitamin B1 z. B. kann Störungen des Zentralnervensystems (allgemeine Schwäche, Lähmungen der Zehen und Beine, in fortgeschrittenem Stadium auch Zwangsbewegungen, Verdrehen des Kopfes u. a. m.) hervorrufen.
Wichtig zu wissen ist, daß ein Zusammenhang zwischen Vitamin-B-Mangel und Parasitenbefall bestehen kann. Darmparasiten, vor allem Kokzidien, verbrauchen Vitamin B, so daß es bei einer massenhaften Vermehrung der Kokzidien zu einem akuten Vitamin-B-Mangel kommen kann.
Zur Behandlung der B-Avitaminose stehen verschiedene Vitamin-B-Präparate zur Verfügung. Auch sind entsprechende Medikamente aus der Humanmedizin verwendbar, zumal Überdosierungen kaum möglich bzw. unschädlich sind. Bei Antibiotikabehandlungen ist stets eine Multivitaminversorgung zu empfehlen.

Rachitis

Rachitis ist eine Stoffwechselstörung, die bei Jungvögeln durch eine unausgewogene bzw. unzureichende Versorgung mit Vitamin D_3, Kalzium und Phosphor hervorgerufen wird.

Bei Tieren im Wachstum kommt es bei unausgewogener Kost zu Störungen bei der Skelettbildung, die besonders die Röhrenknochen betreffen. Erkrankte Tiere weisen meist verkrümmte Beine, verdickte Gelenke und darüberhinaus Verbiegungen der Wirbelsäule und des Brustbeines auf, die die Vögel — je nach Erkrankungsgrad — daran hindern, aufrecht auf einem Ast zu sitzen. Im fortgeschrittenen Stadium liegen sie u. U. hilflos am Boden, unfähig, ihre Füße zu bewegen. Meist ist eine Behandlung dann erfolglos, da die Knochen durch die beim Erkennen der Krankheit eingeleitete verstärkte Vitamin- und Mineralstoffverabreichung in ihrer unnatürlichen, verbogenen und verkrümmten Art fest werden und der Vogel dann nicht mehr lebensfähig ist.
Zur Vorbeugung und Behandlung — vor allem während der Jungenaufzucht — empfiehlt sich dringend eine ausreichende Versorgung der Tiere mit einem Mineralstoffgemisch, welches Phosphor und Kalzium in einem Verhältnis von 1 : 2,7 enthält (KRONBERGER, 1978). Gewöhnlicher Futterkalk erfüllt diese Bedingung und ist für die komplette Versorgung von Käfig- und Volierenvögeln mit Mineralien und Spurenelementen hinreichend geeignet. Vitamin D3 wird im Vogelorganismus in ausreichender Menge synthetisiert, wenn sie direkten Zugang zum Sonnenlicht (UV-Strahlen) haben; andernfalls muß ein entsprechendes Präparat während der Wachstumsphase zugeführt werden.

9.5. Sonstige Erkrankungen

Federrupfen

Eine leidige Erscheinung, die wohl zu den psychischen Erkrankungen (Neurosen) gerechnet werden muß, ist das Federrupfen oder Federfressen. Das Ausmaß reicht von gelegentlichem Auszupfen und Zerbeißen einzelner Deckfedern, vor allem im Schulter- oder Brustbereich, bis hin zum völligen Kahlrupfen des Körpers mit Ausnahme des nicht erreichbaren Kopfgefieders. Auch Fälle von Kannibalismus, bei denen sogar die Haut oder die darunter befindliche Muskulatur angeknabbert wurde, sind bekannt; allerdings ist denkbar, daß Kannibalismus nicht zum Symptomenkomplex des Federrupfens gehört. Denn bei der gründlichen Untersuchung betroffener Vögel stellt sich meist heraus, daß sie an verschiedenen inneren Erkrankungen leiden: Leberschäden und ein stark erhöhter Harnsäurespiegel im Blut (Gicht, chron. Nierenschäden) führen zu einem vermehrten Juckreiz. Juck-reizauslösend wirken u. a. auch zu stark gewürzte oder stark gesalzene und geräucherte Nahrung (etwa vom Mittagstisch).

Unter den Papageienvögeln erreicht die Erkrankung bei den sog. Großpapageien eine gewisse Häufigkeit. Vorrangig betroffen sind einzeln gehaltene Käfigvögel, vor allem Kakadus, Aras und Graupapageien. Insbesondere unter den Letztgenannten weist beinahe jeder 2. oder 3. Vogel Gefiederschäden auf.

Die Ursachen, die zu derartigen Erscheinungen führen, sind bisher nur unzureichend bekannt; allerdings geht man mittlerweile davon aus, daß das Zusammentreffen mehrerer der folgenden Faktoren das Federrupfen bei Papageien auslöst oder zumindest begünstigt:

a) unzureichendes Bewegungsvermögen, etwa bei der Haltung in engen Käfigen;
b) Langeweile in "sterilen" Behausungen;
c) Dauerstreß bei engem Zusammenleben in einer Käfiggemeinschaft;
d) Fehlen oder Verlust einer Bezugsperson;
e) Fehlen oder Verlust eines Geschlechtspartners mit Eintritt der Geschlechtsreife;
f) mangelhafte Ernährung, falsche Umgebungstemperatur, unzureichende Luftfeuchtigkeit.

Eine Behandlung des Federrupfens, die im übrigen in fortgeschrittenem Stadium kaum mehr zu therapieren ist, kann nur darin bestehen, vorhandene Mißstände bei der Haltung und Pflege abzustellen. So wird sich in manchen Fällen anbieten, den betroffenen Vogel vom Käfig in eine größere Voliere umzusiedeln, ihm dort ausreichende Beschäftigung in Form von Knabberästen, Ketten, Tauenden oder Klettergeräten zu verschaffen, ihn ggf. mit einem Artgenossen zu vergesellschaften oder anderes.

Die im Handel angepriesenen Mittel gegen das Federrupfen haben nach eigenen Erfahrungen und denen vieler befreundeter Liebhaber in der Regel keine Wirkung. Allerdings hat — in Verbindung mit den oben genannten Maßnahmen - beim Vorliegen chronischer Hautkrankheiten (Juckreiz) das homöopathische

Schwefelpräparat Dermisal in vielen Fällen Erfolg gebracht.

Legenot

Legenot besteht, wenn ein Weibchen nicht in der Lage ist, ein ausgebildetes, legereifes Ei abzusetzen. Das Allgemeinbefinden des Tieres kann dann hochgradig gestört sein, es versucht, durch heftiges Pressen der Bauchdecke das Ei auszustoßen, setzt oft große, mit Blut vermischte Kothaufen ab und läßt ein leises, offenbar schmerzliches Piepsen erklingen.
Als Ursachen für das Auftreten von Legenot können folgende Faktoren verantwortlich sein (vgl. EBERT, 1978):

a) unvollkommen ausgebildete und funktionsunfähige Geschlechtsorgane bei sehr jungen Vögeln, die demzufolge ein zu enges Becken aufweisen;
b) Fütterungs- und Haltungsfehler (Kälte, Nässe, Vitaminmangel);
c) übergroße, rauhschalige oder unvollkommen beschalte Eier;
d) Veränderungen und Entzündungen des Eileiters;
e) hormonelle Störungen;
f) starke Verfettung der Vögel.

Vögeln mit Legenot wird der Hinterleib mit erwärmtem Öl eingerieben, oder man träufelt einige Tropfen direkt in die Kloake. Dies führt meist dazu, daß das Ei nach kurzer Zeit abgesetzt werden kann. Die beste Methode ist, das Tier einem erfahrenen Tierarzt vorzustellen, der das Ei mit bestimmten Handgriffen entfernt. Gut bewährt hat sich in jedem Fall die Bestrahlung mit Rotlicht, die unbedenklich über einen längeren Zeitraum erfolgen kann und zur Genesung des Vogels beiträgt.

10. Die Großpapageien Afrikas als zahme und "sprechende" Stubenvögel

Wenn man — wie die Verfasser — viele Jahre lang bevorzugt mit den meist behäbigen und wenigstens käfigzahmen neuweltlichen Großpapageien zu tun hatte, dann erscheinen vor allem Langflügelpapageien — besonders die kleineren Arten — beim ersten Kontakt überaus nervös, schreckhaft und so beweglich, daß an eine Zähmung und Käfighaltung vorerst scheinbar kaum zu denken ist.

Zu Beginn unseres Jahrhunderts jedoch, als etwa Mohrenkopfpapageien sehr häufig, die "klassischen", schnell zähmbaren Stubenpapageien, wie etwa Amazonen und Kakadus, dagegen nur selten in den Handel gelangten, sah man die Tiere mit ganz anderen Augen und machte sich große Mühe mit ihnen, so daß gewisse Zähmungs- und Nachahmungserfolge zu erzielen waren.

Allgemein läßt sich sagen, daß besonders die jungen Vögel (vgl. II, 11.4.) sich durchaus zu recht vertrauten Hausgenossen abrichten lassen, wenn man die Geduld und Mühe dazu aufbringt. Die weitaus meisten Käfigvögel bleiben jedoch stets zurückhaltend und werden niemals so zahm und anhänglich, wie man dies von manchen Neuweltpapageien oder Kakadus kennt. Allerdings gibt es auch einige wenige gegenteilige Erfahrungen. So berichtet E. J. BOOSEY, der Gründer der Keston-Foreign-Bird-Farm, über einen Mohrenkopfpapagei: "Polly was one of the tamest and sweetest things I have ever possessed" (BOOSEY, in LOW, 1980). Alte Wildfänge dagegen sind für Zähmungsbemühungen in der Regel kaum zugänglich. Sie bleiben meist Zeit ihres Lebens in Menschenobhut scheu und äußerst schreckhaft.

Die größeren Langflügelpapageien, bevorzugt der Kongopapagei sowie der Graupapagei, legen in Gefangenschaft weitaus schneller ihr schreckhaftes Wesen ab, gewöhnen sich zunehmend an die Gegenwart des Menschen und werden — besonders bei Einzelhaltung — nach geraumer Zeit zahm. Gerade unter den Graupapageien, die schon längere Zeit in Menschenobhut leben, findet man viele überaus zahme Tiere.

Vasapapageien schließlich werden, wie berichtet, nur in kleinen Stückzahlen und Einzelexemplaren eingeführt und unterliegen somit schon während der Quarantänezeit völlig anderen Bedingungen als etwa Grau- und Mohrenkopfpapageien, die in größeren Stückzahlen, zusammengepfercht in engen Transportkisten, nach Europa kommen und unter "Massenabfertigung" die Quarantänestationen durchlaufen müssen. Demzufolge kommen Vasapapageien bereits in ruhigem, vorgezähmten Zustand zu den Einzelhändlern und Züchtern. In der Folge werden sie dort — selbst unter Volierenbedingungen und bei paarweiser Haltung — schnell handzahm. Nach Angaben aus der Literatur lassen sich Einzelvögel

vollständig zähmen (BEDFORD, in LOW, 1980).
An die Nachahmungsbegabung der meisten Langflügelpapageien darf man keine größeren Erwartungen stellen. Mit Ausnahme eines Kongopapageien, der in der Literatur als mehr oder weniger nachahmungsbegabt geschildert wird (ROENSPIES, 1977), sind die Vögel meist nur zur undeutlichen Wiedergabe einzelner Worte oder kleiner Tonfolgen fähig. Über die Nachahmungsleistung eines Großen Vasapapageien schreibt BEDFORD: "It has a fair aptitude for learning to talk and readily imitates various noises it may happen to hear, showing an especial preference for such as are of a loud and hideous nature" (in LOW, 1980).

Demgegenüber steht der überaus nachahmungsbegabte Graupapagei, der in Vogelhalterkreisen als bester "Sprecher" unter den Papageienvögeln gilt. Die Nachahmungsleistungen umfassen die einfache Lautimitation (mit beachtlicher Gedächtnisleistung) menschlicher und tierlicher Stimmen sowie von Geräuschen jeglicher Art, das Transponieren und Variieren (etwa einer gepfiffenen Melodie in eine höhere oder tiefere Tonlage als die ursprünglich erlernte) und situationsbezogenes Nachahmen (etwa auf ein Klopfen hin "Herein" oder auf das Telefonklingeln hin "Hallo, hier ist ..." zu sagen). Die Frage, ob ein Graupapagei darüber hinaus über die Fähigkeit des "zweckdienlichen 'Sprechens' zur Bedürfnisbefriedigung" (SCHMIDT, 1978) verfügt, können wir aufgrund unserer Erfahrungen nicht beantworten (vgl. aber ZUR STRASSEN, 1953; PEPPERBERG, 1981 und Abschnitt I, 4.1.).
Wir weisen an dieser Stelle darauf hin, daß unsere eigenen Erfahrungen mit der Zähmbarkeit und Nachahmungsbegabung der afrikanischen Großpapageien verschwindend gering sind. Beide Eigenschaften waren für unsere Beobachtungen niemals von Interesse, und entsprechende Versuche wurden — u. a. um die Tiere nicht aus ihrem sozialen Umfeld herauszureißen — bislang nicht von uns durchgeführt, wie überhaupt die Stubenvogelhaltung, die ja meist den Hintergrund für Zähmungsversuche und "Sprachtraining" liefert, von uns — zugunsten einer artgemäßen Papageienhaltung — grundsätzlich abgelehnt wird.

11. Die Zucht

Der Begriff Zucht wird in den verschiedenen "Lagern" der Tierhalter unterschiedlich definiert. Privaten Vogelliebhabern und auch vielen Tiergärtnern gilt jedwede Vermehrung einer Wildtierart in Menschenobhut als Zucht, wobei letztere den Begriff eher der Einfachheit halber, erstere dagegen meist gedankenlos verwenden. Auch wir wenden diesen Begriff im folgenden auf die (Zufalls)vermehrung afrikanischer Großpapageien in Menschenhand an, wenngleich der aus der Nutztierhaltung stammende Terminus eigentlich der unter menschlicher "Regie" (d. h. merkmalsorientiert) betriebenen Vermehrung domestizierter Tierformen vorbehalten bleiben müßte. Diese Form der Vermehrung zielt darauf ab, durch züchterische Auslese größere Legeleistungen (bei Hühnern), schnellere Gewichtszunahme (bei Rindern und Schweinen) oder eine größere Statur bzw. ausgewählte Farben (bei Wellensittichen usw.) zu erreichen.

Bei der Vermehrung einer Wildtierart in Menschobhut jedoch sollte der Halter das genaue Gegenteil anstreben und bemüht sein, ohne subjektive "Zuchtwahl" die betreffende Tierart solange wie möglich in ihrer Naturform zu erhalten und das "Einschlagen des Weges in die Domestikation" hinauszuzögern.

Bei den Bemühungen um die Vermehrung der afrikanischen Großpapageien stellt sich dieses Problem zur Zeit noch nicht, da — bevor es überhaupt zu fortschreitenden Domestikationsprozessen kommen kann — zuerst einmal die technische Handhabung und das Zuchtmanagement für diese Vögel bekannt und erprobt sein muß, ehe die Gefahr einer merkmalsorientierten Auslesezucht mit daraus resultierenden morphologischen Veränderungen besteht.

Die Problematik im allgemeinen wird u. a. diskutiert bei SCHERZINGER (1979, 1985) und HAASE (1985) sowie (unter besonderer Berücksichtigung der Papageienvögel) bei LANTERMANN u. LANTERMANN (1986), LANTERMANN (1987) und LANTERMANN (1988).

11.1. Die Notwendigkeit von Gefangenschaftszuchten

Mit zunehmender Anteilnahme der verschiedensten Interessengruppen an ökologischen Fragestellungen ist in der Vergangenheit auch mehrfach das Thema "Arterhaltung von Tieren durch Gefangenschaftszuchten" aufgeworfen worden. Die Kritiker dieser Methodik lehnen Gefangenschaftszuchten in der Regel ab bzw. betrachten sie allenfalls als allerletzte Möglichkeit, um etwa eine bedrohte Tierart vor der unmittelbar drohenden Ausrottung zu bewahren. Die Befürworter dagegen loben solche Praktiken in den höchsten Tönen, dienen sie ihnen doch als Alibi für den Import und die Haltung (meist seltener) Arten. Wie in vielen anderen Bereichen gibt es auch zwischen den genannten Extremen ausgewogene Sichtweisen. Eine solche vertreten wir selbst und führen sie im folgenden unter Bezugnahme auf die afrikanischen Papageien aus.

Zweifellos hat sich inzwischen als richtig herausgestellt, daß Gefangenschaftszuchten niemals ausschließlich den Erhalt einer Tierart sicherstellen können. Ginge man etwa dazu über, eine stark bedrohte Restpopulation einer Vogelart weitestgehend einzufangen, einzugewöhnen und unter Volierenbedingungen zu halten und zu züchten, wäre der Weg in die Domestikation unweigerlich vorgezeichnet, vorausgesetzt, es treten keine derart hohen Verluste auf, daß eine Weitervermehrung dieser Kleingruppe ausgeschlossen wäre. Neben morphologischen Veränderungen, die bei Tierarten mit langer Generationsdauer für den Züchter meist erst relativ spät erkennbar wären, kommt es dagegen unter den veränderten Bedingungen in Menschenobhut bei manchen Tierarten sehr schnell zu Verhaltensmodifikationen, beispielsweise zu einer Hypertrophie im Balzverhalten oder einer Nestbauhypotrophie o. ä. (IMMELMANN, 1963; HAASE, 1985). So sind derartige Erscheinungen, die sich mit jeder weiteren Generation weiter verändern bzw. verstärken, u. E. durchaus nicht als "lapidare Domestikationsphantasien" (so die Äußerung eines prominenten deutschen Tiergärtners) anzusehen, sondern als ernstzunehmendes Argument gegen den Versuch, Gefangenschaftszuchtmaßnahmen als Allheilmittel gegen die Ausrottung gewisser Tierarten zu proklamieren.

Dennoch kann das Gehege oder die Voliere für eine gewisse Übergangszeit von wenigen Generationen gewissermaßen als "Transitstation" (SCHERZINGER, 1979) zur Haltung und Zucht dienen, etwa bei Tierarten, deren Überleben in dem bislang vorhandenen Lebensraum nicht mehr als gesichert angesehen werden kann. Bis zu dem Zeitpunkt, zu dem ein geeignet erscheinendes Ersatzbiotop ausgesucht wurde und die entsprechenden Voruntersuchungen abgeschlossen sind, ist es also durchaus sinnvoll, durch derartige flankierende Zuchtmaßnahmen einerseits den Bestand unter kontrollierten Gehegebedingungen zu vergrößern (nicht zuletzt auch im Hinblick darauf, daß Wiedereinbürgerungsmaßnahmen erfahrungsgemäß gewisse Anfangsverluste fordern), andererseits dabei so viele Erkenntnisse über die Biologie und Ethologie der betreffenden Art zu gewinnen, daß — in Verbindung mit den vorab unternommenen ökologischen Forschungen — künftig bessere Möglichkeiten für einen effektiveren Biotop- und Artenschutz im Freiland bestehen.

Von den hier behandelten afrikanischen Papageien ist bislang nur die umstrittene Unterart *Psittacus erithacus princeps* des Graupapageien im Anhang I des Washingtoner Artenschutzübereinkommens aufgeführt und gilt als bedroht. Als gefährdet werden weiterhin der Kap-Papagei *(Poicephalus robustus)* und die Unterart *Coracopsis nigra barklyi* des Kleinen Vasapapageien eingestuft. Sie sind, ebenso wie alle übrigen Großpapageien Afrikas, im Anhang II des WA geführt, unterliegen darüber hinaus zusätzlich dem neuen Bundesnaturschutzgesetz der Bundesrepublik Deutschland, das sie gemäß § 10, Absatz 3 als besonders geschützte Arten ausweist, sie somit einem (relativen) Schutz unterstellt und den Import und Handel künftig (weitgehend) unterbindet.

Das hat somit mindestens 2 Konsequenzen: zum einen unterbleibt künftig (von Schmuggeltransporten und Ausnahmegenehmigungen abgesehen) die Ausbeutung der freilebenden Papageienbestände durch Fang und Handel, so daß zumindest dieser Risikofaktor (ein anderer, wesentlicher ist die fortschreitende Veränderung und Zerstörung der natürlichen Lebensräume) ausgeschaltet wird. Zum anderen aber wird spätestens zu diesem Zeitpunkt das immer häufiger verwendete Schlagwort von der "Zucht zur Arterhaltung" eine andere Wertigkeit bekommen müssen als bisher. Ihm darf somit nicht mehr bloße Alibifunktion zukommen, sondern es muß künftig — aufgrund ausbleibender Importe — endlich mit Inhalt gefüllt werden, wollen die Papageienliebhaber nicht Gefahr laufen, in einigen Jahren vor Papageienvolieren zu stehen, in denen nur noch vollständig domestizierte, mutierte und überzüchtete Kleinpapageien und Sittiche leben, die oft kaum mehr den Anspruch erheben können, Artgenossen ihrer wildlebenden Vettern zu sein.

Statt dessen besteht das Gebot der Stunde in langwieriger, zeitaufopfernder und einfühlsamer Züchtungsarbeit, die nur mit unendlicher Geduld und viel Sachverstand zu leisten sein wird; denn von den Papageienliebhabern wird künftig viel gefordert: erstes und wichtigstes Moment ist die weitestgehende Abkehr von der Einzelvogelhaltung, für die ja insbesondere der gelehrige Graupapagei seit Jahrhunderten ein prädestiniertes "Objekt" zu sein scheint, eine "Gefahr", der Langflügel- und Vasapapageien bislang weit weniger ausgesetzt sind. Zum zweiten erfordert die neue Situation mehr denn je eine vertrauensvolle und idealistische Zusammenarbeit der Papageienhalter untereinander, mit dem Ziel, die (von Grau- und Mohrenkopfpapageien abgesehen) relativ spärlichen Bestände an afrikanischen und madegassischen Großpapageien so zu koordinieren, daß harmonierende Paare zusammengestellt und die Arten in Menschenobhut vermehrt werden können. Auf die damit verbundenen Schwierigkeiten, insbesondere im zwischenmenschlichen Bereich, haben mit Nachdruck LANTERMANN u. LANTERMANN (1986) hingewiesen.

Es ist zur Zeit keineswegs absehbar, mit welchem letztendlichen Ziel dies zu geschehen hat. Primär geht es um die Arterhaltung in Gefangenschaft, das Bemühen also, soviele Vögel nachzuzüchten, daß der Dauerbedarf der Liebhaber aus Zuchten gedeckt werden kann, immer in der Hoffnung, daß sich die z. T. verminderten Naturbestände aus eigener Kraft wieder erholen können.

Dennoch darf die Züchtungsarbeit nicht leichtsinnig und ziellos erfolgen, denn es wäre immerhin denkbar, daß manche Papageienformen in nicht allzu ferner Zukunft im Freiland aussterben oder ausgerottet werden. Wenn dann in Gefangenschaft gesunde, vitale Nachzuchten zur Verfügung stünden, die noch nicht den Weg in die Domestikation (etwa durch Größen-, Farb- und Verhaltensveränderungen) angetreten hätten, wären zumindest Überlegungen zu Wiedereinbürgerungsversuchen in Ersatzbiotopen möglich.

Werden dagegen die vorhandenen Papageienbestände wieder einmal durch "züchterischen Ehrgeiz" weitgehend verdorben, wie durch Arten- und Unterartenkreuzungen und Mutationspräferenzen in der Vergangenheit bei einigen Agapornidenarten *(Agapornis spec.)*, bei Spring- *(Cyanoramphus auriceps)* und Ziegensittichen *(C. novaezelandiae)* sowie einigen *Neophema*-Arten geschehen, wären die zoologisch definierten Papageienarten unweigerlich für die Nachwelt verloren und existierten nur noch in ihrer Haustierform in Menschenobhut. Bei den afrikanischen Großpapageien schafft die relativ lange Generationsdauer, jedenfalls im Falle des Aussterbens einer Art, einen zeitlichen Freiraum von 15 bis 20 Jahren, in dem sie — zumindest morphologisch — weitgehend unverändert in Gefangenschaft zu erhalten wären.

Ob eine solche Situation jemals Wirklichkeit wird, ob es möglich wird und sich lohnt, in einem solchen Zeitraum nach Ersatz- oder verbesserten Ursprungsbiotopen Ausschau zu halten und Wiedereinbürgerungsveruche anzugehen, steht im Augenblick — am Übergang ins 3. Jahrtausend und unter dem Druck einer weltweiten ökonomischen und ökologischen Krise — in den Sternen.

11.2. Bisherige Zuchterfolge in Menschenhand

Mit Ausnahme des Gelbgesichtpapageien *(P. flavifrons)*, der umstrittenen Braunkopfform *P. crassus* (Niamniam - Papagei) und des Großen Vasapapageien *(Coracopsis vasa)* haben sich alle der in diesem Buch beschriebenen Arten bereits in Menschenhand vermehrt. In der Regel hängt die Zahl der in Menschenhand brütenden Paare einer Art direkt vom Importgeschehen ab, d.h. Vögel, die häufig und in größeren Stückzahlen in den Handel gelangen, werden sich früher oder später (abhängig von den Eingewöhnungs-, Ernährungs- und Klimaschwierigkeiten) in Gefangenschaft fortpflanzen, manche gar in größerer Zahl.

Unter den afrikanischen Großpapageien gilt dies in Ansätzen für den Graupapageien der Nominatform. Zuchterfolge mit dieser Unterart nennen laut International Zoo Yearbook (IZY) weltweit zahlreiche Zoologische Gärten; und auch die Erhebungsliste der AZ (Vereinigung für Artenschutz, Vogelhaltung und Vogelzucht) weist in der Nachzuchtstatistik für 1984 (abgedruckt in AZN Februar 1986) für 7% der über 20 000 Mitglieder, die sich an der Umfrage beteiligten, immerhin 129 Graupapageien-Jungvögel nach, eine Zahl, die aufgrund der schwachen Rückmeldungen real sicherlich bei weitem höher liegen dürfte. Für die 2. Unterart *(Psittacus e. timneh)* sind die Erfolge wesentlich schlechter. Hier nennt die Auflistung des IZY für 1983 zwei, 1982 einen, 1981 einen und 1980 drei Zoos der Welt, die Zuchterfolge mit dieser Form hatten. Die deutsche Erst-zucht in Liebhaberhand erfolgte erst 1976 durch G. SPEIER, Gummersbach (1977).

Für den Mohrenkopfpapageien, der — zumindest in der BRD — in vergleichbaren Stückzahlen wie der Graupapagei in den Handel gebracht wird (6100 *P. senegalus* gegenüber 6482 Graupapageien, vgl. Kap.II,3.), gelten diese Relationen nicht. Das IZY weist für 1980 bis 1983 weltweit 15 Bruten in nur sechs Zoologischen Gärten auf. Die bereits zitierte Liebhaberstatistik der AZ verzeichnet für 1984 7 Jungvögel bei drei verschiedenen Züchtern. Diese Tendenz ist sicherlich dadurch erklärbar, daß den Graupapageien von Liebhaberseite durchweg ein anderer Status eingeräumt wird als etwa den kleineren Langflügelpapageienarten. Graupapageien werden ja bekanntlich bevorzugt als potentiell zahme und "sprechende" Stubenvögel erworben, dann mit zunehmendem Interesse der Halter möglicherweise zu einem späteren Zeitpunkt verpaart und zur Zucht gebracht. Zudem ist der Graupapagei — was Größe , Sprachgegabung, Zähmbarkeit und Gelehrigkeit betrifft — ein "richtiger" Papagei, etwa taubengroß, mit allen papageienüblichen Attributen ausgestattet und für viele Menschen "Inbegriff" eines Papageienvogels überhaupt. Demgegenüber genießen Mohrenkopfpapageien (und andere Langflügelpapageienarten) ein völlig anderes Ansehen. Sie gelten primär als äußerst scheu und kaum nachahmungsbegabt; sie sind zudem recht klein, und — was offenbar sehr wesentlich ist — sie sind fast stets im Handel zu haben und dazu recht preisgünstig. Insbesondere die beiden letztgenannten Faktoren machen Mohrenkopfpapageien zur "Allerweltsware", zu Tieren, die jeder überall preisgünstig erwerben kann und die somit keinen "Prestigewert" besitzen. Für solche Vögel wird kaum jemand langfristig Geduld und Nerven opfern, bis sie ihr Angstgeflatter abgelegt, sich an Käfig - oder Volierenverhältnisse gewöhnt haben und vielleicht irgendwann einmal Brutanstalten machen. Dieser Vorgang dauert unter Umständen relativ lange, und scheinbar ist kaum ein Papageienhalter bereit, für diesen Zeitraum einen Käfig oder eine Voliere mit ihnen zu "blockieren", zumal die Motivation zum Erwerb anderer, größerer und seltener Papageien vielfach größer ist. So werden also verpaarte Tiere häufig vorschnell wieder getrennt oder mehrfach in andere Hände weitergegeben, noch bevor sie die Ruhe gefunden haben, sich einzuleben und in Brutstimmung zu gelangen.

Alle anderen Langflügelpapageienarten (auf die Ausnahmen *P. flavifrons* und *P. crassus* wurde eingangs bereits hingewiesen) werden nur sporadisch importiert (siehe Abschnitt II,3.) und haben sich nur gelegentlich in Menschenobhut vermehrt. Insbesondere seit 1980 sind einige Zuchten bei Kongo- *(P. gulielmi)* und Rotbauchpapageien *(P. rufiventris)* geglückt. Kappapageien *(P. robustus)* haben sich unseres Wissens bislang erst bei einem privaten Züchter (ISERT, 1977), im Zoologischen Garten Basel (LANG, 1968; 1969) sowie im Vogelpark Walsrode (PATZWAHL, in lit.) vermehrt, Rüppellpapageien *(P. rueppellii)* erst einmal in Liebhaberhand (PASETT, 1981) und im Londoner Zoo (lt. IZY 1983). Die bisher einzigen Zuchten des Braunkopfpapageien *(P. cryptoxantus)* gelangen 1977 bei M. COLETT, Hempstead, England (LOW, 1980), P. RODE, Northeim, BRD (in lit.), und J. und K. GUY, Kanada (Bird-Talk, 11/87). Bei den Vasapapageien ist aufgrund geringer Einfuhren, die erst in den vergangenen Jahren gesteigert wurden, bislang keine eindeutige Tendenz ablesbar. Allerdings haben sich bei der kleinen Art *(Coracopsis nigra)* insgesamt 7 erfolgreiche Aufzuchten eingestellt, und zwar 3 bei Liebhabern (DE GRAHL, 1974; FRICKER, in lit.; BECKER, 1987) sowie in den Zoologischen Gärten Darmstadt (WILKE, 1984), Chester, England (JAMES, 1985; STEINBACHER, 1987b), im Vogelpark Walsrode und 1987 im Loro Parque, Teneriffa (KIESSLING, LOW in lit.).

Alles in allem kann man deutlich sagen, daß in beinahe allen Fällen von planmäßigen Zuchtversuchen (siehe unsere diesbezüglichen Ausführungen in II,11.) nicht die Rede sein kann. In manchen Fällen scheint gerade erst aufgezeigt, daß Langflügel- und Vasapapageien sehr wohl in Menschenhand züchtbar sind, nur werden aus den verschiedensten Gründen keine besonderen Anstrengungen von Züchterseite unternommen. Mit der relativ hohen Zahl an Graupapageienzuchten, die inzwischen regelmässig gelingen, ist unserer Ansicht nach wahrscheinlich, daß auch andere Arten, die z.T. gleiche Lebensräume bewohnen, somit in Gefangenschaft ähnliche Klima- und Nahrungsansprüche haben und über ein teilweise übereinstimmendes Verhalten verfügen, in ähnlicher Weise gezüchtet werden könnten, wenn für die mit diesen Vögeln befassten Liebhaber eine andere, bessere Motivation zur Haltung und zum Ausbau derartiger Zuchtgruppen geschaffen werden könnte. Vielleicht finden einige der in diesem Buch wiedergegebenen Gedanken Aufnahme bei verschiedenen Liebhabern und werden als Werbung um solche, u.E. dringend notwendigen Bemühungen verstanden.

11.3. Grundvoraussetzungen für Zuchterfolge

Grundsätzlich ist jede Vogelart in Menschenhand züchtbar, vorausgesetzt, man hat nähere Kenntnisse über ihre Lebensweise und Fortpflanzungsbiologie. So schreiten beispielsweise Flamingos in Gefangenschaft u.a. dann zur Brut, wenn man sie in größeren Gruppen hält; Hornvögel sind vermehrbar, seitdem man bei der Haltung berücksichtigt, daß die Weibchen sich zur Brutzeit in Baumhöhlungen zurückziehen und sich dort von ihren Männchen "einmauern" lassen; mit Kolibris schließlich waren erst langfristige Haltungserfolge zu erzielen, nachdem man die Ernährungsphysiologie einzelner Arten im Freiland studiert und daraus Rückschlüsse auf die Zusammensetzung der in Menschenobhut dargebotenen Nahrung gezogen hatte. Die Liste dieser Beispiele ließe sich problemlos erweitern.

Die Kenntnisse über das Freileben, die soziale Organisation, die Nahrungszusammensetzung und die Fortpflanzungsbiologie der meisten Papageien sind — wenn auch nicht besonders gut — in groben Zügen bekannt, so daß sich daraus die folgenden Voraussetzungen als Grundlagen für Zuchtversuche und -erfolge ableiten lassen. Neben der Alters- (vgl. II,11.4) und Geschlechtsbestimmung (vgl. II,11.5.), der artgemäßen Unterbringung (vgl. II,6.) und Ernährung (vgl. II,8), dem Einsatz entsprechender Nistkästen (vgl. II,11.6.) und der Berücksichtigung des Zusammenhanges von Haltungstemperatur, Fortpflanzungszyklus und Mauser (vgl. II,11.7.) gibt es weitere Haltungsvoraussetzungen, die für Zuchtbemühungen von entscheidender Bedeutung sind.

Zunächst einmal ist die Zusammenstellung eines harmonierenden Paares von größter Wichtigkeit. Wenn auch manche afrikanischen Papageien, insbesondere die kleineren *Poicephalus*-Arten, weit weniger wählerisch bei der Partnersuche sind als etwa die höchstentwickelten Neuweltpapageien, so bedarf es dennoch einiger Versuche und Bemühungen, um 2 verschiedengeschlechtliche und einander "sympathische" Tiere zusammenzubringen und aneinander zu gewöhnen. Am besten geschieht dies, indem man mehrere Vögel einer Art erwirbt, sie mittels Endoskopie (II,11.5.) geschlechtlich bestimmt, daraufhin verschiedenfarbig beringt (um sie später auseinanderhalten zu können) und anschließend gleichzeitig gemeinsam in eine größere Voliere setzt. Dort finden sich meist nach kurzer Zeit harmonierende Paare, wobei nun die farbige Kennzeichnung durch Ringe Auskunft über die Geschlechter der Vögel gibt. Denn nicht immer — und dies besonders bei unzureichenden Wahlmöglichkeiten bzw. ungünstiger Geschlechterverteilung in einer Voliere — kommt es zu verschiedengeschlechtlichen Verbindungen zweier Tiere. Auch zwei gleichgeschlechtliche Vögel können durchaus eine scheinbar harmonische Partnerschaft eingehen und sich verhalten wie ein verschiedengeschlechtliches Paar. Dieses Phänomen wird gemeinhin damit erklärt, daß die meisten Papageien (zumindest die Arten ohne Gefiederdimorphismus) in beiden Geschlechtern über je 2 "Sätze" (den männlichen und den weiblichen) geschlechtlicher Instinkthandlungen verfügen, die bei Bedarf abrufbar sind. So wird z.B. in einer Verbindung zweier weiblicher Tiere eines stets die dominante Position einnehmen, somit bevorzugt männliche Verhaltensweisen an den Tag legen und demzufolge den "Satz" weiblicher Verhaltensformen unterdrücken (und umgekehrt). Viele Züchter, die ein harmonierendes, sich kraulendes und sich fütterndes "Paar" in ihrer Anlage zu halten glaubten, sind schon eines Besseren belehrt worden, wenn sie nach Jahren vergeblichen Wartens auf Zuchterfolge eine Geschlechtsbestimmung durchführen ließen.

Eine zweite Grundregel ist die paarweise Unterbringung potentieller Brutvögel. Nur die wenigsten Papageien lassen sich bei einer Gemeinschaftshaltung (mehrerer Paare) zur Brut bringen. Die weitaus meisten dagegen — zu ihnen gehören auch alle afrikanischen Großpapageien — entwickeln zur Brutzeit aggressive Verhaltensweisen, die eine friedliche Koexistenz mehrerer Paare, zumal in gewöhnlich bemessenen Volieren, kaum gestatten. Hält man mehrere Paare einer Art (wie dies aus Gründen der Zusammenstellung blutsfremder Jungpaare aus Nachzuchten durchaus sinnvoll ist), so sollten sie möglichst nicht in nebeneinanderliegenden Volieren untergebracht werden, damit Rivalitäten benachbarter Tiere (Beißereien am Volierendraht) weitestgehend vermieden werden können. Allerdings ist es durchaus sinnvoll, wenn sich die Tiere über eine Entfernung von mehreren Metern sehen und hören können. Die Brut und Verteidigungsbereitschaft von "Revier" (=Voliere) und Nistkasten wird nach eigenen Erfahrungen dadurch erhöht und kann positive Auswirkungen auf den Gesamtablauf des Brutgeschehens haben.

Eine dritte Grundvoraussetzung für das Gelingen von Zuchten ist schließlich eine weitgehend störungsarme Haltung. Weder Hunde noch Katzen, lärmende Kinder, Dauerbesuch in der Volierenanlage, Straßen- und Flugzeuglärm sind für Zuchterfolge besonders zuträglich. So sind beispielsweise die Zuchterfolge mit Papageien in Zoologischen Gärten in der Regel verschwindend gering, obwohl man dort über größere Anlagen und oft umfangreiches Tiermaterial verfügt, während in ruhig gelegenen Anlagen privater Liebhaber bereits manch beachtlicher Zuchterfolg gelungen ist. Die Fütterungen sollten täglich etwa zur gleichen Zeit stattfinden, die Reinigungs- und Instandsetzungsarbeiten auf das notwendige Minimum reduziert werden. Große Umbauten und Renovierungsarbeiten an der Volierenanlage sowie gewisse Eingriffe bei den Papageien (Krallen- und Schnabelkorrekturen usw.), die ein Einfangen der Tiere erforderlich machen, sind möglichst auf die Herbst- und Wintermonate (nach der Brutzeit) zu verschieben.

11.4. Brutreife und Altersbestimmung

Die Geschlechtsreife tritt bei den kleineren Langflügelpapageien etwa mit Ende des 2. Lebensjahres ein. Man kann somit im Frühjahr des 3. Lebensjahres mit einem 1. Brutversuch rechnen, sofern die Jahresperiodik entsprechend der unter II,11.7. getroffenen Hinweise den mitteleuropäischen Klimabedingungen angepaßt wurde. Die größeren Arten brüten oft erst im 4. oder 5. Lebensjahr.

Aufgrund dieser Erfahrungswerte wäre es somit wichtig, die gehaltenen und zur Zucht vorgesehenen Papageien hinsichtlich ihres Alters bestimmen zu können, bzw. einschätzen zu können, ob es sich um junge oder subadulte Tiere, oder um ältere, geschlechtsreife Tiere handelt.

Leider ist die genaue Altersbestimmung für die meisten afrikanischen Großpapageien noch nicht möglich. Dazu sind die Daten, die zur Jugendentwicklung der einzelnen Arten vorliegen, insgesamt zu spärlich und zu ungenau. Allerdings sind Jungvögel von adulten Tieren verhältnismäßig leicht zu unterscheiden.

Allgemein sind Jungvögel gegenüber Altvögeln an einer matteren Gefiederfärbung, glatten Schnäbeln ohne erkennbare Hornwachstumsschübe und einer gering ausgeprägten Hornstruktur der Füße erkennbar.

Junge Kappapageien weisen in beiden Geschlechtern rote Stirnbinden auf; Jungvögel von Kongopapageien haben keine orangerote Kopf-, Schenkel- und Flügelrandfärbung und der Scheitel kann mattbraun sein. Goldbug- und Rüppellpapageien tragen keine oder nur gering ausgebildete Gelbabzeichen im Gefieder; Rotbauchpapageien schließlich können Stirnbinden aufweisen, die nach der Jugendmauser verschwinden. Zudem sind beide Geschlechter bis zum Alter von etwa 10 Monaten mit einer blaßorangeroten Unterbrust-, Bauch- und Unterflügeldeckenfärbung ausgestattet. Beim jungen Graupapagei ist die Schwanzspitze matt rot gefärbt; junge Große Vasapapageien weisen gegenüber der braunschwarzen Färbung der Altvögel eine mehr bräunliche Grundgefiederfärbung auf.

Ein weiteres Merkmal, das Altvögel von Jungtieren unterscheidet, ist die Färbung der Iris, die bei der Mehrzahl der Arten bei den Jungvögeln dunkel (grau, braun oder schwarz) ist. Sie verändert sich oft um den 10. Lebensmonat herum, z.B. von schwarz nach gelborange (Mohrenkopfpapagei), von grau nach strohgelb (Graupapagei) oder von braunorange nach rot (Goldbugpapagei). Mit zunehmendem Alter der Vögel nimmt die Farbintensität der Iris zu.

Weitergehende Möglichkeiten zur Altersbestimmung liegen derzeit nicht vor. Es bedarf einer reichlichen Erfahrung und vieler Vergleichsmöglichkeiten, um z.B. an der Farbintensität des Gefieders, der Irisfärbung und dem Zustand von Schnabel und Füßen das ungefähre Alter eines adulten Tieres bestimmen zu können.

11.5. Geschlechtsbestimmung

Auf die meisten Großpapageienarten Afrikas treffen die bereits vielfach beschriebenen Schwierigkeiten bei der Bestimmung der Geschlechter monomorpher Vogelarten in vollem Umfang zu (vgl. KAAL, 1982, Zusammenfassung bei LANTERMANN u. LANTERMANN, 1986).

Eindeutig zu bestimmen sind lediglich 3 Langflügelpapageienarten bzw. Unterarten. So u.a. die Rotbauchpapageien, bei denen die adulten Männchen ein rotes Brust/Bauchgefieder aufweisen, derweil die Weibchen unterseits aschgraubraun gefärbt sind. Hinzuweisen wäre allerdings auf die Färbung junger Vögel, die im Nest in beiden Geschlechtern eine blaßrote Bauchfärbung zeigen, die erst mit der Jugendmauser im Alter von 10 bis 12 Monaten bei männlichen Tieren durch ein orangerotes Gefieder, bei weiblichen durch ein aschgraubraunes Gefieder ersetzt wird. Jungvögel mit scheckigem Bauch/Brustbereich (also rotgefärbtem Gefieder, durchsetzt mit vereinzelten braungrünen Federchen) befinden sich somit nicht — wie früher angenommen — im Umfärbungsprozeß zum männlichen Geschlecht, sondern umgekehrt (FERGENBAUER-KIMMEL, 1985).

Bei Rüppellpapageien zeigt das Weibchen, im Unterschied zum männlichen Geschlecht, eine blaugefärbte Rücken- und Steißregion und ist damit insgesamt prächtiger gefärbt als das Männchen. Letzteres ist bei Papageienvögeln eine absolute Ausnahmeerscheinung und findet ihr Pendant lediglich in einer indonesisch-australischen Papageienart, dem Edelpapageien *(Eclectus roratus)*. Bei den verschiedenen Unterarten dieser Form sind die Farbunterschiede allerdings so gravierend (Männchen: fast durchweg grün, mit wenigen roten Abzeichen; Weibchen: je nach Unterart rot, rotblau, lilarot), daß man beide Geschlechter früher für verschiedene Arten hielt, bis der Ornithologe A.B. MEYER 1884 das Gegenteil bewies.

Schließlich unterscheiden sich auch beim Kappapageien, insbesondere der Unterart *P.r. suahelicus*, die Geschlechter eindeutig. Auch hier sind die Weibchen mit einer rosarot gefärbten Stirn den Männchen farblich voraus. Bei den Unterarten *robustus* und *fuscicollis* treten diese Unterschiede gelegentlich, aber keineswegs regelmäßig, zutage. Wiederum weisen Jungvögel in beiden Geschlechtern eine solche Rotfärbung der Stirn auf, die sich bei jungen Männchen im Alter von rund 5 Monaten verliert.

Alle übrigen Formen, einschließlich der Grau- und Vasapapageien, zeigen — abgesehen vielleicht von gering ausgeprägten Unterschieden in der Biometrie und Farbintensität des Gefieders — keine äußerlich erkennbaren Geschlechtsmerkmale oder einen Gefiederdimorphismus, so daß sich die Geschlechtsbestimmung in diesen Fällen für den Züchter relativ problematisch gestaltet.

An medizinischen Methoden zur zuverlässigen Bestimmung der Geschlechter monomorpher Vogelarten hat es somit auch in den vergangenen 15 bis 20 Jahren nicht gefehlt. Leider sind aber die meisten (umfassende Darstellung und Diskussion der Methoden bei LANTERMANN u. LANTERMANN, 1986) bisher nicht zuverlässig genug und/oder für die breite Interessentenmasse nicht zugänglich. Lediglich die Laparoskopie (Endoskopie), eine Methode zur direkten Betrachtung der (inneren) Geschlechtsorgane mittels Endoskop und Beleuchtungskörper unter Narkose, hat sich für breite Kreise durchgesetzt und wird von zahlreichen Tierärzten, Tierärztlichen Hochschulen und Forschungseinrichtungen durchgeführt. Eine solche Untersuchung gibt nicht nur Auskunft über das Geschlecht des jeweiligen Vogels, sondern erlaubt auch Aussagen über den Status (aktiv,inaktiv) der Geschlechtsorgane. Zudem sind mit dieser Untersuchungsmethode manche Erkrankungen der inneren Organe erkennbar. Die Kosten sind in den letzten Jahren stark gefallen und liegen zur Zeit (1987) zwischen 25,- und 50,- DM pro Eingriff. Das Risiko ist gering, sofern gewisse Grundregeln bei der Durchführung sowie bei der Auswahl der in Frage kommenden Vögel beachtet werden. Physisch labile Quarantänevögel, geschwächte oder kranke Tiere sowie Tiere mit Blutgerinnungsstörungen dürfen dem Eingriff nicht unterzogen werden (AECKERLEIN, mdl.; KUMMERFELD, mdl.).

Für Graupapageien und größere Langflügelpapageien bestehen mit dieser Methode keine Probleme. Insbesondere für Graupapageien beider Unterarten liegen reichlich positive Erfahrungen vor. Aber auch die kleineren Langflügelpapageienarten und beide Vasapapageienarten sind mit dieser Methode schon mehrfach zweifelsfrei geschlechtsbestimmt worden.

Die Laparoskopie wurde in den vergangenen Jahren derart verfeinert, daß das verbleibende Restrisiko heute als äußerst gering einzuschätzen ist. Eine derartige Geschlechtsbestimmung ist also demjenigen dringend zu empfehlen, der mit selten gehaltenen oder überhaupt seltenen Papageien Brutversuche anstellen will. Jahrelange Wartezeiten und Fehlversuche (weil der Züchter aufgrund subjektiver "Geschlechtsbestimmungen" anhand äußerer Körper- und Gefiedermerkmale gleichgeschlechtliche "Paare" zusammengestellt hat) sollten künftig der Vergangenheit angehören.

11.6. Nist- und Schlafkästen

Im Gegensatz zu den meisten Neuweltpapageien benutzen die afrikanischen Langflügel- und Graupapageien ganzjährig einen Nist- oder Schlafkasten, wenn ihnen dazu Gelegenheit gegeben wird.

Die Beschaffenheit eines Nistkastens spielt eine weitgehend untergeordnete Rolle, sofern die Größenverhältnisse in den Grundzügen mit denen der Benutzer im Einklang stehen. Gewöhnliche quader- oder säulenförmige Holzkästen (Naturholz, keine Span-, furnierte oder beschichtete Platte) tun ebenso gute Dienste wie die wesentlich teureren ausgedrechselten Naturstämme.

Im unteren Kastenbereich, etwa 10 cm über dem Boden, sollte eine Kontrollöffnung angebracht werden, die gut verschließbar und so groß ist, daß man notfalls mit der Hand hineinfassen und eventuell abgestorbene Eier oder von den Elterntieren vernachlässigte Küken herausnehmen kann. In jedem Fall ist es vorteilhaft, wenn der Nistkastendeckel ohne größeren Aufwand zu öffnen ist. Das Schlupfloch befindet sich stets im oberen

Nistkastenmaße (in cm)

Papageienart	Höhe	Innenraumdurchmesser (bei Naturholzstämmen)	Innenkantenlänge bei säulenförmigen Holzkästen mit quadratischer Grundfläche	Schlupflochdurchmesser
Mohrenkopf-, Braunkopf-, Rüppell-, Rotbauch-, Goldbugpapagei	60	20	15-18	8
Kap-, Kongopapagei, Timnehgraupapagei, Kl. Vasapapagei	80	25	20	10
Graupapagei, Gr. Vasapapagei	80-100	30	25-30	10-12

Kastendrittel. Runde Einschlupflöcher kommen den natürlichen Gegebenheiten und der Form des Papageienkörpers am nächsten, quadratische oder rechteckige Öffnungen haben den Vorteil, daß sie leichter herzustellen sind und zudem die Ränder mit Blechstreifen oder U-Eisen versehen werden können, so daß die Vögel dort keine Angriffspunkte zum Benagen des Kastens haben. Unterhalb des Schlupfloches im Kasteninneren sollte eine Kletterhilfe aus Holzlättchen oder stabilem, grobmaschigem Viereckgeflecht angebracht werden, um den Vögeln den Ein- und Ausstieg zu erleichtern.

Die Nistkasteneinstreu besteht am günstigsten aus verrottendem Holzmulm, den man aus absterbenden Bäumen im Wald entnehmen kann. Bei größerem Bedarf sollte man dagegen auf sog. Rindenmulch (naturrein, ohne Chemikalien) zurückgreifen. Mulm oder Mulch wird in einer etwa 10 cm dicken Packlage in den Nistkasten eingebracht und vor Brutbeginn einmal gründlich durchfeuchtet. Durch diese (feuchte) Einstreu wird später die korrekte Lagerung der Eier unter dem Gewicht des brütenden Weibchens und der Schlupf der Jungvögel gewährleistet. In besonders trockenen Sommern emp-

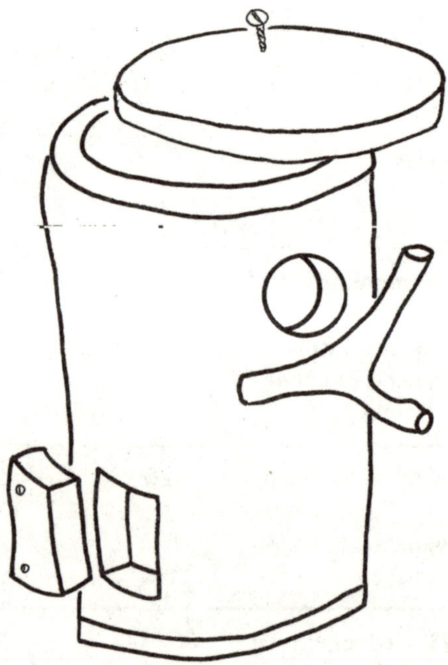

fiehlt es sich, den Nistkasten während der Brut gelegentlich von außen zu besprühen, um einem Austrocknen des Geleges entgegenzuwirken.

Der Standort des Nistkastens ist im Innenraum oder im überdachten Teil der Freivoliere zu wählen. Die Richtung des Einschlupfloches spielt bei der Installation in windgeschützten Unterkünften keine Rolle. Ein unterhalb des Schlupfloches angebrachter Ast erleichtert den Vögeln den Zugang.

Man kann den Brutkasten während des ganzen Jahres als Schlafkasten in der Unterkunft belassen, muß dann aber damit rechnen, daß er mit der Zeit vollständig be- oder gar zernagt wird. Dies wirkt einerseits therapeutisch der Langeweile entgegen, hat aber andererseits zur Folge, daß der Kasten in der folgenden Brutzeit kaum mehr seinen Zweck als Nisthöhle erfüllt. Es empfiehlt sich also, entweder die Nisthöhle vor jeder Brutzeit durch eine neue zu ersetzen, oder aber den Kasten nur während der Brutzeit in die Voliere zu hängen, danach zu entfernen, zu reinigen, zu renovieren und bis zur nächsten Verwendung aufzubewahren und stattdessen durch spezielle Schlafkästen, wie sie BROCKMANN u. LANTERMANN (1985) für Agaporniden empfehlen, zu ersetzen.

Schlafkästen für Langflügelpapageien

nach W. Lantermann

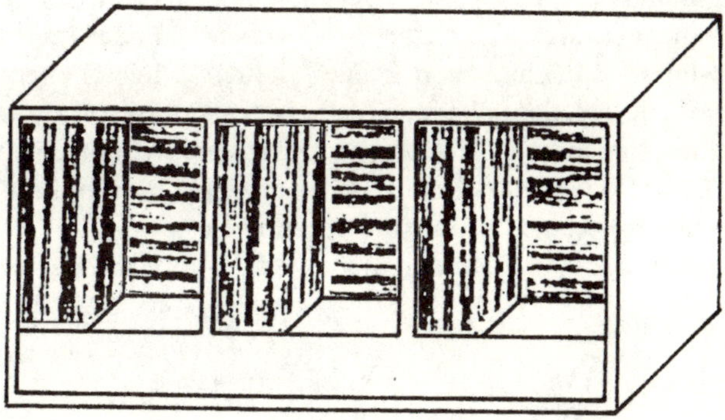

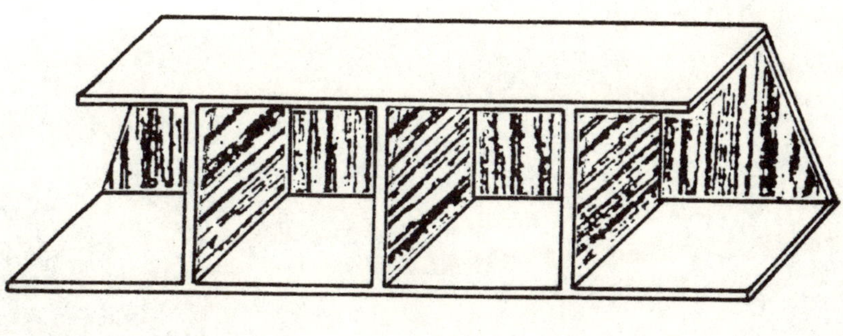

11.7. Haltungstemperatur, Fortpflanzungszyklus, Mauser

Die Haltungstemperatur regelt den Fortpflanzungszyklus der Papageien. Der Fortpflanzungszyklus wiederum bestimmt den Zeitpunkt der Mauser.
Da nun der günstigste Brutzeitraum für Papageien in Mitteleuropa im Frühsommer liegt, empfiehlt es sich, durch gewisse Eingriffe den natürlichen (aus dem Freiland determinierten) Jahresrhythmus der Vögel, der durch Fang, Handel, Quarantänemaßnahmen, Temperatur- und Futterveränderungen ohnehin erheblich gestört sein kann, entsprechend zu manipulieren. Dazu genügt es, die Tiere bei einer Temperatur von 5°C (allerdings in geschlossenen, absolut trockenen und windgeschützten Innenräumen) zu überwintern. Im Laufe von 2 bis 3 Jahren kommt es dadurch bei den Papageien zu einer Umstellung der Jahresperiodik, bei der die Tiere mit Eintritt des warmen Frühlingswetters brutlustig werden, nach der Brut im August/September die jährliche Mauser absolvieren und dann mit einem vollständig erneuerten und funktionstüchtigen Gefieder in die kühlere winterliche Ruhezeit eintreten. Auch bei der Nahrungszusammensetzung wird dieser Zusammenhang berücksichtigt (vgl. II,8.).
Die Mehrzahl der afrikanischen Großpapageien schreitet bei weitgehend gleichbleibenden Haltungstemperaturen — entsprechend dem Jahreszyklus im Freiland — in unserem Winterhalbjahr zur Brut. Bei der Haltung in kombinierten Freianlagen mit begrenzten, weil kostenintensiven Heizmöglichkeiten ist dagegen die Umstellung nach dem genannten Prinzip auf alle Fälle empfehlenswert, denn die Erfahrung hat gezeigt, daß Winterbruten nur in den seltensten Fällen von Erfolg gekrönt sind.
Frisch importierte Papageien und ehemalige Stubenvögel, die zuvor bei hoher oder zumindest gleichbleibender (Zimmer)temperatur gehalten wurden, dürfen allerdings nur langsam und schrittweise an niedrige Temperaturen gewöhnt werden.

11.8. Eiablage, Brut, Jungenaufzucht und Jugendentwicklung

Am Ende der Balzzeit (vgl. I,3.5.) kommt es in der Regel zur Eiablage, die unter Gefangenschaftsbedingungen gelegentlich in den Wintermonaten, nach erfolgter Umstellung der Jahresperiodik (vgl. II,11.7.) meist aber in den Monaten März bis April, manchmal im Mai und Juni, stattfindet.

Die Eizahl liegt bei allen afrikanischen Großpapageien zwischen 2 und 4. Die Papageieneier sind reinweiß, breit-oval und weisen meist eine einseitige Verjüngung auf. Ihre Oberfläche ist glatt und glänzend. SCHÖNWETTER (1964) hat für einige Arten Eigewichte ermittelt (Durchschnittsgewichte in Gramm): *P. c. cryptoxanthus* 7,6; *P. meyeri matschiei* 8,2; P. *meyeri saturatus* 8,35; *P. e. erithacus* 20,6; *P. e. timneh* 18,7; *C. vasa* 28,2; *C. nigra* 19,6. Die Eier wiegen somit nach Berechnungen aufgrund der uns vorliegenden Gewichte zwischen 4,5% (Graupapagei, Nominatform) und 7,25% (Kl. Vasapapagei) des Körpergewichts adulter Vögel. SCHÖNWETTERS Berechnungen verschieben sich beim Graupapagei nach oben (5,2%) und betragen bei einem gewogenen Rüppellpapageien 8,4% (SCHÖNWETTER, 1964). Insgesamt können damit Papageieneier als relativ klein bezeichnet werden.

Der Legeabstand beträgt gelegentlich 24 bis 30 Stunden, meist aber 2 bis 3 Tage. Mit der Ablage des 2., seltener des 1. oder 3. Eies beginnt das Weibchen mit der Brut. Es verläßt während der gesamten Brutzeit den Nistkasten nur selten (zur gelegentlichen Futteraufnahme und Kotabgabe) und verliert unterdessen leicht an Gewicht (eigene Wägungen bei je einem Mohrenkopf- und einem Goldbugpapageienweibchen — vor und nach der Brut — ergaben Gewichtsverluste von 13 bzw. 8 g, bei ursprünglichen Körpergewichten von 130 bzw. 105 g).

Das Männchen füttert das Weibchen während der Brutzeit. Dazu klammert es sich entweder von außen an die Einschlupföffnung des Nistkastens und beugt sich mit dem Vorderkörper in die Nist-höhle herab, oder es klettert vollends in die Bruthöhle und übergibt dort das Futter. Nicht selten bleibt das Männchen in der Folge stundenlang neben dem Weibchen in der Nistkammer hocken. Wahrscheinlich beteiligt es sich aber nur in Ausnahmefällen aktiv am Brutgeschäft.

Zum Ende der Balzzeit ist gelegentlich zu beobachten, daß das Weibchen ausgiebig badet und sich daraufhin mit triefend nassem Unterbauchgefieder auf das Gelege setzt. Es ist anzunehmen, daß mit dem Befeuchten der Eier der Schlupfprozeß für die Jungvögel erleichtert wird.

Die Jungen schlüpfen — entsprechend dem Legeabstand — je nach Art nach einer Brutzeit von 22 bis 29 Tagen. Sie schneiden mit ihrem am Oberschnabel befindlichen Eizahn das Ei auf und sprengen anschließend mit Hilfe des ganzen Körpers die Eischale soweit auf, daß sie herauskriechen können. Ob das Weibchen aktive Schlupfhilfe leistet, wie man es inzwischen bei Wellensittichen festgestellt hat (vgl. BIRMELIN, 1980), wissen wir nicht. Beim Schlupf sind die Jungen feucht und völlig erschöpft. Ihre Augen sind noch geschlossen. Die hellen (je nach Art weißlichen, rötlichen oder grauen) Dunen trocknen in kürzester Zeit. Die Jungvögel verbringen die ersten Tage auf der Seite liegend, sie sind nicht in der Lage, aufrecht zu sitzen. Sind mehrere Nestgeschwister vorhanden, legen die Jungvögel die Köpfe gegeneinander und halten damit ihr Gleichgewicht.

Die Altvögel füttern die Jungen nach wenigen Stunden mit vorverdauter Nahrung aus dem Kropf. Aus Untersuchungen an anderen Papageienarten (vgl.LANTERMANN, 1987c) wissen wir, daß die adulten Tiere den Schnabel der Jungen anfangs regelrecht mit ihrem Schnabel ergreifen, hochheben und den Fütterungsprozeß einleiten müssen. Erst nach einer gewissen Zeit (wann?) betteln die Jungvögel selbständig nach Futter.

Die weiteren Kenntnisse zur Jungenaufzucht und Jugendentwicklung sind äusserst spärlich. Wir verweisen an dieser Stelle auf die Artkapitel im ersten Buchteil, wo wir beim Vorliegen entsprechender Veröffentlichungen den jeweiligen Entwicklungsverlauf beschrieben haben.

Insgesamt hat sich gezeigt, daß in diesem Bereich eine intensive Beobachtungs- und Publikationsarbeit der Züchter afrikanischer Papageien notwendig ist.

Anhang

Weiterführende Literatur

Aeckerlein, W. (1985): Die Bedeutung mittelbarer Faktoren und biologischer Bedürfnisse auf den Bruterfolg, Die Voliere, 8: 69-73

Aeckerlein, W. (1986): Die Ernährung des Vogels, Stuttgart

Alderton, D. (1981): *Poicephalus*-Papageien, Gef. Freund 28: 216-224

Altmann, J. (1974): Observational study of behaviour: sampling methods. Behaviour 49: 227-267

Amadon, D. (1953): Avian systematics and evolution in the Gulf of Guinea, Bull. Am. Mus. nat. Hist. 100: 393-452

Anderssen, H. (1984): Ein Hilferuf für den Kappapagei, Geflügel-Börse 105, 7. Sept.: 1

Apfelbach, R. & J. Döhl (1980): Verhaltensforschung, Stuttgart — New York

Archer, G. & E. M.Godman (1961): The Birds of British Somaliland and the Gulf of Aden, Vol. 3, Edinburgh

Arndt, T. (1987): Papageien — ihr Leben in Freiheit, Bomlitz

Aschenborn, C. (1955): Die Papageien, Minden

Bannerman, D. A. (1951): The Birds of Tropical West Africa, Vol. 8, Edinburgh

Bannerman, D. A. (1953): The Birds of West and Äquatorial Africa, Vol. 1, Edinburgh

Bates, G. L (1934): Birds of the southern Sahara and adjoining countries in French West Africa, Part III, Ibis, 13th ser., 4: 213-239

Bates, H. J. & R. I. Busenbark (1978): Parrots and Related Birds, New Jersey

Becker, B. (1987): Haltung und Zucht des Kleinen Vasapapageis (Rabenpa pagei), AZN 34: 392-395

Bedford, Duke of (1954): Parrots and Parrot-like Birds, Fond du Lac

Benson, C. W. (1940): Further notes on Nyassaland birds, Part II, Ibis, 14th ser., 4: 387-433

Benson, C. W. (1942): Additional notes on Nyassaland birds, Ibis, 14th ser., 6: 197-224

Benson, C. W. (1960): The birds of the Comoro Islands: results of the British Ornithologists Union Centenary Ex pedition 1958, Ibis, 103: 5-106

Bercovitz, A. B., N. M. Czelkala & B. Lasley (1978): A new method of sex determination of monomor phicbirds, J. Zoo. Ann. Med. 9: 114-124

Berlioz, J. & J. Roche (1963): Etude d'une collection d'oiseaux de la Somalie, Bull. Mus. Hist. nat., Paris, 2nd ser., 35: 580-592

Bertagnolio, P. (1980): Better definition and coordination of captive breeding programs, in: Conservation of New World Parrots, ed. R. Pasquier, 57-64, St. Lucia

Berthold, P. (1968): Die Laparotomie bei

Vögeln, Der Zool. Garten, NF 37: 271-279

Berthold, P., E. Bezzel & G. Thielcke, Hrsg. (1974): Praktische Vogelkunde, Greven

Bielefeld, H. (1981): Unzertrennliche — Agapornis, Bomlitz

Bischoff, S. (1984): Graupapageien — Graupapageien, AZN 31: 335-337

Blancou, L. (1939): Contribution à l'etude des oiseaux de L'Oubangui-Chari Occidentale, Oiseaux Revue fr. Orn., 9: 58-88; 255-277; 410-485

Böhlert, R. (1984): Zuchtbericht Mohrenkopfpapagei, Ziergeflügel und Exoten 6: 88-90

Boetticher, H. von (1943): Gedanken über die systhematische Stellung einiger Papageien, Zool. Anz. 143: 191-200

Boetticher, H. von (1950): Die Verwandschaftsbeziehungen der afrikanischen Papageien *(Poicephalus* und *Agapornis)*, Zool. Anz. 145: 10-27

Boetticher, H. von (1959): Papageien, Wittenberg-Lutherstadt

Boetticher, H. von (1964): Papageien, Wittenberg-Lutherstadt

Bouet, G. (1961): Oiseaux de l'Afrique tropicale, Parte II, Faune Un. fr. 17: 421-798

Bowen, W.W. (1930): Geographical variation in *Poicephalus fuscicapillus*, Proc. Acad. Nat. Sci. Philad, 81: 267-268

Braun, H. (1952): Über das Unterscheidungsvermögen unbenannter Anzahlen von Papageien, Z. Tierpsychol. 9: 40-91

Brereton, J. & K. Immelmann (1962): Head-scratching in the Psittaciformes, Ibis 104: 169-174

Brockmann, J. & W. Lantermann (1985): Agaporniden, Stuttgart

Buckley, F. G. (1968): Behaviour of the Blue-crowned Hanging Parrot with comparative notes on the Vernal Hanging Parrot, Ibis 110, 145-164

Burton, P.J.K. (1974): Jaw and tongue features in Psittaciformes and other orders with special reference to the anatomy of the Tooth-billed Pigeon *(Didunculus strigirostris)*, J. Zool. 174

Bush, M., S. Kennedy, D. E. Wildt & S. W. J. Seager (1978): Sexing birds by laparoscopy, Int. Zoo Yearb. 18: 197-198

Cave, F. O. & J. D. Macdonald (1955): Birds of the Sudan: Their Identification and Distributon, Edinburgh

Cawkell, E. M. & R. E.Moreau (1963): Notes on birds in the Gambia, Ibis 105: 156-178

Chapin, J. P. (1939): Birds of the Belgian Congo, Bull. Am. Mus. nat. Hist., 75: 1-632

Clancey, P. A. (1964): The Birds of Natal and Zululand, Edinburgh

Clancey, P. A. (1965): A catalogue of birds of the South African sub-region, Part II, Durban Mus. Novit., 7: 305-386

Clancey, P. A. (1977): Variation in and the relationship of the Brown-headed Parrot of the Eastern African Lowlands, Bonn. Zool. Beitr. 28, H 3/4: 279-291

Cunningham-van Someren, G. R. (1969): Escapes of *Psittacula krameri* and *Agapornis* spp. breeding in Kenya, Bull. Br. Orn. Club, 89: 137-139

Curry-Lindahl, K. (1960): Ecological studies on mammals, birds, reptiles

and amphibians in the eastern Belgian Congo, Part II, Annls. Mus. r. Congo belge Ser., Sci zool. 87: 1-170
Czelkala, N. M. & B. L. Lasley (1977): A technical note on sex determination in monomorphic birds using faecal - steroid analysis, Int. Zoo Yearb. 17: 209-211
Dean, W. R. (1971): Breeding data for the birds of Natal and Zululand, Durban Mus. Novit., 9: 59-91
Deckert, G. & K. Deckert (1977): Wie verhalten sich Tiere, Leipzig, Jena, Berlin
Deimer, P. (1978): Papageien, München
Delpy, K. H. (1976): Großsittiche und Papageien, Minden
Delpy, K. H. (1983): Der Graupapagei, Minden
Descarpentries, A. & A. Villiers (1969): Sur une collection d'oiseaux du sahel Senegalais, Bull Mus. Hist. nat., Paris, 2nd ser., 41: 385-394
Diefenbach, K. H. (1982): Kakadus, Bomlitz
Dilger, W. C. (1960): The comparative ethology of the African parrot genus *Agapornis*, Z. Tierpsychol. 17: 649-685
Dilger, W. C. (1962): The behavior of lovebirds, Scientific American 206: 88-98
Drawer, K. & C. Ennulat (1977): Tierschutzpraxis, Stuttgart
Ebert, U. (1978): Vogelkrankheiten, Hannover
Ebert, W. & D. Ebert (1968): Gelungene Erstzucht von Mohrenkopfpapageien, Ziergeflügel und Exoten 3: 57-58
Eibl-Eibesfeldt, I. (1986): Grundriß der vergleichenden Verhaltensforschung, München
Enehjelm, C. af (1974): Papageien, Stuttgart
Fergenbauer-Kimmel, A. (1983): Haltung und Zucht von Rotbauchpapageien *(Poicephalus rufiventris)* AZN 30: 100-103
Fergenbauer-Kimmel, A. (1985): Jugendfärbung, Biologie und Haltung von Rotbauchpapageien *(Poicephalus rufiventris)* Trochilus 6: 84-88
Fesser, A. (1974): Böse Erfahrungen mit einem Graupapagei, Gef. Welt 98: 62-63
Fink, R. (1983): Zucht des Timneh-Graupapageis *(Psittacus erithacus timneh)*, AZN 30: 486-488
Forbes-Watson, A. D. (1969): Notes on birds observed in the Comoros on behalf of the Smithonian Institution, Atoll. Res. Bull., 128: 1-23
Forshaw, J. M. (1973): Parrots of the World, Melbourne
Forshaw, J. M. (1978): Parrots of the World, New Jersey
Freud, A. (1981): Meyer´s Parrot *(Poicephalus meyeri)*, Avic. Mag. 87: 169-174
Fricker, A. (1979): Zuchterfolg mit dem Kongopapagei, Gef. Freund 26: 238
Fricker, A. (1980): Nachwuchs bei den Kongopapageien, AZN 27: 286-287
Friedmann, H. (1930): Birds collected by the Childs Frick Expedition to Ethiopia and Kenya Colony, Part I, Bull. U.S. nat. Mus. 153: 1.516
Fry, C.H., S. Keith & E.K. Urban, Hrsg. (1988): The Birds of Africa, Vol. III, London et al.
Fuggles-Couchman, N. R. (1939): Notes on some birds of the eastern province

of Tanganyika Territory, Ibis 14th ser., 3: 76-106

Gaymer, R., R. A. A. Blackman, P. G. Dawson, M. Penny & C. M. Penny (1969): The endemic birds of Seychelles, Ibis 111: 157-176

Gebhard, L. (1964): Die Ornithologen Mitteleuropas, Gießen

Gewalt, W. (1978): Über einige seltene Nachzuchten im Zoo Duisburg, Zool. Garten NF, Bd. 48: 2/3: 141-154

Gloor, M. (1978): Gelungene Zucht mit Timneh-Graupapageien, Gef. Freund 25: 81

Goerttler, V. (1965): Vom literarischen Handwerk der Wissenschaft, Berlin, Hamburg

Grahl, W. de (1974): Papageien unserer Erde, Bd. II, Hamburg

Grahl, W. de (1976): Der Graupapagei, Stuttgart

Grahl, W. de (1978): Papageien in Haus und Garten, Stuttgart

Grahl, W. de (1982): Atlas Papageien, Bomlitz

Grahl, W. de (1985): Papageien, Stuttgart

Grahl, W. de (1987): Zur Klärung der zwei Färbungsphasen junger Rotbauchpapageien *(Poicephalus rufiventris)*, AZN 34: 389-391

Grant, C. H. B. & C. W. Mackworth-Pread (1938): Notes on Eastern African Birds, Bull. Brit. Orn. Club 58: 1-168

Greene, W. T. (1884-1887): Parrots in Captivity, Nachdruck New Jersey, 1979

Greenway, K. W. (1967): Breeding Meyer's Parrot *(Poicephalus meyeri)* in captivity, Avic. Mag. 73: 195-196

Grote, H. (1926): Die Gliederung des Formenkreises *Poicephalus senegalus*, J. Orn. 67: 743-749

Gründig, M. (1983): Gelungene Zucht des Goldbugpapageis, Gef. Welt 107: 91

Gylstorff, I. & F. Grimm (1988): Vogelkrankheiten, Stuttgart

Gysels, H. (1964): A biochemical evidence for the heterogenity of the family Psittacidae, Bull. Soc. r. Zoll. Anvers., 33: 29-41

Haase, E. (1985): Domestikation und Biorhythmus - Implikationen für den Tierartenschutz, Natur und Landschaft 60, H.7/8: 297-302

Hampe, H. (1957): Die Unzertrennlichen, Pfungstadt

Harrison, G. J. (1978): Endoscopic examination of avian gonadal tissue, Vet Med./Small Animal Clinic 73: 479-484

Harrison, C. J. O. & D. T. Holyoak (1970): Apparently undescribed parrot eggs in the collection of the British Museum (Natural History), Bull. Br. Orn. Club, 90: 42-46

Harvey, W. G. & I. D. Harrison (1970): The birds of the Mole Game Reserve, Part I, Niger. Orn. Soc. Bull., 7: 43-52

Harwin, R.M. (1961): Sporadic occurence of *Poicephalus meyeri* in the eastern Cape Province, Ostrich 32

Hawkins, W.S. (1972): Meyer´s Parrot *(Poicephalus meyeri)*, Avic. Mag. 78: 85-87

Hediger, H. (1950): Wild Animals in Captivity. An outline of the Biology of Zoological Gardens, London

Heidenreich, M. (1978): Geschlechtsbestimmung beim Vogel mittels Endoskopie, Kleintierpraxis 23: 193-198

Heidenreich, M. (1979): Zum Problem des Federfressens, Die Voliere 2: 63-64

Heidenreich, M. (1980): Krankheiten der Papageienvögel, Bomlitz

Heinrich, G. (1958): Zur Verbreitung und Lebensweise der Vögel von Angola, Teil II, J. Orn. 99: 322-362

Heinroth, O. (1955): Aus dem Leben der Vögel, Berlin

Hinde, R. A. (1973): Das Verhalten der Tiere, 2 Bde., Frankfurt

Hoesch, W. & G. Niethammer (1940): Die Vogelwelt Deutsch-Südwestafrikas, J. Orn. 88, Sonderheft

Holyoak, D. M. & D. T. Holyoak (1972): Notes on the behavior of African parrots of the genus *Poicephalus*, Avic. Mag. 78: 88-95

Honegger, R. E. (1966): Ornithologische Beobachtungen von den Seychellen, Natur und Museum 96: 481-490

Homberger, D. (1972): Vergleichende Untersuchungen zum Freß- und Trinkverhalten der Papageien, Diplomarbeit, Uni Zürich

Homberger, D. (1980): Funktionell-morphologische Untersuchungen zur Radiation der Ernährungs- und Trinkmethoden der Papageien, Bonn. Zool. Monogr. 13: 1-192

Hopkinson, E. (1910): The Brown-necked Parrot, Avic. Mag. 1: 107-112

Hoppe, D. (1987): Papageien und Sittiche, Stuttgart

Hoppe, D. (in Vorb.): Edelsittiche, Bomlitz

Hoppe, D. (1988): Zur Kenntnis der Brutbiologie von Langflügelpapageien *(Poicephalus)*, Gef. Welt 112: 307-310

Hülso, H. (1976): Zucht von Meyer's oder Goldbugpapageien, AZN 23: 102-103

Hutson, H. P. W. & D. A. Bannerman (1931): The birds of northern Nigeria, Part III, Ibis 13th ser., 1: 147-203

Immelmann, K. (1963): Wie verändert die Domestikation das Verhalten der Tiere, Umschau 19: 590-594

Immelmann, K. (1983): Einführung in die Verhaltensforschung, Berlin, Hamburg

Ingram, K. A. (1982): Endoskopische Geschlechtsbestimmung bei Papageien, Geflügel-Börse 103, 3. Dez.: 10

Isert, G. (1977): Zucht des Benguellapapageis *(Poicephalus robustus fuscicollis)*, Gef. Welt 101: 145-148

Isert, G. (1978): Erstzucht des Benguellapapageis *(Poicephalus robustus fuscicollis)*, AZN 25: 156-157

Jackson, F. J. (1938): The Birds of Kenya an the Uganda Protectorate, Part I, London

James, H. G. (1970): Catalogue of Birds' Eggs, Queen Vict. Mus., Salisbury

James, P. (1985): Breeding the Lesser Vasa Parrot *(Coracopsis nigra)* at Chester Zoo, Avic. Mag. 91: 189-190

Kaal, G. Th. F. (1982): Geschlechtsmerkmale bei Vögeln, Hannover

King, A. S. & J. McLelland (1978): Anatomie der Vögel, Stuttgart

Kolar, K. (1961): Untersuchungen über Vehaltensgrundlagen bei Papageien, Dissertation, Uni Zürich

Kolar, K. (1962): Erfahrungen mit freifliegenden Papageien, Gef. Welt 86: 21-25

Kolar, K. & K. H. Spitzer (1982): Groß-

sittiche, Stuttgart
Krimmer, K. (1977): Gelungene Zucht des Mohrenkopfpapageien, AZN 24: 345-346
Kronberger, H. (1978): Haltung von Vögeln — Krankheiten der Vögel, Berlin-New York
Kulka, D. (1985): Ergänzungen zum Zuchtbericht über den Mohrenkopfpapagei von R. Böhlert, Ziergeflügel und Exoten 10: 152-153
Lang, E. (1964): Junger Kap-Papagei gezüchtet, Zolli, Okt., 13: 9
Lang, E. (1968): Etwas vom Kap-Papagei *(Poicephalus robustus robustus)*, Zolli, Okt., 21: 11-13
Lang, E. (1969): Some observations on the Cape Parrot *(Poicephalus robustus robustus)*, Avic. Mag. 75: 84-86
Lantermann, W. (1981): Großpapageien, Teil II: Afrika, Die Voliere 4: 14-16
Lantermann, W. (1983): Zur Brutbiologie der Schwarzohrpapageien in Gefangenschaft, Gef. Welt 107: 145-148
Lantermann, W. (1984a): Arterhaltung von Großpapageien in Menschenhand, Gef. Welt 108: 73-75
Lantermann, W. (1984b): Verhaltensstudien an Weißstirnamazonen *(Amazona albifrons)*, Gef. Welt 108: 300-304
Lantermann, W. (1986): Das GU-Papageienbuch, München
Lantermann, W. (1987a): Erhaltungszucht von Amazonenpapageien in Menschenobhut — ein Beitrag anläßlich des fünfjährigen Bestehens des Privatinstituts für Papageienforschung in Oberhausen, Gef. Welt 111: 68-70
Lantermann, W. (1987b): Das schmutzige Geschäft mit den Papageien — Liebhaberinteressen contra Artenschutz, Nationalpark 55: 26-29
Lantermann, W. (1987c): Die Blaustirnamazone, Biologie, Ethologie und Haltung, Bomlitz
Lantermann, W. (1987d): Zur Ethik der Papageienhaltung (im Druck)
Lantermann, W. (1988a): Ist der "europäische" Ziegensittich für Wiedereinbürgerungsversuche geeignet? Die Voliere 11: 50-52
Lantermann, W. (1988b): Der organisierte Selbstbetrug: Das Märchen vom Papageienartenschutz, Nationalpark 59: 37-40
Lantermann, W. & J. Ingels (1986): Beiträge zur Biologie und Haltung des Schwarzohrpapageien *(Pionus menstruus)*, Trochilus 7: 8-16
Lantermann, W. & S. Lantermann (1986): Die Papageien Mittel- und Südamerikas, Hannover
Lantermann, W. & V. Wagener (1987): Haltungserfahrungen mit afrikanischen Langflügelpapageien, Zeitschr. Kölner Zoo, 30: 145-154
Lantermann, W. & S. Wozniak (1986): Inverted resting in *Pionus* Parrots, Avic. Mag. 92: 80-81
Legrand, H. (1964): Le perroquet noir de l'Isle de Praslin (Archipel de Seychelles), Oiseaux Revue fr. Orn., 34: 154-158
Linke, R. (1982): Zuchtbericht über Goldbugpapageien, Ziergeflügel und Exoten 5: 67-68
Lorenz, K. (1931): Beiträge zur Ethologie sozialer Corviden, J. Orn. 72: 67-127

Lorenz, K. (1935): Der Kumpan in der Umwelt des Vogels, J. Orn., Nachdruck München, 1965

Lorenz, K. (1939): Die Paarbildung beim Kolkraben, Z. Tierpsychol. 3: 278-292

Lorenz, K. (1964): Er redete mit dem Vieh, den Vögeln und den Fischen, München

Lorenz, K. (1965a): Das sogenannte Böse. Die Naturgeschichte der Aggression, Wien

Lorenz, K. (1965b): Über tierisches und menschliches Verhalten, 2 Bde., München

Lorenz, K. (1978): Vergleichende Verhaltensforschung, Wien

Loveridge, A. (1922): Notes on East African birds, collected 1915-1919, Proc. zool. Soc., London, 837-862

Low, R. (1980): Parrots-their care and breeding, Poole-Dorset

Low, R. (1982a): Endangered Parrots, London

Low, R. (1982b): Breeding the Cape Parrot *(Poicephalus robustus)*, Avic. Mag. 88: 1-11

Low, R. (1983): Das Papageienbuch, übers. und bearb. von K. Kolar, Stuttgart

Ludewig, A. (1978): Zucht des Graupapageien, AZN 25: 157-158

Ludewig, A. (1979): Graupapageienzucht, Die Voliere 2: 75-76

Mackworth-Pread, C. W. & C. H. B. Grant (1952): Birds of Eastern and North-Eastern Africa. African Handbook of Birds, ser. 1, Vol. I, London

Mackworth-Pread, C. W. & C. H. B. Grant (1962): Birds of the Southern Third of Africa. African Handbook of Birds, ser. 2, Vol. I, London

Maclaren, P. I. R. (1952): The sea and creek birds of Nigeria, Part I, Niger Fld, 17: 160-174

Mainardi, D. (1962): Studio immunogenetico sulla posizione tassanomica di *Melopsittacus undulatus*, Riv. ital. Orn. 32: 136-140

Mayr, E. (1959): Systematics, Ibis 101: 293-302

Mayr, E. (1963): Animal Species and Evolution, London

McLachlan, G. R. & R. Liversidge (1970): Roberts Birds of South Africa, Cape Town

Mebes, H. D. (1980): Verhaltensbiologische Studien an Rosenpapageien *(Agapornis roseicollis)*, Dissertation, Uni Kaiserslautern

Meiser, W. (1975): Geschlechtsbestimmung beim Vogel, Dissertation, TiHo Hannover

Meinertzhagen, R. (1937): Some notes on the birds of Kenya Colony, with especial reference to Mount Kenya, Ibis, 14th ser., 1: 731-760

Meyer-Holzapfel, M. (1956): Über die Bereitschaft zu Spiel- und Instinkthandlungen, Z. Tierpsychol. 13: 442-462

Morgan-Davies, A. M. & P. C. Peterson (1976): First record of nest and eggs of Jardine's Parrot *(Poicephalus gulielmi)*, Ibis 118: 236-238

Müller-Bierl, M. (1981): Der Papagei als Haustier, Minden

Müller-Bierl, M. (1983): Papageienhaltung — einzeln oder paarweise, Minden

Naurois, R. de (1981): La distribution géographique du Perroquet Gris *(Psit-*

tacus erithacus timneh), Malimbus 3: 59-61
Niethammer, G. (1968): Beziehungen des Menschen zur Vogelwelt, Beitr. angew. Vogelkd. 5: 9-23
Noegel, R. (1979): Amazon husbandery, A.F.A. Watchbird 4: 10-21
Oelke, H. (1985): Gutachten: Zucht und Käfigung, J. Orn. 126: 445
Ott, C. (1985): Zucht des Mohrenkopfpapageis, Gef. Welt 109, H. 10: 262-264
Ott, C. & J. Ott (1987): Zucht von Mohrenkopfpapageien, Geflügel-Börse, 5. Juni: 11-13
Pasett, L. & P. Pasett (1981): Die Zucht des Rüppels Papageis, Gef. Freund 28: 274-277
Pasquier, R. A., Hrsg. (1980): Conservation of New World Parrots, St. Lucia
Penny, M. (1968): Endemic birds of the Seychelles, Oryx 9: 267-275
Pepperberg, I. M. (1978): Object identification by an African Grey Parrot *(Psitacus erithacus)*, Contrib. paper, Midwest Anim. Behav. Soc. Meeting, W. Lafayette
Pepperberg, I. M. (1981): Functional vocalizations of an African Grey Parrot *(Psittacus erithacus)*, Z. Tierpsychol. 55: 139-151
Pepperberg, I. M. (1983): Cognition in the African Grey Parrot: preliminary evidence for auditory/vocal comprehension of the class concept, Anim. Learn. Behav. 11: 179-185
Pepperberg, I. M. (1986): Interspecies communication in English: conceptual abilities of the African Grey Parrot *(Psittacus erithacus)*, invited paper, Western Psychological Association Meeting, Seattle, WA
Pepperberg, I. M. & F. A. Kozak (1986): Object permanence in the African Grey Parrot *(Psittacus erithacus)*, Anim. Learn. Behav. 14: 322-330
Peters, J. L. (1937): Checklist of Birds of the World, Vol.III, Harvard
Peterson, G. (1957): Breeding the Senegal Parrot, Avic. Mag., 63: 62-63
Pinter, H. (1979): Handbuch der Papageienkunde, Stuttgart
Pinter, H. (1986): Unser Graupapagei, Stuttgart
Pitman, C. R. S. (1928): Some notes on *Poicephalus gulielmi massaicus*, Bataleur 1: 17-23
Pöpping, H. K. (1978): Eine kleine Anregung zur Haltung und Zucht edler Großpapageien, Die Voliere 1: 13-16
Pohlig, W. (1980): Die Zucht von Graupapageien, AZN 32: 328-331
Portmann, A. (1984): Vom Wunder des Vogellebens, München
Preiss, H. J. & D. Franck (1974): Verhaltensentwicklung isoliert handaufgezogener Rosenköpfchen *(Agapornis roseicollis)*, Z. Tierpsychol. 34: 459-463
Prestwich, A. A. (1958): "I name this Parrot ...", London
Prozesky, O. P. M. (1970): A Field Guide to the Birds of South Africa, London
Radicke, F. (1984): Zucht des Mohrenkopfpapageis, Gef. Welt 108: 190-192
Rand, A. L. (1936): The distribution and habits of Madagascar birds, Bull. Am. Mus. nat. Hist., 72: 143-499
Rand, A. L. (1951): Birds from Liberia, Fieldiana, Zool. 32: 561-653
Repp, P. & B. Repp (1984): Die Papageien Afrikas: Langflügelpapageien, Die

Voliere 7: 254-257

Repp, P. & B. Repp (1985a): Der Kappapagei *(Poicephalus robustus)*, Die Voliere 8: 128-130

Repp, P. & B. Repp (1985b): Der Rotbauchpapagei *(Poicephalus rufiventris)*, Die Voliere 8: 240-242

Repp, P. & B. Repp (1986a): Der Kongopapagei *(Poicephalus gulielmi)*, Die Voliere 9: 127-130

Repp, P. & B. Repp (1986b): Der Rüppell-Papagei *(Poicephalus rueppellii)*, Gef. Welt 110: 161-162

Repp, P. & B. Repp (1986c): Der Braunkopfpapagei *(Poicephalus cryptoxanthus)*, Gef. Welt 110: 325-327

Repp, P. & B. Repp (1987): Langflügelpapageien: Der Goldbugpapagei *(Poicephalus meyeri)*, Die Voliere 10: 133-136

Robiller, F. (1986): Lexikon der Vogelhaltung, Hannover

Roenspies, D. (1977): Der Kongo-Papagei, Gef. Welt 101: 41-42

Roet, E. C., D. S. Mack & N. Duplaix (1980): Psittacines imported by the United States (October 1979 — June 1980), in: Conservation of New World Parrots, ed. R. Pasquier, 21-56, St. Lucia

Roß, W. (1984): Haltung und Zucht von Kongopapageien, Die Voliere 7: 297-299

Rowan, M. K. (1983): The Doves, Parrots, Louries and Cuckoos of Southern Africa, Johannesburg

Ruß, K. (1884): Die Papageien, Magdeburg

Ruß, K. (1898): Die sprechenden Papageien, Magdeburg

Ruwet, J. C. (1964): Notes ecologiques et ethologiques sur les oiseaux des plaines de la Lufira supérieure, Part II, Revue Zool. Bot. afr., 69: 1-63

Sabel, K. (1962): Vogelfutterpflanzen, Pfungstadt

Salvadori, T. (1891): Catalogue of the Psittaci or parrots in the collection of the British Museum, Catalogue of birds in the British Museum 20, London

Salvan, J. (1968): Contribution à l'étude des oiseaux du Tchad, Oiseau Revue fr. Orn., 38: 127-150

Satterfield, W. C. (1980): Diagnostic laparoscopy in birds, in: Current Veterinary Therapy Vol. VII, ed. R. W. Kirk, Philadelphia

Scherzinger, W. (1979): Wildtierhaltung im Dienste der Arterhaltung, Tagungsber. Akad. Natursch. Landschaftspfl. 7: 23-29

Scherzinger, W. (1985): Tierartenschutz, Nationalpark 47: 6-10

Schildmacher, H. (1982): Ornithologie, Stuttgart, New York

Schmidt, H. (1978): Sprechende und nachahmende Vögel, Minden

Schmidt, H. (1983): Äußere Geschlechtsunterschiede beim Graupapagei, AZN 30: 103-105

Schnabl, H. (1984): Wild-, Kulturpflanzen, Futtermischungen und animalische Futterstoffe zur Vogelernährung, Kürten

Schneider, B. (1982): Der Mohrenkopf — der kleinste Großpapagei, Falke 29: 422-423

Schönwetter, M. (1964): Handbuch der Oologie, Berlin

Schwichtenberg, H. (1982): Die Unzertrennlichen, Wittenberg-Lutherstadt

Senft, W. & B. Katschner (1978): Bergwandern in Ostafrika — Riesenvulkane und Tierparadiese, Graz, Stuttgart

Serle, W. (1954): A second contribution to the ornithology of the British Cameroons, Ibis 96: 47-80

Serle, W. (1965): A third contribution to the ornithology of the British Cameroons, Ibis 107: 60-94

Silva, T. (1986): Papageienhandaufzucht — Vorteile, Probleme, Ernährung, Vortrags-MS, I. Intern. Papageienkongr., Puerto de la Cruz, Teneriffa (unveröff.)

Skead, C. J. (1964): The overland flights and the feeding habits of the Cape Parrot (*Poicephalus robustus*) in the Eastern Cape Province, Ostrich 35: 202-223

Skead, C. J. (1971): The Cape Parrot in the Transkei and Natal, Ostrich, suppl. 9: 165-178

Smith, G. A. (1971): The use of the foot in feeding with special reference to parrots, Avic. Mag. 77: 93-100

Smith, G. A. (1975): Systematics of parrots, Ibis 117: 18-66

Smith, G.A. (1977): Notes on some species of parrots in captivity. Rüppel´s Parrot *(Poicephalus rueppellii)*, Avic. Mag. 83: 160-166

Smithers, R. H. N., M. P. Stuart Irwin & M. L. Paterson (1957): A Check List of the Birds of Southern Rhodesia, Bulawayo

Sommer, V. & H. Sommer (1983): Hand aufzucht eines Graupapageien, Die Voliere 6: 231-234

Sommer, V. & H. Sommer (1985): Graupapageienzucht einmal anders, Die Voliere 8: 130-133

Speier, G. (1977): Zucht des Timneh-Graupapageien, AZN 29: 172-174

Stamm, R. A. (1960): Paarintimität und schwarminterne Streitigkeiten bei *Agapornis personata fischeri*, Verh. naturf. Ges. Basel 71: 1-14

Stamm, R. A. (1962): Aspekte des Paarverhaltens von *Agapornis personata* — Gefangenschaftsbeobachtungen, Dissertation, Uni Basel

Stavy, M., D. Gilbert & R. D. Martin (1979): Routine determination of sex in monomorphic birds using faecal steroid analysis, Int. Zoo Yearb. 19: 209-214

Steinbacher, J. (1987a): Über die Zuchten des Kleinen Vasapapageis, Gef. Welt 111: 279

Steinbacher, J. (1987b): Erneuter Besuch auf den Seychellen, Gef. Welt 111: 335

Stoodley, A.A.J. (1978): Breeding Jardine´s Parrot *(Poicephalus gulielmi)*, Avic. Mag. 84: 199-200

Stoodley, J. & P. Stoodley (1982): Parrot Production, Portsmouth

Stoodley, J. (1986): Papageienzucht mit Hilfe des Inkubators, Vortrags-MS, I. Intern. Papageiengongr., Puerto de la Cruz, Teneriffa (unveröff.)

Strassen, O. zur (1953): Zweckdienliches Sprechen beim Graupapagei, Verh. dt. zool. Ges. 84-89

Stresemann, E. (1951): Die Entwicklung der Ornithologie, Berlin

Stresemann, E. & V. Stresemann (1966): Die Mauser der Vögel, J. Orn. 107, Sonderheft

Strunden, H. (1984): Papageien einst und jetzt, Bomlitz

Strunden, H. (1986): Die Namen der Papageien und Sittiche, Bomlitz
Suchantke, A. (1972): Sonnensavannen und Nebelwälder, Pflanzen, Tiere und Menschen in Ostafrika, Stuttgart
Tarboton, W. R. (1968): Check List of Birds of South Central Transvaal, Johannesburg
Tarboton, W.R. (1976): Meyer´s Parrot at the nest, Bokmakierie 20:44
Temple, S. A., Hrsg. (1978): Endangered Birds, Management Techniques for Preserving Threatened Species, Wisconsin
Thompson, D. (1986): Zuchttechniken bei Aras, Vortrags-MS, I. Int. Papageienkongress, Puerto de la Cruz, Teneriffa (unveröff.)
Thompson, D. W. (1900): On characteristic points in the cranial osteology of the parrots, Proc. zool. Soc., 9-46, London
Tinbergen, N. (1979): Instinktlehre, Hamburg, Berlin
Todt, D. (1975): Social learning of vocal patterns and modes of their application in Grey Parrots *(Psittacus erithacus)*, Z. Tierpsychol. 49: 178-188
Traylor, M. A. (1963): Check-list of Angolan birds, Publ. cult. Cia Diament, Angola 61: 1-250
Traylor, M. A. (1965): A collection of birds from Barotseland and Bechuanaland, Ibis 107: 138-172
Trump, P. (1977): Breeding Meyer's Parrot, Cage and Aviary Birds, 12: 217-218
Urban, E. (1966): Shell Guide to Ethiopian Birds, Addis Abeba
Verheyen, R. (1956): Analyse du potentiel morphologique et projet d'une nouvelle classification des Psittaciformes, Bul. Inst. R. Sci. nat. Belg. 32: 1-54
Vincent, J. (1934): The birds of northern Portuguese East Africa, Part V, Ibis 13th ser. 4: 757-799
Vriends, M. M. (1978): Encyclopedia of Lovebirds, New Jersey
Wagener, V. & W. Lantermann (1988): Ein "neuer" Volierentyp für Großpapageien (in Vorb.)
Wenner, M. L. (1985): Der Große Vasapapagei im Zoologischen Garten Neapel, Der Zool. Garten, NF, 55: 70-71
Westen, K. (1983): Kongopapageien — liebenswürdige Vögel, Gef. Welt 107: 209-211; 240-243
Wetmore, A. (1968): The Birds of the Republic of Panama, Washington
Wewering, S. (1980): Beobachtungen bei der Timneh-Graupapageienzucht, Gef. Welt 104: 41-43
White, C. M. N. (1945): The ornithology of the Kaonde-Lunda Province, Northern Rhodesia, Part III, Ibis 87: 309-345

Register

INSTITUT FÜR PAPAGEIENFORSCHUNG (IPF), e.V.
Drostenkampstr. 15, D-4200 Oberhausen 11
Telefon: (0208) 68 03 46

Wußten Sie schon ... ?

Durch fortschreitende Lebensraumzerstörungen sowie durch großangelegten Tierfang und -handel sind mittlerweile in Süd- und Mittelamerika, Afrika und Australien/Indonesien neben anderen Tierarten auch viele Papageienarten vom Aussterben bedroht.

Aber Papageien sind — wie alle anderen lebenden Organismen — Teil eines umfassenden Ökosystems, dessen Funktion nur solange gewährleistet ist, wie alle Teilorganismen erhalten bleiben und in ihrer Funktion nicht gestört werden. Wenn Ihnen das Schicksal der Papageien am Herzen liegt, helfen Sie dem IPF durch Ihren Beitritt oder durch eine Spende*.

- Das IPF setzt sich für ein absolutes Import- und Handelsverbot für Papageienvögel der bedrohten Arten ein.
- Es wendet sich strikt gegen die Einzelhaltung von Papageien und propagiert stattdessen die Bildung von Zuchtgemeinschaften mit der Vielzahl der bereits in Menschenobhut leben den Papageien.
- Es berät und informiert über Zuchtmöglichkeiten und -voraussetzungen, initiiert und koordiniert Zuchtprojekte.
- Es unterhält eine Forschungs- und Zuchtstation, in der Verhaltensgrundlagen erarbeitet und für den Fortgang von Erhaltungszuchtprojekten nutzbar gemacht werden.

* Das IPF ist als gemeinnützig anerkannt. Finanzielle Zuwendungen sind steuerbegünstigt.

Konto IPF: Stadtsparkasse Oberhausen
BLZ 365 500 00 Kto. Nr. 53 553